活动管理

原理、方法与案例

王春雷　陈小连　编著

Principles,
Methods
and Cases
of Event
Management

清华大学出版社
北京

内 容 简 介

本书是一本全面论述活动管理原理与方法的著作。它是作者多年来进行活动研究的重要成果和从事活动管理实践，经验总结，系统阐述了活动管理的一般原理与需要注意的特殊事项，对促进我国活动产业的发展具有一定的理论指导和实践借鉴价值。全书共分九章。第一、第二章介绍了活动管理的发展缘起、活动概念体系与主要类型，进一步论述了活动管理的指导理论与一般模型，以奠定全书的写作基调；第三、第四章从活动市场调研的基本程序与常用方法出发，阐述了活动市场调研报告的撰写流程与技巧，并在此基础上提出了活动项目可行性分析的一般步骤和活动运作的核心要素，是全书的一大亮点；第五、第六章从如何有效策划一个大型活动着手，阐述了活动创意与内容策划的重要性，并进一步总结了活动筹备值得注意的六大事项，是全书的重点；第七章首先阐述了活动现场管理的基本方法，在此基础上详细介绍了活动风险管理、现场布置与撤离管理、物流与停车安排等现场管理不可忽视的细节，是全书的画龙点睛之笔；第八章论述了活动评估的流程与内容，以及如何撰写报告，是全书的重要组成部分；第九章对活动产业发展的新趋势和活动管理人员即将面临的新挑战与新的市场机遇进行了分析，以期帮助读者准确把握未来活动产业的发展动向。

图书在版编目 CIP 数据

活动管理原理、方法与案例/王春雷，陈小连编著. —北京：清华大学出版社，2013(2022.1重印)
(21 世纪高等院校会展管理精品教材)
ISBN 978-7-302-33557-3

Ⅰ. ①活… Ⅱ. ①王… ②陈… Ⅲ. ①项目管理－高等学校－教材 Ⅳ. ①F224.5

中国版本图书馆 CIP 数据核字(2013)第 204006 号

责任编辑：陆浥晨
封面设计：张　冉
责任校对：王荣静
责任印制：杨　艳

出版发行：清华大学出版社
　　　　网　　　址：http://www.tup.com.cn，http://www.wqbook.com
　　　　地　　　址：北京清华大学学研大厦 A 座　　　　邮　　编：100084
　　　　社 总 机：010-62770175　　　　　　　　　　　邮　　购：010-62786544
　　　　投稿与读者服务：010-62776969，c-service@tup.tsinghua.edu.cn
　　　　质量反馈：010-62772015，zhiliang@tup.tsinghua.edu.cn
印 装 者：三河市铭诚印务有限公司
经　　销：全国新华书店
开　　本：185mm×230mm　　印　张：16.75　　　　字　　数：342 千字
版　　次：2013 年 9 月第 1 版　　　　　　　　　　印　　次：2022 年 1 月第 6 次印刷
定　　价：34.00 元

产品编号：047223-01

序 一

2011 年年底,商务部出台了《关于"十二五"期间促进会展业发展的指导意见》,明确了"十二五"期间,促进会展业发展的指导思想、基本原则、主要任务和保障措施,是我国会展业发展的第一个中长期指导性文件。文件提出的"整合资源、错位发展、提高质量、调控总量"的发展宗旨,有利于我国会展业健康发展。我想把这十六个字放在会展教育领域也是非常适合的。

整合资源。进入 21 世纪以来,我国会展经济硕果累累,会展教育也得到了迅速发展,会展教育资源能否得到充分利用,是一个绕不开的话题,不过如何整合资源是一个重大课题,是用市场手段,行政手段,还是两种手段皆有之?整合资源必然会损害某些业者的利益,如何处理这些关系,或采取某些兼并措施,都是值得研究的课题。

错位发展。会展教育有高等学校,有中等学校,有本科,有专科,还有研究生,学校如何错位?是项目的错位?城市之间的错位?错位需要规划。如果我国能在整合资源及错位发展上下真功夫,或者会牺牲部分人的利益。资源整合与错位发展,说说容易,做起来还要下工夫。

提高质量。如果前八字是手段,真正的目的就是这四个字,像贫富悬殊一样,好的特别好,差的不堪入目,大部分处于中间浮移状态。特别差的当然要砍掉,所以提高质量主要是指处于中间状态的会展教育机构,这部分量大而难搞。如何提高,如何转型,如何整合,如何扶持,等等,都是重要课题。

调控总量。就会展专业本科而言,全国已经有 40 多所学校开设,部分城市的学校也比较集中。不过毕业生签约率不高的信号已经传出,因此总量是否应该适当控制呢?这是一个值得研究的话题。

改革开放 30 多年来,我国会展的发展速度是惊人的,成绩是主旋律,会展业对国民经济的贡献也是很大的。我们在欢欣鼓舞的同时,也必须保持冷静的态度,尤其是会展工作管理者、研究者更应以实事求是的精神去认识、总结经验,吸取教训,那么我们对我国会展业更健康成长必然有期望,尽早实现在世界会展舞台高端运行也会更加有期望。

中国会展经济研究会会展教育与培训专业委员会和清华大学出版社联合全国多家知名高校编辑一套全新的会展教材,我们认为是有必要的,一是因为"后奥运"和"后世博"时代我国会展经济出现了一些新的特点,需要及时认识,及时总结;二是会展教育和会展产业的同步性与适应性进一步协调,这些都对会展教材提出了新的要求。因此,尽管会展教材从数量上来看并不少了,但是新形势背景下的教材还是需要的,这也体现了我国的会展教育正在与时俱进,整合推进的发展。

参加本套教材编写的作者源于华东师范大学、上海师范大学、东华大学、上海对外贸易学院、浙江大学、中山大学、华南理工大学、北京联合大学、南开大学、上海工程技术大学、上海第二工业大学、新疆师范大学、新疆财经大学、澳门城市大学。

编写教材是一件吃力不讨好的工作,需要作者们的辛勤工作,因此向本套教材的作者表示敬意,同时也希望他们的劳动获得社会的认可,希望这一套教材能够为我国会展教育贡献力量。

中国会展经济研究会会展教育与培训专业委员会
21 世纪高等院校会展管理精品教材编委会
2013 年春

序 二

党的十八大胜利召开,我国各项事业都面临着新的发展形势,会展业也继续保持了蓬勃发展的良好势头。我国"十二五"规划已经提出了"促进会展业健康发展"的目标。规划实施两年来,会展业出现许多新的东西,诸如:新的会展业态、新的活动形式、新的理论观点、新的实践探索。其中"大会展"的概念就逐步明晰,"大会展"的内容也更加丰富。目前,"大会展"的范围涵盖了展览、会议、节庆、赛事、演艺及奖励旅游等多个方面,成为会展城市广泛关注的领域。此外,会展产业与文化创意产业的联系与结合也日益紧密;商务部作为全国会展业的政府主管部门,又先后出台了《指导意见》、《资金扶持》等文件,并在上海、天津建设国家级会展项目。这些都是中国会展业发展的新背景、新情况,新特点。为此,我国的会展教育工作者必须关注这些变化和动向;相应的,会展教材也需要与时俱进,及时更新。

知悉中国会展经济研究会会展教育与培训专业委员会和清华大学出版社联合全国多家知名高校编辑了这套全新的会展教材,并着力体现上述情况和精神,我感到非常欣慰,并愿为这套教材做序。在与编委会及部分作者交流探讨以及对书稿研读之后,我感受到本套教材确有一些值得推荐的亮点。

一、选题精准。本套教材主要围绕"大会展"的概念进行编写,提出了会展业在开展"大会展"活动中面临的一些焦点、热点和难点问题,并相应进行了理论思考,因此具有选题精准、视野宽广、观点较新的显著特点。

二、作者较强。本套教材的作者群既有来自高校的教师,又有来自行业的经营者;既有重点大学的本科专业教师,也有专科层次的老师;还有境外的专业师资参与;故阵容比较强大。

三、体系完整。本套会展教材围绕导论、新业态和管理职能等方面,进行多角度、多模块的组合,努力做到理论与实务相结合,体现了"出精品,成系列,建体系"的指导思想。

四、配置灵活。本套新编教材吸取了以往各种会展教材的长处和经验,既考虑到使用本教材不同院校的共同需求,又力求使每本教材各具特色,便于不同院校有所取舍。所以,它的配置是很灵活的。

应该说，编写一套教材就是一项系统工程，需要作者们和出版社的辛勤工作与大量付出；也需要会展业界的广泛支持和集思广益。希望这套教材能够满足会展教育在会展新形势下的新需求，并为我国的会展教学、理论研究和教材编写起到承上启下、开拓创新的作用，为推动我国会展教育事业的发展贡献力量。

中国会展经济研究会

陈泽炎

2013 年春

各位读者，首先祝贺您选择了"活动管理"这一 21 世纪最令人羡慕的职业！

一次活动就是一首诗。诗照亮生活，促进人们对事物的理解，并给阅读者留下独立思考和阐释的空间；活动是生活中独特的非同凡响的时刻，它超越了平庸无奇的日常生活（Goldblatt，2005）。

的确，特殊活动已经成为人类社会生活中不可或缺的一部分。从奥运会、足球世界杯和世博会到城市艺术文化节，从公园、广场和历史名胜地的演出到公众聚会，从万人观赏的体育赛事到小型会议、婚礼，从公司促销活动到特殊事件旅游，从社区活动到慈善筹款，活动管理以其管理的科学性与特殊事件所具有的艺术魅力和文化内涵相结合，迅速地改变着受众的习惯、品位、记忆和理解，同时完成组织或产品品牌形象、概念的成功营销（王永嘉，2005）。在学术研究和专业教育领域，活动管理（event management）作为一门独立学科的地位正逐渐受到越来越多人的认可。

根据国际特殊活动教育协会（Association for Events Management Education，AEME）的统计和研究，全球已有 150 多所大学（主要集中在发达国家）开设了活动管理专业或相关课程，并颁发证书和学位。这些课程涵盖如下众多学科领域：企业管理、公共关系、整合营销、广告、人类学、艺术、大众传媒、网络传播、设计、民俗、酒店与餐饮管理、旅游观光、博物馆学、法律、音乐、政治学、休闲、体育赛事管理、电视电影、戏剧等。除了相关课程，众多美国大学包括一部分名牌大学开始在活动管理领域设立独立的专业科系。在这个正在迅速兴起的学科领域里，无论在本科还是硕士教育方面，都聚集了众多的专家和学者，并创立了全球活动管理教育的新模式和标准。

随着活动产业的迅速发展以及社会经济特别是信息技术的进步，人们对于节庆活动的效率和效果要求越来越高，客户越来越要求钱和时间花得其所。与之相对应，活动管理公司也变得越来越专业（O'Toole & Mikolaitis，2002）。这要求活动管理公司能进行系统管理，进而从节事活动需求的角度去调用最合适的资源，满足众多参与者的期望。

国外不少学者和业界专家对活动管理的实践规律进行了总结，并出版了一批具有国际影响的著作。然而，目前，有关活动管理原理和方法的专业书籍在国内并不多见，许多会展和旅游从业人员对活动管理的认识还有待加深。基于上述背景，我们策划和撰写了本书。本书以活动组织者的目标和利益相关者的需求分析为出发点，并按照项目管理的

"时间、资金和质量"要求,将活动的主要元素(event elements)概括为"5W＋2H",进而将这些元素融入活动管理的全过程中去。概括而言,本书具有4个基本特点。

第一,核心内容具有普适性。本书以活动管理知识体系为框架,致力于介绍活动管理的一般原理和方法,希望能为会议、展览、节庆、公司活动甚至婚庆等各类活动的从业人员提供一本处于纯理论与纯操作之间的指南,读者可以根据自己的活动进行适当调整。这是我们撰写本书的基本出发点。

第二,基础知识具有理论性。活动管理行业远非一个成熟的行业,在实践中存在很多问题需要系统的理论和方法对其进行指导。本书在第一章和第二章对活动的概念与类型、活动管理知识体系、活动管理的指导理论、活动管理的一般模型以及活动的利益相关者等基础知识进行了比较精练的论述。

第三,知识体系具有系统性。本书在比较分析不同活动管理模型的基础上,以活动项目的管理流程为依据来设计撰写内容,核心内容遵循了"市场调研-规划-策划-筹备-现场管理-评估"的思路,对现实工作具有很强的指导性。

第四,理论与实践结合。本书作者在每章都设计了"引入案例"和"引申案例",并在相关知识点增加了"扩展阅读",以期让读者更深入地理解活动管理不同环节的知识点以及理论与实际工作相结合的关键之处。

本书提纲由上海师范大学旅游学院会展管理系主任王春雷博士和澳门科技大学酒店与旅游管理学院讲师陈小连共同设计,来自院校和业界的近十位同仁参与了撰写。具体分工为:第一章、第二章、第四章由王春雷撰写;第三章、第八章由王春雷与陈小连合作撰写;第五章由北京龙藏天下投资管理有限公司分析师高雅和王春雷撰写;第六章由上海中青旅会议展览有限公司方斌撰写;第七章由武汉轻工大学艺术与传媒学院陈慧英和陈小连合作撰写;第九章由上海旅游高等专科学校会展管理系教师孙洁撰写;最后由王春雷统稿、定稿。

活动产业是一个名副其实的朝阳产业,只要有人类生活和生产就会有活动,同样,活动管理专家(event professional)的职业蓝图也是令人兴奋的。毋庸置疑,持续增加的活动需求、政府的大力支持以及不断优化的外在环境将给活动产业的发展带来新的市场机遇。让我们共同祝愿,活动产业的明天会更好!

本书在写作过程中得到了上海师范大学东方学者、美国乔治·华盛顿大学(GWU)商学院教授 Liang Yu 博士的资助,在此表示衷心的谢忱。另外,借此机会,我们还要衷心感谢清华大学出版社的支持。最后的一万个感谢要给各位读者——当下或未来的活动管理专家,你们的肯定是敦促我们前进的最大动力。同时,希望你们多提宝贵意见和建议,以使本书不断得到修正和完善。

王春雷

2013 年 5 月 18 日于上海

目 录

绪　论

　　2006 年年初，美国国际展览管理协会（International Association for Exhibition Management，IAEM）在新的战略规划中将活动（events）明确列入组织使命中，同年 12 月又将协会更名为国际展览和事件管理协会（International Association of Exhibitions and Events，IAEE），这标志着贸易展览会与各类活动在美国的进一步融合。这似乎在传递一个信号，越来越多的从业人员将认同"活动管理"（event management）作为一门独立科学的地位和影响。在美国，甚至有专家把活动产业与律师行业、旅游业相提并论，并将其誉为 21 世纪初最令人瞩目的朝阳产业。

学习要点

- 了解活动管理的起源与发展，特别是标志性的事件，以及活动行业的主要国际组织；
- 理解活动的主要因素、举办活动的目的；
- 掌握活动的定义、常见分类以及特殊活动与相关概念的差异。

引入案例

借势《中国好声音》"加多宝"完成品牌完美转身

　　开启了一场全民共享的音乐盛宴的《中国好声音》，无疑是 2012 年夏天娱乐节目中最大的赢家。作为独家冠名商的加多宝集团通过这样一档原版引进的听觉栏目，也在当年的营销较量中拔得头筹，迅速实现了品牌的完美转身。加多宝与《中国好声音》的捆绑合作，在 2012 年夏末对外展现了一个双方都有不菲收益的成功营销案例。

一、天造地设 正宗好凉茶配正宗好声音

　　《中国好声音》的成功离不开投资方的保驾护航。"合作之初，《中国好声音》是一个全新的东西，肯定是有风险的。但是通过与浙江卫视的沟通，加上它们之前运作一些电视节

目的经验，我们还是比较乐观的。当然，企业有时候要敢于冒一些风险。"谈及最初的合作，加多宝集团品牌管理部副总经理王月贵说。

"加多宝凉茶与《中国好声音》共同具有原汁原味、正宗的品牌内涵，这是加多宝凉茶与中国版 *THE VOICE* 的结合点。"他告诉记者，"虽然加多宝不再使用原来的商标，但依然拥有王泽邦先生的祖传秘方，同时拥有独创的凉茶浓缩汁技术和精益求精的生产工艺，更名后的加多宝凉茶，仅仅只改变了产品名称，原有的配方、工艺、口感都不改变。这与《中国好声音》秉承 *THE VOICE* 正版的原汁原味，严格按照节目版权手册制作节目，并接受版权方派专家现场监制密切相关，与山寨版有本质不同，正宗好凉茶与正宗音乐可以说有异曲同工之妙。"

自《中国好声音》开播以来，收视率节节攀升，首期节目收视率超过 1.5，总决赛收视率更是超过 6.0。从长期投资回报率来看，加多宝的这一投资超值。因为从 2012 年 5 月加多宝输掉王老吉品牌归属权官司后，需要在短时间内快速建立加多宝品牌的知名度和提及率，这一抢眼球的节目正好给了加多宝充分曝光的时间，从而使加多宝品牌强势露出，知名度飞升。

二、强强联手 打造 2012 年中国第一正宗好声音

在这次合作中，加多宝很好地诠释了"项目合伙人"的身份。"从开始的权益谈判，到后期的利用线下终端、网络做推广，加多宝实际上是一个参与者、一个合伙人。作为国内顶级饮料品牌，加多宝拥有无可比拟的终端推广能力和各种资源的整合能力。电视＋微博＋网络推广＋终端推广，各方资源充分整合，成就了《中国好声音》完整、立体式的推广模式，其成效也是显而易见的。"王月贵介绍。

从《中国好声音》栏目开播以来，加多宝便充分调动自身的渠道资源，先后在西安、武汉、广州、北京等地，与浙江卫视一起，开展了 10 余场推介会活动，并利用自身资源将《中国好声音》的宣传海报贴到了终端销售渠道，同时利用电视、平面、网络、微博等媒体手段，不断强化《中国好声音》的传播。

浙江卫视是一家媒体，线上是其强项，但线下则是加多宝的强项。只有把双方的强项结合起来，影响才会最大限度地得以发挥。这种从上而下的执行，也促成了"正宗好凉茶、中国好声音"。

三、借力中国好声音 加多宝领跑凉茶市场

伴随着《中国好声音》节目的火爆，加多宝的正宗诉求与品牌内涵得到了充分的传递，更进一步实现了加多宝品牌与消费者的沟通与互动。事实上，快消品用娱乐营销的方式提升品牌知名度是一种惯用的模式。

在 2012 年夏天，加多宝无疑创造了又一个品牌成长的奇迹。一份来自第三方的数据显示，更名后的加多宝凉茶品牌知晓率高达 99.6%，品牌第一提及率达 47.9%，为凉茶品牌最高,在选择和推荐方面,46.2%的人会向亲友推荐,占据了绝对领先优势。销量也是大幅攀升,整个上半年同比增长已超过50%,在广东、浙江等凉茶重点销售区,同比增长甚至超过了70%。当对手还在为自己庆祝时,加多宝已经将其甩在后面,用事实告诉大家,在市场中,实力决定一切,加多宝才是凉茶市场的真正领导者!

(资料来源:李冰. 借势中国好声音 加多宝完成品牌完美转身. 中国经营报,2012-10-12,有修改)

第一节　活动的定义与类型

近几年,伴随着种类繁多、主题各异的节事活动的迅猛发展,国内学者对节事活动的研究呈明显的上升趋势,这些不同角度的研究有力地推动了我国节事活动的发展(余青,吴必虎等,2005)。节庆与特殊事件(festival & special events, FSE)的实践及理论研究在国内从来没有像今天这样广受关注。但总的来看,我国学术界对节事活动的一些基本概念还存在一定分歧,例如,常见的提法就有"节事""事件""节事活动""节事旅游""节庆"等术语。由此看来,在本书开篇有必要对活动的概念、活动的利益相关者等基础知识进行简要介绍。

一、对相关概念的辨析

和国内广泛采用"会展"(注:被相当一批学者翻译为 MICE 或 convention & exhibition industry)或单一采用"节庆"的提法大相径庭,西方学者在事件及事件旅游(event & event tourism)研究中往往把节日(festival)和特殊事件(special events)合在一起作为一个整体来进行探讨,在英文中简称 FSE(festivals & special events),中文译为"节日和特殊事件",简称"节事"。

顾名思义,节事是节日、体育赛事、庆典等具有特色的活动或非日常发生的特殊事件的总称,主要形式包括节日、庆典、重大的市民活动、文化演出、重要的体育赛事、社团活动、会议、贸易展览和产品推介会等。国内外很多学者都对"节事"作出了相应定义(Shone et al. , 2004; Van der Wagen, 2004; Allen et al. , 2005; Goldblatt, 2005; Bowdin et al. , 2006; Getz, 1997, 2006;李力等,1999;赵睿,2001;卢晓,2007;等),但总的来说,能被学术界普遍接受的、统一的概念仍然十分有限。其中一个重要原因便是各类节事活动遍布于社会生活的各个方面,并且组织形式丰富多彩,既有普通的、经常性的活动,例如会议、展览会等,也有特殊、独特的活动,比如婚礼、政治庆典。但不管怎样,无处不在的节事活动已经成为一个迅速增长的产业。

本书所讨论的"活动"是指各类有目标、有组织、有主题的节日和特殊事件。根据中文表达习惯,全书统一采用"活动"的提法,但有时为了更好地反映"活动"的内涵以及出于表述的方便,也用"节事"或"节事活动"代替。

二、活动的定义

"活动"对应的英文是 Event,含有事件、节庆、活动等多方面的含义。其中,"节事"对应的英文缩写是 FSE,特指那些经过精心策划、目标明确的节日或特殊事件。从概念上来看,节事是节庆、特殊事件等精心策划的各种活动的简称,其形式包括精心策划和举办的某个特定的仪式、演讲和表演活动,各种节假日及传统节日,以及在新时期创办的各种庆典活动和特殊事件。

活动/特殊节事的范围极为广泛,很难给出一个能囊括所有活动类型的定义。国际著名节事研究专家唐纳德·盖茨(Donald Getz)从活动组织者和客户两个方面对特殊节事进行了界定(Getz,1997)。对管理者而言,特殊活动是一种在赞助人或组织者的正常计划或活动以外的一种一次性或不经常发生的活动(A special event is a one-time or infrequently occurring event outside the normal program or activities of the sponsoring or organizing body.);对客户和客人而言,特殊活动是指在常规选择范围之外或日常经历之外的一次休闲、社交或文化体验的机会(To the customer or guest, a special event is an opportunity for a leisure, social, or cultural experience outside the normal range of choices or beyond everyday experience.)。上述两个定义的出发点很好,但对特殊活动(节事)的特殊性刻画得还不够深刻。

另一位著名节事研究专家、美国"现代事件管理之父"乔·戈德布莱特(Joe Goldblatt)认为,特殊活动总是经过精心策划,总是能激发期望,总是能通过提供一个值得庆祝的理由而让人激动不已(Goldblatt,1990)。因此,特殊活动是"能满足组织者的特殊需求的一次独特的、伴有仪式的经历"(Goldblatt,1997)。他还认为,为了创造或强化这种特殊性(specialness),需要在许多主观因素上去努力,如表 1-1 所示。

表 1-1　衡量节事活动特殊性的主要标准

努力因素	描述
目标的多重性	节事活动应追求目标的多样性,其实质是能有机协调目的地、活动组织者、社区居民和观众等不同利益相关者的诉求
节日气氛	节事活动应努力创造一种真正的节日气氛,毋庸置疑,特殊性也会随之增加。这种氛围有利于制造欢乐甚至狂欢,人们将脱离常规制约,或者转变正常角色
满足基本需求	所有基本的人类需要以及相关的休闲、旅游动机都能通过活动得到部分满足。随着需要和有关动机更好地得到满足,节事活动的特殊性也会增强
独特性	大型活动依靠"非看不可""一生只有一次"的独特性吸引游客。几乎所有节事活动的组织者都能在一定程度上管理自己的产品和促销活动,以创造这种特殊性
质量	如果一个节事活动的质量差,将摧毁其特殊性;相反,高品质的活动将超越客户的期望和产生高的满意水平

续表

努力因素	描 述
真实性	这与独特性有关,即节事活动必须依托于本土的文化价值和属性。对旅游者而言,如果他们能体验到参与了真实的社区庆祝活动,这种特殊性将会加深
传统性	许多节事活动已成为举办地的重要传统,它们在当地社区扎根,并因为其相关联的神秘感而对旅游者富有吸引力。由于与举办地社区紧密相关,标志性事件(hallmark events)与目的地的形象有机结合并互相促进
灵活性	目的地可以依托最少的基础设施来举办活动,因为活动在空间和时间上都具有可移动性,并能适应不断变化的市场和组织需要。这使得节事活动能够成为组织和目的地的特殊产品
好客性	好客性的本质是让每一个活动参加者感觉到宾至如归。在目的地,游客受到社区欢迎,当地居民为能成为主人而感到很自豪。有些节事活动和社区因为对旅游者热情好客而广受赞誉
有形性	活动参加者能通过在一个目的地举行的各种活动体验其独特性和环境资源,包括文化、旅游和自然资源
主题性	活动的所有元素都能被赋予主题色彩,以最大限度地体现节日精神、真实性、传统、互动机制和客户服务。主题化将增加参与者对特殊性的感觉
象征性	仪式和符号一起使用增加了节日气氛,也可以给一个节事活动带来超出其直接目的和主题的特别意义
可支付性	对于大部分细分人群来说,那些能提供人们负担得起的休闲、教育、社会和文化经验的活动具有特殊的意义
便利性	各种活动可用作自发的、无计划的休闲和社交的特殊机会。这在以工作为导向的浮躁的当今社会特别是在城市环境中,具有重要的价值

(资料来源：Joe Jeff Goldblatt. Special Events：The Art and Science of Celebration. John Wiley & Sons Inc.，1990.)

三、活动的常见分类

按照不同的分类标准,可以将节事活动分为许多类型。了解活动的分类及其特点对于开发和策划好节事活动,推动活动产业(包括会议、展览、奖励旅游、大型活动等)和旅游业的发展具有重要意义。常见的分类标准有以下 4 种。

1. 以活动性质为分类标准

按照活动的属性,可以将活动分为传统节日庆典、现代节事活动和其他活动三大类。其中,传统节日庆典包括古代传统型和近代纪念型,古代传统型指那些能反映和弘扬民族传统文化的活动,如我国端午节的龙舟竞赛、重阳节的大型登山活动、元宵节的灯会等;近代纪念型指具有一定历史和纪念意义的节日庆典,譬如各国的国庆节、国际劳动节、奥尔良的圣女贞德节等。

现代节事活动主要分为与生活紧密相关的活动和与生产劳动紧密相关的活动。前者如慕尼黑啤酒节、上海旅游节、潍坊风筝节、青岛啤酒节、南宁国际民歌艺术节等;后者如阿尔及利亚的番茄节、菲律宾的捕鱼节以及我国深圳的荔枝节、江苏盱眙的龙虾节、上海南汇的桃花节、浙江宁波的开渔节、浙江余姚的杨梅节等。

其他活动包括各类大型会议、展览会和体育赛事等,这些活动不仅能迅速提升举办城市的知名度,还可以为旅游业发展带来难得的契机。

2. 以活动内容为分类标准

Wagen(2004)将活动分为体育,娱乐、文化和艺术,市场营销和促销、会展、节日庆典、家庭活动以及筹资活动等类型。根据活动内容的不同,国际著名节事研究专家 Getz (1997)把经过事先策划的活动(planned events)分为以下 8 种基本类型。

- 文化庆典,包括节日、狂欢节、宗教事件、大型展演、历史纪念活动等。
- 艺术娱乐活动,主要包括音乐会、文艺展览、授奖仪式和其他表演。
- 会展及商贸活动,如会议、展览会/展销会、博览会、广告促销、募捐/筹资活动等。
- 体育赛事,主要包括职业比赛、业余竞赛和商业性体育活动。
- 教育科学活动,包括研讨班、专题学术会议、学术讨论会等。
- 休闲活动,包括演唱会、游戏和趣味体育、娱乐事件。
- 政治/政府活动,包括就职典礼、授职/授勋仪式、贵宾 VIP 观礼、群众集会。
- 私人活动(个人庆典,如周年纪念、家庭假日、宗教礼拜等;社交事件,如私人舞会、家庭聚会、同学/亲友联欢会等)。

Shone 和 Parry(2004)使用分类学原理来研究节事活动的广泛性和多样性,并提出了类似的分类。他们认为,可以将节事活动分为 4 种基本类型,即文化活动(庆典类的、宗教类的、传统类的、艺术类的和大众类的)、休闲活动(休闲、体育和娱乐活动)、个人活动(婚礼、葬礼、生日和各种周年纪念)和团体活动(商务类的、政治类的、慈善类的以及销售类的)。

3. 以活动规模为分类标准

不同规模的特殊活动通常表现出不同的特点,常见的分类有重大活动、标志性活动和大型活动,但界定并不是很确切,区别也不是很明显(Allen et al., 2002)。另外,活动规模往往与影响范围相联系,因而也有学者按照地域将节事活动分为国际性活动、洲际性活动、国家级活动以及城市级活动等类型。

(1) 重大活动

重大活动(mega-event)泛指那些规模庞大以至于影响整个社会经济,并引起全球媒体关注的超级活动,学术界和业界公认的重大活动包括奥运会、世博会和世界杯。Getz 认为,重大活动是指能为东道国创造极高层次的旅游、媒体报道、知名度或经济影响的活动,他还提出了相应的 2 项定量指标和 14 项定性指标(Getz,1997),如表 1-2 所示。国际旅游科学专家协会（International Association of Tourism Experts，IATE）也从三个方面对重大活动进行了界定：规模至少吸引 100 万观众；资本投入至少相当于 5 亿美元、7.5 亿德国马克或 25 亿法郎；知名度高，具有必看性（IATE，1987）。

表 1-2　重大活动的一般衡量指标

指　　标		含　　义
定量指标	参观人次	超过 100 万人次
	总的投资成本	5 亿美元以上
定性指标	目标的多元化（a multiplicity of goals）	多样化的目标
	节日精神（festival spirit）	浓厚的节日氛围
	满足基本需要（satisfying basic needs）	能满足利益相关者及观众的基本需要，并提供相关的休闲和旅游机会
	独特性（uniqueness）	具有必看（must-see）和一生仅此一次性（once-in-a-life）的特点
	质量（quality）	高品质，并能超越观众的期望值
	真实性（authenticity）	以本土文化价值为基础，并将其作为事件的灵魂
	传统（tradition）	以社区及其传统为根源，并展示相关的神秘性（mystique）
	适应性（flexibility）	能满足事件对基础设施、时间和空间的要求，并与不断变化的市场需求和相关机构的需要相适应
	好客性（hospitality）	让每一位观众和曾经到过事件举办地的人（ever-goer）都体会到宾至如归的感觉
	主题的可接触性（tangibility of the theme）	体验到目的地的鲜明特色及其相关资源的特殊性，包括文化、旅游和自然资源方面的特点
	主题性（theming）	具有鲜明的主题，并在节日精神、真实性、传统性、互动性和观众服务上表现优秀
	象征性（symbolism）	综合运用仪式和符号，以强化节日氛围
	可购买性（affordability）	提供游客买得起的旅游、休闲、社交、教育和文化体验
	便利性（convenience）	为观众和事件的参加者提供各种特别的、不需要事先策划的休闲和社交活动机会

（资料来源：Getz，D. Event Management & Event Tourism. New York：Conizant Communication Corporation，1997.）

对于举办城市而言，最令人担忧的是有些随之而来的风险是重大活动的规划者和组织者无法预期的。此外，在规划和执行之间总存在这样的可能：由于不够突出或吸引力不足，事件未能得到政治上的支持，或者背离了城市的消费发展政策，或者不能对城市形象产生积极的影响(Foster,1976;Shlay et al.,1987)。

需要注意的是,城市管理者运用奥运会之类的重大活动来发展地方社会经济时,必须充分考虑城市发展的重点正在向消费转移这样一个大背景。重大活动战略很特别,因为城市为了争取一个来自外部的事件需要连续不断的努力,这样它所承担的风险就要比典型的以消费为导向的开发项目更大。而且,重大活动要求城市不仅能成功申办,而且能顺利举办,从而实现吸引赞助商、旅游者和正面公众评价的目标。

(2)标志性活动

标志性活动(hallmark event)是指那些与举办地的地脉和文脉基本相同,以至于它们成了这些地方的代名词,并获得了广泛认同的活动,比如德国慕尼黑啤酒节、巴西里约热内卢狂欢节、美国肯塔基州赛马会、苏格兰爱丁堡艺术节以及中国的青岛国际啤酒节、南宁国际民歌艺术节等。

著名旅游学者Ritchie(1984)这样定义标志性活动:有一定持续时间的一次性或重复发生的重要活动,其主要目的是为了在短期或长期内提高某一旅游目的地的知名度、吸引力和收益。这类活动依靠独特性、地位和适时的重要性来吸引观众和媒体的注意力,并激发他们的兴趣。Getz(1997)也从标志性活动对东道主创造利益的能力角度,对其进行了描述:"标志性活动"一词用于描述一个重复发生的活动,它在传统、吸引力、形象或知名度等方面具有如此重要的作用,以至于它能给举办地带来具有竞争力的好处。

(3)大型活动

大型活动(major event)是指那些能吸引大量观众和媒体宣传,并为举办地带来巨大经济利益的活动,许多国际性的体育锦标赛、大型国际会议和文化类的节事活动都属于这种类型。

例如,澳大利亚的墨尔本市把澳大利亚网球公开竞标赛和F1大奖赛作为每年的重要活动。自1985年开始,每年一度的"欧洲文化之都"(European Capital of Culture)活动受到了欧洲各个城市的青睐。2011年,当塔林担当欧洲文化首都的重任时,塔林成为欧洲文化舞台的焦点,它得以向全世界展现自身的文化精髓。塔林将2011年项目的主题定为"海滨的故事",以期向大海重新打开这座城市——在作家、音乐人和演员的演出帮助下,告诉大家塔林的故事、爱沙尼亚的故事,还有海滨精神和文化的结合。为此,塔林策划了一系列的大型活动,并为主题、创造性作品和生态纪念品开展了竞赛。

(4)地方性活动

很显然,"地方性"是一个相对概念。与前面三种活动相对应,地方性活动包括国家级和城市级活动,这些活动往往局限于某一个国家甚至城市的范围内,参加者大都是国内居民,媒体也基本上都是国内媒体,因而一般不会产生国际影响。目前,我国许多城市举办的旅游节以及全国性或区域性的体育联赛、平民选秀等都可以归入此类。

上述分类方法可以用于指导节庆、会议、体育赛事等不同类型活动的划分。例如,以活动规模为标准,可以将节庆分成 5 大类,即国际性节庆,其吸引的观众来自世界各地,如世界杯;全国性节庆,以全国民众为主要吸引对象,同时一般也会吸引不少国际人士,如爱丁堡国际艺术节、慕尼黑啤酒节;区域性节庆,以一个国家某个区域的居民为主要吸引对象,同时也吸引一定来自区域外的观众,如美国新墨西哥州的热气球节、中国香港的包子节等;地方性节庆,以地方县市居民为主要吸引对象,但同时也吸引少数其他外县市居民,如墨尔本时装节、明尼苏达州文艺复兴节;社区性节庆,以乡镇或社区居民为主要参与对象,如某镇的梅花节、社区美食节等(王春雷等,2009)。

4. 以主办者身份为分类标准

根据社区、政府、市场和企业之间的关系,可以将活动分为商业性节事活动、公共性节事活动和非营利性节事活动,由此也形成了目前国际上三种常见的节事活动运作模式,即市场(企业)主导型运作模式、社区(非营利性组织)主导型运作模式和公共(政府部门)主导型运作模式。

在内容上,公共性节事活动更多依赖于当地政府的资助,门票收入是一小部分来源;非营利性节事活动更多地依靠门票收入来维持运转;商业性节事活动的发展资金则来源于门票收入和公司赞助。

在结构上,公共性节事活动把当地政府组织作为最主要的利益相关者;非营利性和商业性节事活动则将公众作为主要的利益相关者。另外,媒体被所有形式的节事活动作为一个最重要的利益相关者,但相对来说,媒体更受到商业性节事活动的重视。

在管制上,非营利性节事活动的决策通常由董事会和委员会决定;节事活动经理和拥有者则在商业性节事活动的决策中起着非常直接和紧密的作用。公共性和非营利性节事活动更关心社区利益,而商业性节事活动则更关心市场变化和利润。

> **扩展阅读 1-1　节庆活动的主要运作模式**
>
> 节庆活动往往伴随着巨大的人流、物流、信息流和资金流,即在短时间内便可以形成消费高峰。此外,举办一次节庆活动包含着很多不可控因素。由于节庆活动的这些特性,不可能找到一种适用于所有节庆的运作模式。根据社区、政府、市场和企业之间的关系,可以将目前国际上的节庆活动运作模式归纳为以下三种。
>
> **一、市场(企业)主导型运作模式**
>
> 市场导向型模式聚焦于节庆活动的申办以及节庆活动的经济影响,其战略决策制定更容易被一两个具有强烈领导能力的组织(公司或者政府)所控制。这类节庆活动举办的决策标准重点强调旅游者数量、媒体曝光度以及经济收入。
>
> 采用这种运作模式的节庆活动往往会遇到以下争议:由企业提供艺术和文化活

动大都会导致商业化，从而使得一些本质和内在的社会文化价值变成被出售的商品。这种观点的核心假设是企业一般过于强调对经济利益的追求。但必须注意的是，与此同时，企业往往能够通过为顾客提供物有所值的高质量的节庆产品，更好地满足公众的真实需求；相反，政府或者非营利部门往往提供它们自身想生产的产品，而很少考虑公众需求。进一步讲，通过公共部门给予财力支持所形成的低门票或者可免费进入的节庆活动能否真正带来参观者的增加值得怀疑，显而易见，免费参加并不能真实衡量人们的需求。

二、社区(非营利性组织)主导型运作模式

社区导向型模式强调节事和社区发展的良好对接，其战略制定过程产生于公共节庆管理部门或旅游管理部门内部，它们寻求社区利益相关者的最大参与，尤其是那些经常举办节庆活动的小镇，能够为这种框架提供肥沃的土壤。这类节庆活动的决策标准包含经济、社会、文化及环境影响，近几年，经济指标重要性有所降低，而通过举办节庆获取的社会利益以及社区凝聚力在不断增加。

这种节庆运作模式的主体通常是非营利组织，它们在美国和欧洲经济中发挥着越来越重要的作用。非营利组织(有时候也是慈善组织)是基于组织成员的共同目标和利益，它们通常主要服务于社区，从健康、教育到文化、宗教信仰等。许多作为旅游景点和节庆活动举办地点的设施都是非营利组织，包括会议中心、动物园、博物馆、公园、历史文化景点、体育和文化设施等。参加节事活动的非营利组织通过公共部门支持或者商业收入来获得资金支持，从而为参观者提供高质量的节庆娱乐体验。

三、公共(政府部门)主导型运作模式

自然和文化资源、旅游吸引物以及许多公共节庆活动被认为是任何人都可以消费的公共产品，这些产品不会因为一个人的消费而减少。从这个角度来说，能有机会参加免费的节庆活动对每个人来说都是必需的。因此，一些举办成本高、社会需求低的文化庆祝活动和节事仍然需要政府的主导。文化庆祝和艺术活动通常被认为是"精神产品"(merit goods)，这些产品通常要求有利于公共组织，而不会去考虑经济需求。当政府提供资助或者提供文化艺术节庆产品的时候，社会把平等需求作为原则；政府通过一些诸如社区凝聚度、文化自豪感、旅游吸引力增强等外部期望来评估这类节庆活动为地区带来的利益。

维持目的地竞争力是实现公共利益的一个必需条件，Pearce(1992)认为对一个目的地的提升可被作为一种公共利益。许多政府部门相信，在公共服务的框架内，通过参与和支持节庆活动的发展及营销来提升诸如地区形象、旅游收入等各种各样的公共利益已成为一种必要的工具。

(资料来源：王春雷，赵中华. 2009 中国节庆产业发展报告. 天津：天津大学出版社，2010.)

第二节　活动的主要因素与目的

　　什么样的活动才算是成功的？其基本衡量标准就是是否实现了预期的目标,这里的目标即指为什么要举办这次活动(why)。从这个意义上来说,活动管理应该一切从目标出发。然而,影响目标实现的因素较多,而且很多时候,节事活动组织者的目标是多样化的。鉴于此,下文把活动的主要因素(event element)和目的放在一起来讨论。

一、活动的主要因素

　　要保证一次节事活动安全顺利地举办,要考虑上百个甚至上千个工作环节。在组织管理和项目管理中,协调(coordination)最为关键,而这一点在节事活动管理中表现得尤为突出,因为特殊活动受时间的严格限制,必须准时完成(Goldblatt, 2002)。为此,节事活动经理在处理供应商网络和满足参加者及客户的多方需求时,需要运用系统方法和全面质量管理的方法。

　　在 Tum 等人(2006)所构建的与顾客相关的节事组织内外部因素分析框架中,他们提出,在规划一个成功的任务之前,节事活动经理必须以顾客为中心,分析和评价两种截然不同的力量:内部环境和外部环境。其中,内部环境包括公司/组织文化、质量要求、信息系统、财务和股权状况;后者包括政治法律、社会、经济、技术、竞争和利益相关者等。其目的是充分考虑利益相关者、顾客以及公司/组织自身的各种需求,以理解关键成功因素的重要性和确定公司/组织现有能力是否能满足各类需求。

　　基于上述分析,活动项目经理必须以顾客和客户为中心,编制活动要素计划(event element plan),特别是要对人力、资金、物品等资源进行科学合理的安排。本书作者以节事活动组织者的目标和利益相关者的需求分析为出发点,按照项目管理的时间、资金和质量要求,对特殊活动的主要因素进行了重新梳理,并将其简要地概括为 5W+2H,如表 1-3 所示。

表 1-3　特殊活动的主要因素

要　　素	描　　述
为什么(why)	即活动的目的,这是一次活动的所有元素的基础
谁(who)	指活动组织者需要明确活动观众的人口统计学和心理学信息,其实,广义的"谁"即活动的全部利益相关者,包括主办方、参加者、赞助商、当地社区、合作伙伴等
在哪里(where)	即活动举办的地点,包括目的地或地理区位以及场馆
什么时间(when)	包括活动举办的季节、日期、星期几和具体时间

续表

要　　素	描　　述
预期结果（what）	指组织者希望通过这次活动能达到什么预期目的（不同利益相关者的需求能在多大程度上得到满足）
怎么操作（how）	即具体的活动管理技术和手段，包括市场调研、可行性研究、活动策划、工作分解结构、全面质量管理等
费用（how much）	指活动的总预算，包括进行项目工作分解结构（work breakdown structure，WBS）后的各项任务的支出情况

（资料来源：作者根据相关资料整理。）

二、活动的常见目的

从表 1-3 可以看出，对于活动主办方或承办方而言，首先需要明确的问题是举办这次活动的目的是什么。许多节事活动的主要目的是营利，但也有众多活动不是这样，而是承载了更多的社会和文化功能。例如，澳大利亚的玛勒尼稻草人嘉年华（Maleny Scarecrow Festival）始于 1998 年，其初衷是通过这一文化活动凸显玛勒尼的乡土特色，并利用这一特别时机展示本社区的首创精神。另外，活动的目的在很大程度上决定了活动的财务目标和收支结构甚至整个活动的组织方式。譬如，一款新品牌香水的促销活动是市场营销计划中的一部分，目的是通过销售取得长期收益。为此，香水制造公司要承担举办活动的各项支出。同样，聚会和庆典的支出通常也是由客户支付的。

活动的目的是丰富多样的，我们可以从活动的分类学角度去理解。比如，根据活动举办地政府、社区、市场和企业之间的关系，活动的目标可以分为商业性、公共性和非营利性三种基本类型；按照活动的影响分析框架，可以将活动的目标分为社会目标、经济目标和环境目标三种基本类型等。尽管很难穷尽，但仍然有学者从分类学的角度对活动目的做了比较全面的概括。

1. 表演目的（performance）

指在特定的地点和一定的时间内，由个人或组织所从事的艺术活动，这类活动一般都需要精心策划并往往以营利为目的，如大型体育赛事、马戏表演、明星演唱会以及《中国达人秀》之类的选秀等。

2. 展示目的（exhibits）

即通过活动来展示个人或组织的形象、产品、技术等，如各类成果展示会、商业性展览会、公司的新产品推介会。

3. 社交目的（social occasions）

即指特定的社交活动（a vaguely specified social event），比如竞选活动、总统就职典礼、慈善招待晚宴等。

4. 娱乐目的（amusements）

在《现代汉语大词典》中，对娱乐的解释是"娱怀取乐"。在作动词时，娱乐意为使人欢乐；在作名词时，意为欢乐有趣的活动。其实，在大多数活动中，娱乐都是一种重要元素，很多时候还以娱乐为主要目的，比如各种狂欢节。

5. 教育目的（instructional）

教育和培训是一些活动的重要功能，以教育为直接目的的活动也很多，最常见的如专家演讲、主题报告会以及各类专业性的研讨会等。

6. 促销目的（promotional）

为了促进产品销售，活动是一种很好的工具。以促销为目的的活动类型十分丰富，如城市旅游推介会、商场促销特卖会、企业新产品推介会等。

7. 旅行目的（excursions）

从主办方的角度来说，以旅行为目的的活动并不多见，大多数都是针对参与者而言的。例如，携程旅行网（Convenient Through Reliable Intimate Professional，CTRIP）和鸿鹄逸游公司联合推出的"环球旅行 80 天"，某制造业公司为激励优秀员工或分销商而组织的奖励旅游等。

第三节　活动管理的起源与发展

活动管理的历史源远流长，甚至可以说，从人类有历史记载开始便有了活动管理，比如原始社会的集体狩猎活动。狩猎是人类最早掌握的谋生技能之一，随着人类文明的发展，狩猎逐渐具有了娱乐、军事、体育的多重功能，成为习武练兵、强身健体、振奋精神、谋取收获的一项综合性的集体活动。《周礼》中记载君王四季田猎，分别称做春搜、夏苗、秋狝、冬狩，作为礼仪的田猎被后来的统治者沿袭了下来。

一、特殊活动的起源

活动产业的兴起首先源于人们对群体活动的喜爱。人类是群居性的，因此人们喜欢参与各种群体活动。从有时间记载开始，人类就在不断寻找各种方法来标示他们生活中的重要时刻，这便是最古老的活动形式——仪式和庆典。在人类漫长的生活岁月里，不同地区的人们形成了丰富多彩、形式各异的节日风俗。这些节日风俗都是伴随着历史的发展而形成的，反映了各个民族生息、发展和进步的过程。节事活动最初起源于这些节日风俗，其形成过程大致是根据生活的需要，经历了由不自觉到自觉，由不定型到定型，逐渐发展和补充，内容涵盖了生产、祭祀、表彰、庆祝等多个方面。

　　其实,活动产业的起源可以追溯到几千年前(Bowdin et al.,2001)。在人类发展的历史长河中,可以找到许多祖先们举办节事活动的先例,如原始社会的狩猎、古代中国的祭祀、古希腊和古罗马时期的角斗运动会、古代奥林匹克运动会(公元前776年举行第一届)、中世纪时期为庆祝丰收而举行的庆典活动等。

　　长期以来,各类节事活动在人们的日常生活中扮演着重要角色。在古今中外的大多数社会中,举行某次庆祝活动往往只需要一个小小的借口,而通常一些日常生活中的普通活动也可以被当作节日或狂欢节等来庆祝(Shone et al.,2004)。例如,在澳大利亚,第一舰队到达后的第一个活动可能就是1788年的矮树丛聚会,以庆祝妇女罪犯到岸,聚会上"有人骂街,有人争吵,有人歌唱"(Hughes,1987)。

 扩展阅读1-2　古代奥林匹克运动会

　　古代奥运会不仅是一种竞技大会,在它延续一千多年的时间里,实际上是古希腊人的一个全国性节日。古代奥运会从公元前776年起到公元394年止,经历了1168年,共举行了293届。按其起源、盛衰,大致可分为三个时期。

　　(1)公元前776年至公元前388年,从兴起到鼎盛。公元前776年,古希腊一个边陲城邦伯罗奔尼撒的统治者伊菲图斯努力使宗教与体育竞技合为一体,他不仅革新宗教仪式,还组织了大规模的体育竞技活动,并决定每4年举行一次。时间定在闰年的夏至之后。所以公元前776年的古代奥林匹克运动会就正式载入史册,成为古代奥运会的第1届。当时仅有一个比赛项目。即距离为192.27米的场地跑。这一时期各城邦之间虽有纷争,但希腊是一个独立的国家,政治、经济、文化都较发达,是运动会的黄金时期。特别是公元前490年,希腊雅典在马拉松河谷大败波斯军之后,民情奋发、国威大振,兴建了许多运动设施、庙宇等,参赛者遍及希腊各个城邦,奥运会盛极一时,成为希腊最盛大的节日。

　　(2)公元前388年至公元前146年,开始衰落。由于斯巴达和雅典长期的伯罗奔尼撒战争(公元前431年至公元前404年),希腊国力大减,马其顿逐渐吞并了希腊。马其顿君王菲利普还亲自参加了赛马。随后,亚历山大大帝虽自己不喜爱体育活动,但仍积极支持,并视奥运会为古希腊的最高体育活动,为其增添设施。不过,这一时期古代奥运会精神已大为减色,并开始出现职业运动员。

　　(3)公元前146年至公元394年,古代奥运会逐渐由衰落走向毁灭。罗马帝国统治古希腊后,起初虽仍然举行运动会,但奥林匹亚已不是唯一竞赛地了。例如,公元前80年,在第175届古代奥运会上,优秀竞技者被召集在罗马比赛,在奥林匹亚只举行了少年赛。这时职业运动员已开始大量出现,奥运会成了职业选手的比赛,希腊人对之失去了兴趣。公元2世纪后,基督教统治了包括希腊在内的整个欧洲,倡导禁欲主义,主张灵肉分开,反对体育运动,使欧洲处于一个黑暗时代,奥运会也随之走向衰落,直至名存实亡。

公元393年,罗马皇帝狄奥多西一世宣布基督教为国教,认为古代奥运会有违基督教教旨,是异教徒活动,并于第二年宣布废止古代奥运会。公元895年,拜占庭人与歌德人在阿尔菲斯河发生激战,使奥林匹亚的各项设施毁失殆尽。公元426年,狄奥多西二世烧毁了奥林匹亚建筑物的残余部分。公元511年、公元522年接连发生的两次强烈地震使奥林匹亚遭到了彻底毁灭。就这样顺延了1000余年的古代奥运会不复存在了,繁荣的奥林匹亚也变成了一片废墟。

(资料来源:http://www.olympic.cn/olympic/ancient/2004-04-16/142724.html.)

二、现代活动管理

现代意义上的商业性活动管理(event management)产生于20世纪80年代的美国,其标志性事件是1984年洛杉矶奥运会的成功举办。"他们设法把好莱坞式的场面与体育赛事结合起来,形成了一种前所未有的风格,这种风格为以后的类似活动建立了一个标准。"(Allen et al.,2002)从那之后,人们更多地把体育、节事和创新等概念融合起来,并开始将生产、营销、媒体宣传和经济效益结合在一起(Bowdin et al.,2001)。可以这么说,活动管理是适应爆炸式增长的各级各类政治经济活动、体育赛事、会议展览、娱乐狂欢等的策划和执行需要而产生的一项高度综合性的管理活动,它既不同于普通的政府行政管理,也不同于一般的商业企业管理。

从奥运会、足球世界杯、世界博览会到城市艺术文化节,从公园、广场和历史名胜地的演出到公众聚会,从万人观赏的体育赛事到小型会议、婚礼,从公司促销活动到特殊事件旅游,从社区活动到慈善筹款,活动管理以其管理的科学性与特殊事件所具有的艺术魅力和文化内涵相结合,迅速地改变着受众的习惯、品位、记忆和理解,同时完成组织或产品品牌形象、概念的成功营销(王永嘉,2005)。在很短的时间里,活动管理不仅成为一个独特的行业,而且成为一门实用性很强的科学。

然而,和其他产业一样,当市场所需要的服务质量明显提高时,活动管理公司开始面临巨大的成本压力;另外,先进的信息技术也会增加顾客和供应商的期望(Lee-Kelly,2002)。随着活动产业的迅速发展以及社会经济特别是信息技术的进步,人们对节庆活动的效率和效果要求越来越高,客户越来越要求钱和时间花得其所。与之相对应,活动管理公司也变得越来越专业(O'Toole et al.,2002)。这要求活动管理公司能进行系统管理,从而从节事活动需求的角度去调用最合适的资源,满足众多相关参与者的期望。

三、现代城市节事活动

20世纪90年代后,全球节事产业开始迅速发展。过去十几年,节事活动被广泛作为旅游业的一种形式来促进地区发展。Getz(1989)强调节事活动应该实现4个目标:延长传统的旅游季节;提高整个地区的旅游需求;吸引外国旅游者;为目的地创造良好的形象。事实上,城市举办节事活动有着更广泛的目标,其中,社会目标包括创造文化体验,主要被用于社区重塑、社区凝聚力提升和社区身份识别、城市形象更新、文化传承以及形成国家标志性特色;经济目标则表现为直接创收、拉动内需、创造就业等方面;品牌提升目标同样被作为大部分节事活动的一个重要战略方向。

大型节事活动的举办对一个城市的发展会产生巨大的推动作用,承办高规格的大型节事活动已成为很多城市建设国际城市的重要指标。正因为如此,国内外众多城市竞相举办大型节事活动,相当一批城市凭借大型节事活动的举办实现了跨越式发展,一举跨入世界城市的行列。越来越多的城市将举办节事活动作为提高城市知名度和影响力的重要战略选择。华盛顿、纽约、慕尼黑、维也纳、米兰、罗马、汉城、香港,这些全球节事之都,在政治、商业、娱乐、时装、艺术、会展、体育等诸多领域中各领风骚,争奇斗艳。

几乎每个城市都有自己的代表性节事活动,这些活动成了一些地区吸引游客的亮点。在旅游业发达的城市,大部分节庆活动已经成功形成了一系列被用于发展品牌的核心价值,例如,威尼斯狂欢节、爱丁堡国际艺术节、西班牙奔牛节等节庆活动都已经成为世界闻名的节庆活动。

节事活动受到城市的青睐,还表现在专门组织机构的设立方面。例如,在美国、加拿大、法国、德国、西班牙、英国等国家,很多城市在政府内的文化、经济、休闲或旅游部门都设有专门的事件管理职位,以应付日新月异的市场变革。在澳大利亚,每个州政府都有自己独立的事件开发与管理部门。美国最大的城市事件管理机构之一是芝加哥市的市长特殊事件办公室,它管理一年一度的芝加哥节和其他多个政府及社区事件。

四、我国活动管理的发展

我国现代节事活动走过了大约30年的历程,如今已经步入相对成熟的阶段。首先,节事活动的主题越来越丰富,文化、宗教、风景特色、特色农业与民俗等主题丰富多彩,并呈现出功能综合化的发展趋势。其次,节事活动的规模和影响也越来越大,特别是2008年北京奥运会、2010年上海世博会和2010年广州亚运会的成功举办把节事活动的热潮推向了一个顶峰。最后,节事活动"以节招商,文化搭台,经济唱戏"的操作模式,推介了具有地方特色的旅游资源和产品,塑造了城市整体形象,促进了当地社会经济的加速发展。因此,举办节事活动在全国形成了热潮,有的甚至成为一种政府显示政绩的"时尚"。

当前,我国节事活动的发展无论在规模上还是速度上都超过了以往任何时候。节事活动对社会的作用日益凸显,城市成为节事活动的主要发生地,人们对节事活动的重视程度也随之升温。与此同时,节事活动的大发展也引发了其所在城市在资源和空间上的竞争、冲突与合作,许多节事活动在举办过程中与周围环境发生了冲突,治安混乱、物价上涨、交通拥挤等成为节事活动负面影响的直接表现。

目前,国内各地的节事活动虽然层出不穷,但也暴露出了诸多问题。概括而言,主要表现在以下方面。

① 节事活动的地理空间分布不均衡,总体上是东部沿海多,西部和内陆少。

② 节事活动数量越来越多,但有品牌知名度和国际影响力的却很少。

③ 节事活动的主题低层次、重复现象严重,差异化不明显。

④ 在节事活动的举办中,政府涉入过多甚至过细,不符合现代节事活动的运作规律。

⑤ 节事活动的经济目标与文化挖掘结合力度不够,绝大多数节庆的文化内涵尚有待于挖掘。

第四节 相关行业组织

国际上有众多节事和会展方面的专业协会,这些协会对推动会议、展览、体育赛事等行业的发展起到了巨大作用。例如,在会议行业有很大影响力的协会如国际会议专业人士协会(Meeting Professionals International,MPI)、国际大会及会议协会(International Congress and Convention Association,ICCA)、会议管理专业协会(Professional Convention Management Association,PCMA),展览行业的代表性协会有国际展览业协会(Union of International Fairs,UFI)、国际展览与项目协会(International Association of Exhibitions and Events,IAEE)、国际独立组展商协会(The Society of Independent Show Organizers,SISO)等。我国也于2006年成立了中国会展经济研究会(China Convention & Exhibition Society,CCES)。

一、国际特殊活动协会

国际特殊活动协会(International Special Events Society,ISES)成立于1987年,最早的发起者是一批节庆与事件产业的从业人员。截至2012年6月底,该协会拥有7 000多名专业会员,包括活动组织者(从节庆到贸易展览会)、餐饮服务商、设计师、园艺师、目的地管理公司(Destination Management Company,DMC)经理、租赁公司管理人员、特效专家、帐篷生产商、视听工程师、媒体记者、酒店销售经理、娱乐会议中心经理、摄像师、演艺人员等。ISES在全球40多个国家建立了分会,其共同的愿景是"通过专注和教育,为特殊活动行业传递创意知识和专业精神"(Dedicated and educated to deliver creative excellence and professionalism in special events.),使命是"引导、提升和推动特殊活动行业的发展及其与相关产业的网络联系"（To educate，advance and promote the special events industry and its network of professionals along with related industries.）。

注册特殊活动专家（Certified Special Events Professional，CSEP）项目由 ISES 于 1993 年推出。一个活动管理人员必须全面展示策划和执行一次特殊节事活动的知识、技巧和能力，并通过考试，才能获得该项认证。要参加 CSEP 考试，活动管理人员必须拥有三年以上特殊活动行业的全职工作经验；具体形式为 4.5 小时的上机考试，包括 100 道多选题和写作两部分。

二、国际节庆与活动协会

国际节庆与活动协会（International Festivals & Events Association，IFEA）成立于 1956 年，其前身是节庆经理协会（The Festival Manager's Association），如今已成为支持和领导全球节庆和活动专业人士的重要行业组织。IFEA 的总部设在美国爱达荷州博伊西市（Boise），2005 年举行了成立 50 周年庆典。IFEA 在我国一般被简称为"国际节庆协会"。在第 49 届年会上，国际节庆与活动协会正式授权北京节庆文化中心为其中国代表机构，同时批准筹建国际节庆协会中国委员会。

IFEA 在非洲、亚洲、澳新、欧洲、拉丁美洲、中东和北美地区都设有分支机构，并分享共同的愿景："汇聚全球力量，打造一个这样的产业——通过庆典，用积极的方式感受生活"（A globally united industry that touches lives in a positive way through celebration.）和使命："激励和支持那些希望通过庆典来实现梦想、重塑社区和获得成功的人"（To inspire and enable those in our industry to realize their dreams, build community and sustain success through celebration）。IFEA 的目标之一是致力于提高广大会员和整个节庆行业的专业化程度，主要途径包括开展职业教育、指导节庆产品研发、实现资源共享、构建合作网络等。在推动节庆活动的改革和创新方面，IFEA 的会员已经成为出色的行业典范。

IFEA 每年对全球范围内所有会员组织的节庆活动进行评选，对质量较高和具有创造性的活动颁发 Haas & Wilkerson Pinnacle 综合奖及各种单项奖。此项评选活动使节庆活动的推广工作不断达到更高的目标，并促进了业内媒体推广的质量和标准的提高。每一个节庆活动都有获奖的机会，其规模和类别不受限制。而且，为了增强获奖组织和整个节庆行业的影响，IFEA 向相关媒体发布消息，列举并介绍整个评选活动和颁奖过程。

 扩展阅读 1-3　2012 年国际节庆协会综合奖

2012 年，国际节庆协会将继续评出综合奖即 Grand Pinnacle 奖，此奖是 IFEA 的最高奖项，要求反映整个节庆活动的内容。该奖项按各报名单位或组织机构申报的整个活动预算额进行分类：①25 万美元以下；②25 万～75 万美元；③75 万～150 万美元；④150 万美元以上 4 类，每一类中分别评出金、银、铜奖，共 12 个奖项。

一、标准

良好的组织过程、专业化的活动内容、信息明确清楚、策划和设计、创意独特、支撑材料和可以衡量的业绩、是否传达了活动的内涵和总体印象。

二、提交

1～4 页有关活动内容的文字介绍,其中包括:举办时间、往届回顾、活动意图、预算收支情况、参与人数、工作人员数量和职务、志愿者人数、相关分项活动的信息、创建日期和管理形式(由志愿者组成的董事会;由城市管理;由公司合作共同管理)等。

三、必须提交的信息(每项问题最多不能超过 1 页)

(1) 同去年相比,今年的节事活动有何变化? 这种变化是否成功? 请提供一些具体例子说明。(如果这是一项新的活动,请回答以下问题:你在组织和策划活动的过程中遇到什么困难和障碍? 你是怎样处理克服的? 请提供一些具体例子说明。)

(2) 这项活动有哪些亮点使其成为国际公认的节事活动。

(3) 请陈述这项活动为什么能够获得 IFEA/Grand Pinnacle 奖。

四、附加要求和相关资料

请详细介绍和说明以下各项,每项必须进行单独说明,并且各项的附加说明和资料最多不能超过 1 页。

- 市场推广活动(推广材料);
- 媒体辐射(媒体受众、宣传渠道等);
- 商业运作项目;
- 赞助项目;
- 志愿者项目;
- 社区影响力;
- 网站;
- 对某项特殊项目的描述。

五、附录

对于不符合要求的活动,将取消其参展资格并且不予退款。

本项申报独立于其他项目之外,请勿在其他项目中提供本项目的信息。

申报 Grand Pinnacle 奖的会员,必须派出至少一个代表参加在科罗拉多州丹佛举办的 57 届年度会议。

(资料来源:http://www.ifea.com.)

三、国际奖励旅游管理者协会

国际奖励旅游管理者协会（The Society of Incentive & Travel Executives，SITE）成立于 1973 年，总部在美国伊利诺伊州芝加哥市，是一个国际性的、非营利性的专业协会，它主要致力于探讨如何以奖励旅游的形式改进企业和组织员工的工作表现。SITE 向会员提供奖励旅游方面的信息服务和各种教育性的研讨会，会员通过参加由 SITE 举办或支持的奖励旅游展览和买卖双方见面会，了解国际奖励旅游市场，扩展人际网络，促进奖励旅游业务的发展。

截至 2012 年 6 月底，国际奖励旅游管理者协会（SITE）在全球有 2 200 个会员，分属 87 个国家，行业涉及航空、游轮、奖励旅游公司、旅游批发商、目的地管理公司，酒店、会议中心、餐馆、景区（点）和度假地，旅游局、旅游咨询、研究机构以及各类供应商等。2006 年 11 月 30 日至 12 月 4 日，在西班牙巴塞罗那召开的"国际奖励旅游协会（SITE）国际大会"上，SITE 的时任主席 Lex Granaada 先生和首席执行官 Brenda Anderson 女士正式宣布在北京成立"SITE 中国分会"。

SITE 认为，奖励旅游是一种现代化的管理工具，其目的在于协助企业或组织达到特定的目标，并对达到该目标的参与人员给予一个非比寻常的旅游假期作为奖励。例如，组织以旅游为诱因，以开发市场为最终目的的客户邀请团。因为具有明确的管理目标，在组织奖励旅游过程中，各类特别活动的策划和执行至关重要。

四、特殊活动教育协会

特殊活动教育协会（Association for Events Management Education，AEME）成立于 2004 年 4 月 21 日，秘书处设在英国利兹城市大学（Leeds Metropolitan University）的英国活动管理研究中心（UK Centre for Events Management），目前已有 4 000 多名会员。尽管 AEME 的发展历史不长，但因为是节事活动管理教育方面为数不多的专业协会而备受关注。

AEME 的主要目标包括：

① 提升活动专业和活动管理领域的公众教育；

② 通过分享教育成果和实践知识，丰富活动管理学科的内容；

③ 为讨论活动管理教育和活动行业发展提供平台；

④ 在活动的不同利益相关者之间建立交流与合作的机会；

⑤ 致力于活动管理知识体系（the events management body of knowledge）的开发与传播；

⑥ 支持、开展和传播节事研究；

⑦ 推动活动管理理念和实践经验的国际交流。

AEME 每年都举行活动管理教育论坛（AEME Events Management Educators Forum），该论坛旨在为活动管理教育者和行业人士提供一个交流与合作的平台，话题涉及活动管理专业本科生和研究生培养、提高研究生的就业能力、活动管理职业起步与发展、活动行业发展面临的实际问题与挑战等。2011 年的论坛在英国伍尔弗汉普敦大学（the University of Wolverhampton）举行，主题是"保护我们的未来"（Securing the Future），主要讨论活动产业和活动管理教育当前面临的各种挑战。

本　章小结

越来越多的从业人员将认同"活动管理"（event management）作为一门独立科学的地位和影响。在美国，甚至有专家把活动产业与律师行业、旅游业相提并论，并将其誉为 21 世纪初最令人瞩目的朝阳产业。

本章分为 4 节：第一节主要介绍了活动/特殊节事的定义和分类。第二节以节事活动组织者的目标和利益相关者的需求分析为出发点，并按照项目管理的"时间、资金和质量"要求，将活动的主要元素（event elements）概括为"5W＋2H"，其中，"为什么要举办这次活动（why）"是所有活动元素的基础。第三节阐述了活动管理的起源与发展。现代意义上的商业性活动管理（event management）产生于 20 世纪 80 年代的美国，其标志性事件是 1984 年洛杉矶奥运会的成功举办。我国现代节事活动走过了大约 30 年的历程，如今已经步入相对成熟的阶段。第四节对国际特殊活动协会（ISES）等在活动管理领域有代表性的专业协会进行了介绍。

复　习思考题

1. 活动、特殊活动与节事有什么异同？
2. 请谈谈活动目的在活动因素计划（et element program，EEP）中的重要性。
3. 以活动内容为标准，可以将特殊活动分为哪些类型？
4. 衡量节事活动特殊性的主要标准有哪些？
5. 如何理解"活动产业的兴起首先源于人们对群体活动的喜爱"？
6. 活动行业有哪些有影响的国际组织？

引　申案例

"欧洲文化之都"的目的与价值

经过近 30 年的发展，"欧洲文化之都"（European Capital of Culture）已经成为欧盟最成功和最受欢迎的一项活动。自 1985 年开始以来，每年欧洲都有一至两座城市获此殊荣，在享受该称号的一年中，入选城市不仅有机会展示本市(地区)具有象征性的文化亮点、文化遗产和文化领域的成就，而且能吸引欧盟其他成员国的艺术家、表演家到该市表演和展出。这些城市也借机对文化基地和设施等进行改造。通过举办文化之都活动，这些城市扩大了知名度，吸引了众多游客，促进了文化及旅游业的发展，同时吸引了新的投资，也提高了就业率。更重要的是，它把欧洲人紧密地连在一起。20 多年的实践证明，无论是对于获得称号的城市还是整个欧洲，这一活动的影响力都是巨大的。

一、"欧洲文化之都"的起源

"欧洲文化之都"这一活动始于 1985 年 6 月 13 日，当时的欧共体部长理事会根据希腊文化部部长 Melina Mercouri 的提议而决定举办。那时的欧洲还处在被"冷战"分割的时代，两个阵营里的人们交流相当困难。这一活动的宗旨是以文化为桥梁，把欧洲人连接在一起。当时活动的名称是"欧洲文化之城"，后来于 1999 年更名为"欧洲文化之都"。第一届"欧洲文化之城"选定在希腊雅典举行；到 2007 年，已举行 22 届了，共有 35 座城市获得了这个荣誉称号。其中，2000 年有 9 座城市被选拔为未来几年"欧洲文化之都"，目前已将举办国排列到 2019 年，基本上是每年从东西欧两个国家中各选出一个城市来共同举办。

二、"欧洲文化之都"的选拔程序

1999 年以前的选拔程序是首先由欧盟各国提名推荐，成员国最后一致同意的城市被授予"欧洲文化之都"的称号。然后，欧盟委员会每年向举办"欧洲文化之都"活动的城市拨款。2004 年前(含 2004 年)的"欧洲文化之都"都是通过这个程序选拔命名的。

1999 年，欧盟对选拔程序进行了修改，举办国将选拔城市上报欧盟委员会，欧盟委员会推荐给欧盟理事会，然后由欧盟理事会决定每年举行"欧洲文化之都"活动的城市，取代了原来的所有成员国一致通过的做法。这样可以使每个成员国都有机会举办该活动。欧盟委员会的提名推荐要考虑评选委员会的意见。评选委员会由 7 位有名望的文化专家组成。2005 年之后的"欧洲文化之都"是按照这个程序选拔的。此外，非欧盟成员国的欧洲国家也可被选为举办国，但首先要申请。

2005 年 5 月 30 日，欧盟委员会提出了选拔"欧洲文化之都"的新程序建议。新规定鼓励成员国组织拟申报举办"欧洲文化之都"活动的城市进行全国性竞选。为管理好竞选，建立了一个由欧盟和举办国任命的"混合"专家评选委员会。评选分两阶段：第一阶段在举办"欧洲文化之都"活动的 6 年前开始，经过两年的评选，欧盟理事会决定被选城市；剩余的 4 年为第二阶段。在第二阶段里，"欧洲监理委员会"协助、监督和指导被选城市制订一个详细活动计划，该计划要充分体现"欧洲范畴"(the European Dimension)和影响力，特别是其附加价值。"欧洲监理委员会"由欧盟任命的专家组成。新规定还进一步明确了举办活动的标准,并用奖励的办法替代原来给拨款的办法。如果举办城市在筹备阶段符合活动标准和目标,特别是体现了"欧洲范畴",便可给予奖励。新规定从2007年开始生效。

总之,新规定使"欧洲文化之都"的选拔程序更加严格和透明,加大了竞争性,增强了评选委员会的作用,强化了监督阶段,同时还特别强调举办"欧洲文化之都"活动要有"欧洲范畴"。其内涵是举办国和欧盟其他各国的各级文化机构的文化工作者、艺术家和城市之间要加强合作;要突出欧洲文化的丰富多彩和多样性;要体现欧洲文化的共性;要使举办城市居民和外国游客对活动产生兴趣;要给举办城市的文化发展带来长久的推动力。为达到上述标准,被选城市必须精心设计活动方案,全力投入准备工作。

三、激烈争夺荣誉称号

争相申办"欧洲文化之都"的工作一直很激烈,竞选的时间也比较长。以英国选拔2008年"欧洲文化之都"为例,英国于2000年9月宣布竞选开始,共有12座城市参加竞选,每个城市都制定了周密的竞选方案。经过竞争筛选,英国政府于2002年10月宣布其中6座城市进入第二轮竞赛。2003年6月,这6座城市经过激烈角逐,最终利物浦(Liverpool)被英国政府推荐为候选城市上报欧盟。欧盟理事会于2004年5月批准英国的利物浦和挪威的斯塔万格(Stavanger)为2008年的"欧洲文化之都"。可见,"欧洲文化之都"这一桂冠的摘取是要付出艰辛的。

四、"欧洲文化之都"的附加价值

"欧洲文化之都"活动为什么这么受欢迎?因为它不仅促进了举办城市/地区的对外文化交流,也带来了经济的繁荣。例如,深受经济危机影响的英国城市格拉斯哥(Glasgow)自1990年举办"欧洲文化之都"活动后,经济才真正起飞。2003年,奥地利的格拉茨(Graz)在担任"欧洲文化之都"的12个月中,举办了6 000个活动和108个项目,迎来了300万旅游者,当地旅馆客房出租率比上一年增长了25%。

2004年,法国的里尔(Lille)和意大利的热那亚(Genoa)享受了这个荣誉称号。欧盟给里尔和热那亚两个"欧洲文化之都"共拨款100万欧元,其中25万用于筹备活动,75万用于当年开展活动。以里尔为例,为向游客展示自己的辉煌,使城市更具魅力,里尔把那些经历长期日晒雨淋和工业化时代污染的名胜古迹进行了翻修,使其焕然一新,恢复了昔日的光辉。在国家和各级地方政府及企业的支持下,进行了估价为近2 000万欧元的翻修工程。全市主要景点的游客接待人数比上一年增长了10倍,过夜游客至少翻一番。在举行活动的前六个月里,参加活动的人数为750万,展览会、音乐会和剧院共卖出150万张门票,来自700所学校的3.9万中小学生参加了900个活动项目。里尔还受益于大量的媒体宣传,约1 000家广播和电视公司参加了报道,3 000多名记者写出了成千上万篇报道里尔建设"欧洲文化之都"活动的文章刊登在世界报纸和杂志上。

"欧洲文化之都"是一个名副其实的荣誉称号,它在欧盟的不断完善和扶持下更富有生命力和魅力。它对欧洲的团结合作、文化发展和经济繁荣所作出的贡献是不可低估的。我们中国的文化事业是否可以从中得到一点启发呢?

(资料来源:http://www.chinamission.be/chn/sbgx/wh/D/t354715.htm,2012-07-14.)

案例分析题:

1. 作为欧盟的一个重要文化项目,"欧洲文化之都"的主要目的是什么?
2. 对于举办城市而言,"欧洲文化之都"与一般文化节庆活动有什么不同?
3. "欧洲文化之都"活动能给举办城市带来怎样的综合价值?

第二章

活动管理的基本原理

引　言

　　从企业中最初的活动经理到职业化的活动公司的出现,活动管理的方法和工具正不断地走向专业化、系统化、规范化和科学化。然而,活动管理行业远非一个成熟的行业,在实践中存在很多问题,需要系统的理论和方法对其进行指导(冯学钢,2003)。本章将主要讨论活动管理知识体系、活动管理的指导理论、活动管理的一般模型以及活动的利益相关者等基础内容。

学习目的

- 了解项目管理的知识领域与活动管理知识体系;
- 理解项目管理等相关理论的核心内容及其对活动管理的指导作用;
- 掌握活动管理的一般流程、利益相关者以及常见的活动管理模型。

引入案例

爱丁堡国际艺术节的运作模式

　　爱丁堡国际艺术节(Edinburgh International Festival)是目前全世界历史最悠久、规模最大的综合型艺术节之一,是爱丁堡的城市象征和标志。每年的8月至9月,爱丁堡整座城市就会变成一个开放的舞台,世界各国艺术家汇聚在这个艺术圣地,展示各国的优秀文化艺术,包括歌剧、音乐、芭蕾、舞蹈、戏剧。艺术爱好者在此流连忘返,爱丁堡成为旅游的热点地区,人流达到一百多万。

一、以企业为主体的市场化运作

　　爱丁堡国际艺术节采用以企业为主体的市场化运作模式。爱丁堡国际艺术节是一个专为运作国际艺术节而成立,由赞助者等组成的公益组织。爱丁堡国际艺术节组委会作为爱丁堡国际艺术节的总代表,主要职责是联合各个节庆活动进行总体策划,保证在国际上的领先地位,以及与投资方及利益相关者进行战略磋商。

1999年7月,爱丁堡国际艺术节中心(the Hub)建成,现已成为一个非常受欢迎的旅游景点,平均每年接待游客50万人。该中心是一个宏伟的哥特式建筑,距离爱丁堡城堡仅有一步之遥。中心是爱丁堡国际艺术节的总部,也是苏格兰银行音乐项目的总部,同时是爱丁堡国际艺术节合唱团每周排练的地方。该机构由爱丁堡国际艺术节协会的全资子公司——爱丁堡国际艺术节中心有限公司(Edinburgh Festival Centre Ltd.)运营。

由于艺术节涉及文化、经济、社会等各个领域,爱丁堡国际艺术节(组织)邀请苏格兰行政当局文化部部长,以及苏格兰工商委员会、苏格兰旅游局、苏格兰大型活动组织、爱丁堡市政府、爱丁堡艺术委员会等部门团体的负责人来参加会议,就资金运作、交通、住宿、治安、消防等问题进行协商,并做出重大决定。

爱丁堡国际艺术节的组织机构主要分为爱丁堡国际艺术节协会、艺术节委员会和管理及顾问(图2-1)。其中,爱丁堡国际艺术节协会是一个慈善机构,面向社会开放,任何人只需每年交纳一定的会费即可成为会员。赞助方为英国女王,名誉秘书长为爱丁堡市议会主席。艺术节理事会管理爱丁堡国际艺术节协会的事务,其部分成员由市议会和其他机构提名,部分成员在艺术节协会成员中选取,部分成员由理事会指派。理事会会议一年举办5次。理事会中的执行委员会履行审计委员会和薪酬委员会的职能。艺术节理事会任命艺术节导演兼总监,导演负责爱丁堡国际艺术节的总体策划、执行、财务和行政管理等工作,保证艺术节的顺利进行。

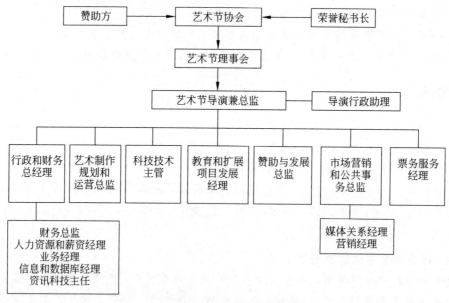

图2-1　爱丁堡国际艺术节组织结构

(资料来源:爱丁堡国际艺术节官方网站,http://www.eif.co.uk.)

二、多样化的资金募集渠道

爱丁堡国际艺术节是英国最为成功的筹募资金及赞助的艺术机构。该艺术节主要有三大收入来源：票房收入、赞助和捐赠、公共部门的拨款。其中,公共部门的拨款主要来自爱丁堡市委员会(Edinburgh Council)和苏格兰艺术理事会(the Scottish Arts Council)。爱丁堡国际艺术节组委会单独负责票务收入、资金募集以及赞助,公共拨款与此同步进行。爱丁堡国际艺术节(组织)的作用就是不断发现深具潜力的艺术项目,提请投资方考虑并力争达成协议。

国际艺术节大约50％的收入是通过经营获得的,包括门票收入、赞助和捐赠,另外50％的收入则通过公共部门资助。由于艺术节的费用只有一部分来自当地居民的税收,但却大大推动了当地经济的发展,所以在当地得到很多赞助和捐赠,如图2-2所示。

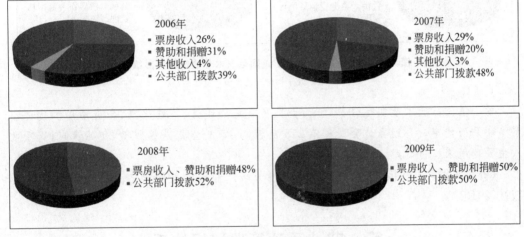

图 2-2 2006—2009 年爱丁堡国际艺术节的收入结构

(资料来源：爱丁堡国际艺术节年度总结.)

爱丁堡国际艺术节从1947年持续至今,只有品牌企业才有资格赞助,艺术节与企业品牌在共同的高品质中提升社会形象。爱丁堡国际艺术节的发展离不开苏格兰政府和大量企业、基金组织的大力支持。由于爱丁堡国际艺术节的品牌效应,各大跨国公司争相赞助。爱丁堡国际艺术节曾经得到美国 IBM、日本 NEC、英国电信公司、苏格兰银行、苏格兰人寿保险等多家著名大公司赞助。所有的参展艺术家和参展公司都将出现在艺术节主席的邀请名单上。

三、科学合理的经费预算

爱丁堡国际艺术节(组织)的预算包括所有促成节目的成本,包括艺术家的旅行费等费用,场所租借以及活动推介等。每年大约70％的支出是艺术节支出,例如艺术家费用和差旅费、场地租用费、举办活动中的技术费用；大约 30% 的预算花费在营销、售票、资金募捐和管理工作上。由于 70% 的预算都用在艺术节本身，这一举措提高了演员的积极性，保证了艺术节的高水准（图 2-3）。

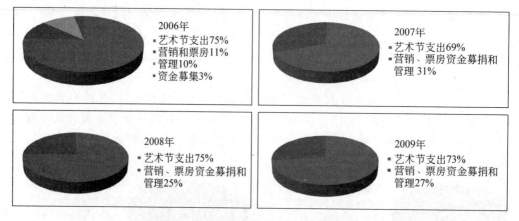

图 2-3　2006—2009 年爱丁堡国际艺术节的预算支出结构

（资料来源：爱丁堡国际艺术节年度总结.）

爱丁堡国际艺术节实行会员计划，会员享有定期通信、特殊优惠、会员活动和优先订票等一系列优惠。赞助会员会费每年 275 英镑起，好友会员会费每年 20 英镑起，这项收入主要是用来支付费用。

（资料来源：王春雷，赵中华. 2009 中国节庆产业年度发展报告. 天津：天津大学出版社，2010.）

第一节　活动管理知识体系

每个节事活动其实就是一个项目，面对活动管理中纷繁复杂的工作，活动组织者可以参考项目运营与管理方面的丰富文献来指导自己的工作。如何把项目管理中的相关原理运用到活动管理这一艺术和科学的综合体中，从而为管理各类节事活动提供一种全新的、高效的方法体系，的确是一门学问。

一、项目管理知识体系

目前，国际上主要有两大项目管理的行业组织，即以欧洲为首的体系——国际项目管理协会（International Project Management Association，IPMA）和以美国为首的体系——美国项目管理协会（Project Management Institute，PMI）。IPMA 推出的"国际项目管理专业资质认证标准"（IPMA Competence Baseline，ICB）将项目管理者的知识和经验分为

28 个核心要素及 14 个附加要素进行考核。PMI 卓有成效的贡献是开发了一套项目管理知识体系(Project Management Body of Knowledge,PMBOK)。

项目管理知识体系是说明项目管理专业范围内的知识总和的概括性术语。国际项目管理界普遍认为,广义的项目管理知识体系范畴包括三大部分,即项目管理特有的知识、一般管理的知识和项目相关应用领域的知识。

其中,一般管理的领域包括企业管理中日常运作的计划、组织、人员安排、实施和控制等,它还包括一些辅助的学科,如法律、战略规划、后勤管理和人力资源管理等。项目管理知识领域与一般管理知识在很多领域相互交叉或者是对其有所修正,譬如组织行为、财务预测、计划等。应用领域是指某些项目所从属的应用范围,一般包括职能部门,如法律、生产和库存管理、市场营销、后勤与人事管理等;技术性领域,如软件开发、药品试验、建筑设计、给排水工程等;管理性领域,如政府签约、社区开发、新产品开发等;工业部门,如汽车、化学制药、农业或金融服务等。

二、项目管理的知识领域

在项目管理知识体系中,PMI 把项目管理划分为 9 个知识领域,包括范围管理、时间管理、成本管理、质量管理、人力资源管理、沟通管理、采购管理、风险管理和综合管理。国际标准化组织以该文件为框架,制定了 ISO 10006 关于项目管理的标准。这 9 个知识领域的具体内容包括:

1. 项目集成管理(project integration management)

即为了正确协调某一项目所有组成部分而进行的各个过程的集成,是一个综合性的过程。其核心是在多个互相冲突的目标和方案之间做出权衡,以满足该项目各方利益相关者的要求。

2. 项目范围管理(project scope management)

即定义和控制列入或未列入项目的事项。它包括用以保证项目能按要求的范围完成所涉及的所有过程,如确定项目的需求、定义规划项目的范围、范围管理的实施、范围的变更控制管理以及范围核实等。

3. 项目时间管理(project time management)

其作用是保证在规定时间内完成项目。

4. 项目费用管理(project cost management)

在批准的预算条件下,确保项目的保质按期完成,主要包括费用估计、费用预算和费用控制。

5. 项目质量管理(project quality management)

即确保整个项目的所有功能活动能够按照原有的质量及目标要求得以实施,它主要是依赖于质量计划、质量控制、质量保证及质量改进所形成的质量保证系统来实现的。

6. 项目人力资源管理（project human resource management）

即对项目过程中的所有人员进行有效的协调、控制和管理，使他们能够与项目经理紧密配合，并尽可能地适合项目发展的需要，最大可能地挖掘个人潜力，最终实现项目目标。

7. 项目沟通管理（project communications management）

即保证项目信息及时、准确地提取、收集、传播、存储以及最终进行处置。在人、思想和信息之间建立联系，对于项目取得成功是必不可少的。参与项目的每一个人都必须准备用项目语言进行沟通，并且要明白，个人所参与的沟通将会如何影响到项目的整体。

8. 项目风险管理（project risk management）

即识别、分析不确定的因素，并对这些因素采取应对措施，其目的是把有利事件的积极结果尽量扩大，而把不利事件的后果降低到最低程度。

9. 项目采购管理（project procurement management）

即从项目组织外部获取货物或服务。

三、一种活动管理知识体系

根据国际著名节事活动研究专家唐纳德·盖茨（Donald Getz）的观点，（节事）活动研究是一个特殊的学术领域，其基本宗旨是创造与事先策划的活动有关的知识和理论，其中，核心内容是对各类活动的经验总结以及理论探讨。概括而言，活动研究的内涵主要包括活动管理的适用理论，对现有研究和相关理论的评估，活动研究的未来，以及活动的具体策划、执行和管理等，其所依托的理论主要来自于社会学、管理学、艺术学、人类学以及其他相关学科；活动管理则是对上述知识和理论的运用。

斯沃斯（Silvers）等学者提出了一套相对完整的活动管理知识体系（Event Management Body of Knowledge，EMBOK），其重点在于指导各类节庆与特殊活动的策划、组织和执行。尽管相对学科构建和大学学位教育仍然显得不尽完善，但 EMBOK 对一般意义上的活动管理具有较强的指导作用，其基本框架如图 2-4 所示（Silvers et al.，2006）。

由图 2-4 可以看出，活动管理知识体系主要包括管理、风险两个基本层面以及策划、营销和运营三个关键阶段中的知识领域和技能，其中，管理主要指以利益相关者的需求为中心，对人、财、物和信息的综合管理，具有较强的系统性，风险则要通过规则、紧急事故处理、法律、保险和安保等来应对。由此可见，为举办一次活动，需要用到方方面面的知识，这对节事活动经理及其团队成员的综合素质提出了很高的要求。

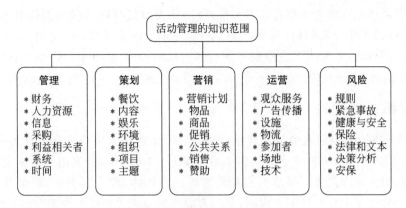

图 2-4 活动管理知识体系

（资料来源：Silvers J，Bowdin G，O'Toole W，Nelson K. Towards an international event management body of knowledge (EMBOK). Event Management，2006,9(4)：185-198.）

第二节 活动管理的指导理论

从理论上讲,对活动管理知识体系中所有知识模块所涉及的理论(图 2-4),专业活动管理人员都需要有所了解甚至十分熟悉。根据活动管理的一般流程及常用知识要求,本书作者认为,一个专业活动管理人员至少应熟练掌握以下 10 种理论或学科的核心内容及其主要方法或技术。

一、项目管理学

项目管理是管理科学的一个分支,同时又与项目相关的专业技术领域不可分割。所谓项目管理,就是将知识、技能、工具与技术应用于某一项目活动,以满足既定的项目要求。美国项目管理学会(Project Management Institute,PMI)认为,项目管理是通过合理运用与整合 42 个项目管理过程来实现的,并可以根据其逻辑关系,把这 42 个过程归类成 5 大过程组,即启动、规划、执行、监控和收尾。

为了管理好一个项目,通常需要满足以下基本要求：准确识别需求;在规划和执行项目时,能处理好不同干系人的各种需要、关注和期望;能平衡各种相互竞争的制约因素,主要包括范围、质量、进度、预算、资源以及风险。不同项目会有不同的制约因素,项目经理需要特别注意。

项目管理学的主要内容包括设计范围管理、实践管理、成本管理、风险管理、人力资本管理、质量管理、采购管理、沟通管理和集成管理九大领域,它尤其适用于那些投资巨大、关系复杂而时间和资源有限的一次性任务的管理。Shone 和 Parry(2004)的研究表明项目管理和节事活动管理之间存在许多共性，他们认为项目管理的理论和技术同样适用于活动管理，包括工作分解结构（Work Breakdown Structure，WBS）的应用、关键任务和外部决定因素的识别、主要用于关键路径分析（Critical Path Analysis，CPA）的甘特图以及风险评估等。

二、利益相关者理论

1959年，Penrose在《企业成长理论》中提出了"企业是人力资产和人际关系的集合"的观念，从而为利益相关者理论的构建奠定了基石。1963年，斯坦福大学研究所明确地提出了利益相关者的定义：利益相关者是这样一些团体，没有其支持，组织就不可能生存。这个定义在今天看来是不全面的，它只考虑到利益相关者对企业单方面的影响，并且仅限于影响企业生存的小部分利益相关者。但是，它让人们认识到，除了股东以外，企业周围还存在其他影响其生存的群体。随后，Rhenman提出了比较全面的定义：利益相关者依靠企业来实现其个人目标，而企业也依靠他们来维持生存。这一定义使得利益相关者理论逐渐成为一个独立的理论分支。

在此后的近30年里，学者们从不同的角度提出了利益相关者的定义。其中，以Freeman（1984）的观点最具代表性，他在《战略管理：一种利益相关者的方法》一书中提出：利益相关者是能够影响一个组织目标的实现，或者受到一个组织实现其目标过程影响的所有个体和群体。与传统的股东至上主义相比较，该理论认为任何一个公司的发展都离不开各利益相关者的投入或参与，企业追求的是利益相关者的整体利益，而不仅仅是某些主体的利益。这一定义大大丰富了利益相关者的内容，但他笼统地将所有利益相关者放在同一层面进行整体研究，存在明显的局限性。

企业的生存和繁荣离不开利益相关者的支持，但利益相关者可以从多个角度进行细分，不同类型的利益相关者对于企业管理决策的影响以及被企业活动影响的程度是不一样的（陈宏辉，2002）。对于活动组织者而言，所谓利益相关者管理，就是活动组织或活动项目经理为综合平衡各个利益相关者的利益要求而进行的管理活动。一次节事活动的主要利益相关者包括参与者/观众、赞助商、供应商、举办地政府、社区居民和媒体等。只有以既定的活动目标为中心，并有机协调观众、赞助商等各主要利益相关者的诉求，节事活动才能取得最大的成功。

三、产业经济学

产业经济学是以产业为研究对象，探讨产业之间的关系结构、产业内部组织结构的变化规律的应用性经济理论，其产生和发展直接受到两方面因素的推动，一是经济学家对经济问题的分析深入到产业层次，二是政府部门在制定与实施产业政策上的实践积累。产业经济学的诞生，在很大程度上拓宽了经济学的研究领域。

作为经济学的重要分支学科,产业经济学主要有以下 4 个研究方向,即产业结构、产业关联、产业组织和产业政策。其中,产业结构理论主要探讨产业之间的关联方式、作用机制以及如何实现产业结构的优化升级;产业关联是指产业与产业之间通过产品供需而形成的互相关联、互为存在前提条件的内在联系;对产业组织进行研究的主要目的是使产业内企业间的市场关系和组织形态合理化,以保持本产业内各个企业的竞争活力;产业政策指由政府制定,会对产业之间和产业内部资源配置产生干预作用的经济政策的总和,其相关研究主要包括产业政策与其他经济政策的配套,产业政策的实施途径与执行效果评估等。

策划一次特殊活动特别是商业展览会、城市节庆等现代节事活动,需要深入研究产业链上下游之间的关系,以进行科学的市场定位。例如,从 2001 年开始,江苏盱眙凭着小龙虾串起的大产业推动民生改善,也借力龙虾节搭起的大平台实现了全面升级。打造节庆品牌、龙虾产业品牌、旅游品牌、地方优质农产品品牌和地方服务品牌始终是历届盱眙龙虾节的重要内容。每届盱眙龙虾节都要策划涉及品牌创新的专门项目,并邀请高校与科研机构的专家学者对盱眙龙虾及其相关产业发展进行规划与指导。为进一步提升龙虾节的专业性,盱眙县有关政府部门和龙虾节组委会必须对集养殖、捕捞、贩运、加工、调料等为一体的产业链进行认真研究,在展览、论坛、旅游推介等活动上不断创新。

四、财务管理学

财务管理学是一门应用性的经济管理学科,它以组织的资金运动为中心内容,以资金的筹集、投放、耗费、收入和分配为框架,阐述组织财务管理的基本概念、管理原则、管理制度等理论问题以及预测、计划、控制、分析等业务方法。通过学习财务管理知识,节事活动策划人员可以明确财务管理的含义、目标和特点,认识财务管理工作对于提高活动经济效益的重要意义;理解财务管理的基本内容,懂得活动管理中各种财务活动的联系以及财务活动同其他经济活动的联系;掌握财务管理的各种业务方法,学习如何运用财务管理的知识和技能来拓展节事活动的新局面。

财务管理以企业的资金运动为研究对象,以风险与收益的对称关系为主线,因而也能为展览会的开发和组织提供全程指导。在学习财务管理学时,活动项目策划人员能够熟练掌握相关财务管理方法尤为重要。对于一次节事活动而言,财务管理方法指活动组织者在财务管理中所使用的各种业务手段,主要包括财务预测、财务决策、财务预算、财务控制、财务分析和财务检查等。这些方法互相配合,共同构成了完善的活动财务管理体系。另有一点需要特别指出,活动产业发展到今天,资本运营在活动产业中逐渐得到广泛运用,像世博会、世界杯等这样的超级事件还可以通过租赁或发行股票、债券甚至彩票等多种方式来融资。因此,活动策划人员不仅要十分熟悉资金的运动,还要懂得金融、风险投资等相关知识,从而为未来的资本运营打下坚实的基础。

五、策划学

策划学的本质含义是揭示个人或组织创造性地组合运用一切可以利用的信息、资源和时间三大基本要素,从而掌握行动的主导权,最终达到预期目标的规律的学问。作为一种有着普遍适用性的社会活动技术,策划学的应用范围几乎可以说是没有任何局限性的。同时,策划又是一种新兴的最具有吸引力的职业之一。在西方发达国家甚至有职业评论家认为:不做总统,就做策划人!如此评价虽说难免带有某种过誉之嫌,但不可否认,策划在现代社会中具有相当重要的地位和作用。

从目前的状况来看,与其说策划是一门学问,不如说是一种技术甚至艺术,国外也尚未将策划作为一个单独的学科,当然,这并不意味着策划不能成为一个学科。策划学不同于市场学,市场学紧紧围绕市场而异动,策划学则着眼于全局;策划学不同于管理学,管理学注重机构的组织与运作及其所产生的内部效率,策划学探讨内部效率与外部市场以及与其他一切相关点的辩证关系;策划学也不是广告学,广告学以传达信息为目标,策划学则控制信息传达的范围、速率和效果[1]。

策划是一项系统工程,其主要工作大致可分为 6 个基本步骤:明确目的,即明确组织的战略战术、发展目标,以及在发展过程中所遇到的问题;搜集相关信息;在信息分析的基础上,产生解决问题的方式与方法以及新的创意;编写策划书,并设计讲解和培训方案;接受相关人员的质询和建议,修正错误;实施总结。从项目管理的角度来讲,以上流程同样适用于活动的策划。此外,策划讲究"时"的把握、"势"的营造和"术"的运用,而寻找好的时机、整合优势资源以及选择合适的战术是成功策划一次节事活动的关键。

六、市场营销学

市场营销是个人或组织在不断变化的市场环境中,为促进思想、产品、服务的交换而开展的一切经济活动,是一个在明确市场需求的基础上组织和指导经济个体的行为,以实现有效益地满足顾客需求的管理过程。其核心思想是:企业必须面向市场需求,了解不断变化的营销环境并及时做出正确的反应;企业要向消费者或用户提供令人满意的产品,并且要用最少的费用、最快的速度将产品送达消费者或用户的手中;企业应该而且只能在消费者或用户的满足之中实现自己的各项目标。根据营销活动的运行规律,市场营销学的主要研究对象有营销组合、营销过程以及营销主体和客体等。而且,随着市场竞争的进一步加剧和营销理论的发展,市场营销的哲学内涵、运作方式等正在发生深刻的变革。

市场营销学是一个总的名称,它由一系列具体的学科组成,是一个研究领域和研究内容较为广泛的多层次、多分支的学科体系。例如,以各类企业整体性市场营销活动中的某

---

① 王锐. What's The "策划"?!. 中国 IT 每一天网站 http://home.donews.com,2000-06-28.

一个基本方面或其中某些环节的共性问题为对象的研究,形成了市场营销学中的一般性专业学科,如市场调查与预测分析、目标市场研究、营销战略研究、市场营销组合研究、产品生命周期及营销对策研究、市场营销各种职能的研究等;以某类产品或业务的市场营销活动或某类企业的整体或其中某个方面、某个环节的营销活动的特性问题为对象的研究,形成了市场营销学中的行业性专业学科,如消费品、产业用品市场营销学,农业企业、工业性企业和商业企业市场营销学等。无论是在营销的一般共性上还是在活动营销的特性问题上,市场营销学的理论和方法都可为节事活动管理提供指导。

另外,恰到好处的活动形式是绝佳的营销手段,而且这种营销功能是综合性的。所谓活动营销,即通过精心策划具有鲜明主题,能够引起轰动效应,具有强烈新闻价值的单一或是系列的营销活动,实现更有效的品牌传播和销售促进的目标。它不但是集广告、促销、公关、推广等于一体的营销手段,也是建立在品牌营销、关系营销、数据营销基础之上的一种全新营销模式。活动中综合的新闻报道、立体式的宣传方式以及特定公众的现场参与等,都让活动营销充满了特殊的魅力。也正因为如此,专业活动公司或公关公司等在招聘活动策划人员时,往往要求具有市场营销的专业背景或工作经验。

七、运营管理

运营管理是现代企业管理科学中最活跃的一个分支,也是近年来新思想、新理论大量涌现的一个分支。所谓运营管理(operations management),就是对运营过程的计划、组织、实施和控制,它是与产品生产和服务创造密切相关的各项管理工作的总称。从另一个角度来讲,运营管理也可以指对生产和提供公司主要产品和服务的系统进行设计、运行、评价和改进。

运营管理包括运营战略的制定、运营系统设计以及运营系统运行等多个层次,它把运营战略、新产品开发、产品设计、采购供应、生产制造、产品配送直至售后服务看作一个完整的价值链,对其进行集成管理。其中,运营战略是运营管理中最重要的一部分,它是由企业或组织的竞争优势要素构建的,主要包括低成本、高质量、快速交货、柔性和服务。运营战略的性质是对产品选择、工厂选址、设施布置、生产管理运营的组织形式、竞争优势要素等基本问题进行根本性谋划,包括生产管理运营过程和生产管理运营系统的长远目标、发展方向和重点、基本行动方针、基本步骤等一系列指导思想和决策原则。

随着服务业的兴起,不断发展的生产力使得大量生产要素转移到商业、交通运输、房地产、通信、公共事业、保险、金融和其他服务性行业和领域,生产的概念进一步扩展,逐步容纳了非制造的服务业领域,不仅包括了有形产品的制造,而且包括了无形服务的提供。在服务行业,实施有效的运营管理也越来越重要。面对全球性的竞争压力,企业管理人员迫切需要对运营管理的一些基本关系和概念有深刻的了解,更重要的是,他们必须知道如何运用这一知识来最大限度地提高质量和生产率。

"编筐编篓，全在收口。"对于一次节事活动而言，所有的研究、筹备、营销等工作都是为了实现组织者的预期目标或为参与者创造难忘的体验。与一般的工业企业运营大不相同，节事运营需要平衡主办方、赞助商和参与者等多种利益相关者的要求，同时开源节流，并注意严格的时间和质量要求，以实现各方面的最大满意。为此，活动项目经理必须掌握节事运营的方法和技巧，这样才能对千头万绪的运营工作从容应对。主要内容包括：节事活动及组织者的内外部环境分析；利益相关者需求分析；产品开发与服务设计；选址与场地管理；供应链管理；质量管理；人力资源管理；容量预测与管理；日常安排与时间管理；风险管理以及绩效评估等。

八、质量管理

质量管理是一门集管理学、统计学及工程技术等多门学科为一体的交叉学科，其主要研究内容包括：全面质量管理理论与方法；质量管理体系有效性评价理论方法；生态质量管理理论及实践研究等。作为一门新兴科学，质量管理的发展历程大致经历了质量检验、统计质量控制和全面质量管理三个阶段。

1940—1960 年，美国的休哈特（Walter Sheward）、戴明（W. Edwards Deming）等人提出了抽样检验的概念，最早把数理统计方法引入了质量管理领域。20 世纪 50 年代，日本工业引进并运用统计质量控制，为日本工业品的质量崛起打下了良好的基础。1961 年，美国通用电气公司质量经理菲根堡姆（A. V. Feigenbaum）出版《全面质量管理》（*Total Quality Management*，TQM）一书，强调执行质量职能是公司全体人员的责任，这一新的质量管理理论很快被各国所接受，并不断得到完善和提高，从而为各国质量管理和质量保证标准的相继产生提供了理论依据。

之后，TQC［交货准（time）、质量好（quality）、成本低（cost）］、零缺陷（zero defects）管理、六西格玛管理等质量管理理论又被先后提出来。其中，六西格玛管理最为引人注目。它是一种以 TQM 为基础，以零缺陷为目标，以六西格玛质量水平为标尺，以统计技术为手段，以突破性改进为方式，通过不断改进并优化过程，来保证顾客满意和提高企业效益的现代质量管理方法。

另外，基于对历史和现实的反思，作为理论研究的路径，学术界正将组织生态理论和演化经济学的基本理论引进到质量管理中，并进一步提出了质量生态学的概念。美国欧文·拉兹洛（Ervin Laszlo）在对实施 TQM 的企业进行调研后指出：TQM 关注的是今天，但不能有效地预测明天；在多变的环境中，管理的重点不只是维持，更重要的是创新。

尽管和一般工业产品存在明显差别，但由于节事活动的主要参与者和服务对象是需求复杂的"人"，因而更需要科学、严格的质量管理。Tum 等学者（2004）在《节事活动运营管理》一书中专门用一章介绍了节事产业中的质量管理问题，以及质量管理对客户满意度、资源利用效率与节事举办效果的影响；刘金山（2005）在所建立的"大型节庆活动的管理体系"中,将质量管理作为六大子系统之一,由此可见质量管理工作对于节事活动管理的重要性。全面质量管理、六西格玛管理等质量管理的理论和方法在对客服务、现场运营、品牌管理等方面,都可以为节事活动管理提供工作指导。

九、风险管理

风险管理最早起源于美国。在 20 世纪 30 年代,由于受到 1929—1933 年的世界性经济危机的影响,美国约有 40%左右的银行和企业破产,经济严重下滑。美国企业为应对经营上的危机,许多大中型企业都在内部设立了保险管理部门,负责安排企业的各种保险项目。当时的风险管理主要依赖保险手段。1938 年以后,美国企业开始对风险管理采用科学的方法,并逐步积累了丰富的经验。20 世纪 50 年代,风险管理逐渐发展成为一门学科。1983 年,在美国召开的风险和保险管理协会年会上,来自世界各国的专家学者云集纽约,共同讨论并通过了"101 条风险管理准则",它标志着风险管理的发展已进入一个新的发展阶段。

所谓风险管理(risk management),是指对影响企业目标实现的各种不确定性事件进行识别和评估,并采取应对措施将其影响控制在可接受范围内的过程。风险管理工作一般包括风险识别、风险估计、风险驾驭、风险监控等步骤。处理风险的常见方法有:

① 避免风险,即消极躲避风险。

② 预防风险,即采取措施消除或者减少风险发生的因素。例如,为了防止发生现场踩踏事故,对参与节事活动的人流量进行控制和疏导。

③ 自保风险,指企业自己承担风险。途径有小额损失纳入生产经营成本,损失发生时用收益补偿;针对发生的频率和强度都大的风险,建立意外损失基金,损失发生时用其补偿。

④ 转移风险,即在危险发生前,通过采取出售、转让、保险等方法,将风险转移出去。

所有的节事和会展都会衍生风险与安全隐患,从节庆或集会上宾客的过激行为到体育赛事上对生命构成威胁的暴乱。即使是一次小型的节事活动,也可能会产生许多意想不到的突发事件。正因为如此,节事活动管理方面的专业著作大都会专门讨论风险管理问题。Tarlow(2002)所著的《会展与节事的风险与安全管理》(*Event Risk Management and Safety*)针对不同规模的会展和节事活动的特点,全面阐述了如何有效地运用具体的技巧和方法来防范和控制各种风险,并前瞻性地预测了 21 世纪全球活动领域所面临的挑战和新技术。风险管理就是要识别那些可能引发问题的因素,并采取预防、保险、赔偿等行动来阻止其发生,或者当风险确实发生时对问题进行矫正,并尽可能减少损失。风险管理理论中风险的分类、风险评估方法、风险缓解、风险监控、风险跟踪等知识都可用于指导节事活动的组织与管理。

十、品牌管理

所谓品牌管理(brand management),是指针对企业产品和服务的品牌,综合运用企业资源,通过计划、组织、实施、控制来实现企业品牌战略目标的经营管理过程。在开放和竞争的市场,品牌成为竞争的焦点,唯一拥有市场的途径就是拥有具有市场优势的品牌。联合国工业计划署的调查表明,名牌在整个产品品牌中所占的比例不足3%,但名牌产品所占的市场却高达40%,销售额占50%左右,由此可见品牌的巨大效应。在市场营销中,品牌是唤起消费者重复消费的最原始动力,是消费市场上的灵魂。

根据美国波士顿咨询公司(the Boston Consulting Group,BCG)提出的品牌价值创造(brand & value creation)理论,品牌管理大致可以分为4个步骤,即定性评估、品牌稽核、制定战略和实施战略。以该理论为基础,同时结合活动产业自身的特点,可以将节事活动的品牌管理分为品牌塑造阶段、品牌提升阶段和品牌扩张阶段三个阶段。其中,品牌塑造阶段主要包括传达活动定位、制定品牌战略和全面实施CIS战略;品牌提升阶段的主要工作则有坚持服务创新、实现活动定位的不断升级、开展全方位营销、打造网络品牌等;品牌扩张阶段主要包括活动的空间扩张尤其是海外扩张,以及活动的资本运营。

品牌的培育与管理对节事活动的长远发展至关重要。然而,一提到品牌活动的培育,业内很多人的第一反应就是如何在广大的观众和赞助商等心目中树立良好的形象,或者如何把一个节事活动的规模做大。事实上,活动品牌管理的含义远远不止这么简单,而且,当一个节事活动树立起良好的品牌之后,如何让其为主办方或社区等带来更大的增值效应是更加重要的事情。因此,活动组织者的品牌策略必须建立在深入的市场调研和分析基础上,深入了解观众、赞助商等利益相关者的动机,并体现本活动的特殊性,最终增强活动的竞争力和培养客户忠诚。概括而言,节事活动品牌管理的重点要素包括:建立卓越的市场信誉、争取广泛的社会支持、建立亲密的客户关系、增加亲身体验的机会等。毋庸置疑,在节事活动管理中,品牌管理理论的应用前景广泛且效果直接。

第三节　活动管理的一般模型

按照Getz提出的节事活动管理模式,一个完整的节事活动管理模型应该包括4个相互关联的部分:节事活动、内部环境、社区文脉以及外部环境(Getz,1997)。这种相互联系是通过输入和输出来实现的,所谓输入,就是策划和组织节事活动过程中所需要的一切;输出则是各种管理功能及节事活动的效益。

一、项目管理过程

所谓过程,就是基于一定输入,采用相关工具和技术,产生一定输出的活动集合。项目是由各种过程组成的,这些过程可分为两类:一是与项目管理有关的过程,主要涉及项目组织和管理;二是与产品有关的过程,主要涉及具体的产品生成。这两类过程结合起来,才能完成整个项目活动。美国项目管理协会(PMI)开发的项目管理知识体系(Project Management Body of Knowledge,PMBOK)把项目管理过程分为 5 个阶段(图 2-5)。

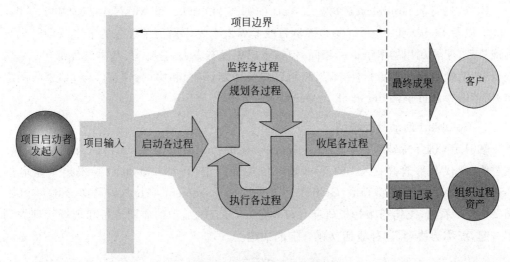

图 2-5　项目管理的一般过程

1. 启动

即项目组成立并开始项目或进入项目的新阶段。启动是一种认可过程,用来正式认可一个新项目或新阶段的存在。

2. 计划

定义和评估项目目标,选择实现项目目标的最佳策略,并制订项目计划。

3. 执行

调动各方面的资源,执行项目计划。

4. 控制

监控和评估项目偏差,必要时采取纠正行动,保证项目计划的执行,实现既定的项目目标。

5. 收尾

即正式验收项目,使其进入程序结束的阶段。

根据 2008 年版的 PMBOK,PMI 定义了 42 个基本的项目管理过程,并从过程输入、输出以及采用的工具和技术的角度给出了项目管理过程的详细描述。这 42 个项目管理过程基本覆盖了项目管理实践中的一般过程,但是,这些项目管理过程必须和产品实现过程结合起来,才能完成整个项目活动。

二、活动管理模型与相关分析框架

Getz(1997)、Goldblatt(1997)、Watt(1998)、O'toole 和 Mikolaitis(2002)、Allen(2002)以及 Shone 和 Parry(2004)等学者或业界人士先后提出了理想的节事活动管理流程或模型,尽管所用的术语不尽相同,但基本思想没有太大区别。其基本过程都包括:调查研究;明确目标及其可行性;策划和制订初步计划;组织和协调;项目实施;结束收尾工作;活动回顾和评价(Tum et al.,2006)。

1. Goldblatt 活动管理模型

2001 年,国际特殊事件学会(International Special Events Society,ISES)首任主席、被誉为"现代事件管理之父"的乔·戈德布莱特博士(Joe Goldblatt)就提出了著名的 Goldblatt 活动管理模型(the Goldblatt Event Management Process,见图 2-6)。但从图 2-6 可以看出,戈德布莱特把研究与策划分开,并且把活动的前期筹备和现场管理放到了一起,统称为协调,这种概括存在一定的缺陷。

研究/Research 策划/Design 规划/Planning 协调/Coordination 评估/Evaluation

图 2-6   Goldblatt 活动管理模型

不论是会议、展览会,还是婚庆、旅游节庆或者其他,每个一般意义上的会展项目都属于不同类型的活动;而且每个活动就是一个项目。以展览会为例,以戈德布莱特活动管理模型为基础,并结合展览会的特点,可以勾勒出展览项目管理的基本流程及主要内容,如表 2-1 所示。

2. Watt 活动管理过程模型

Watt 于 1998 年提出了活动管理过程(the event planning process)模型,该模型把活动管理流程分为 7 个基本步骤,即概念、可行性研究、活动目标、执行要求、执行计划、监控评估与未来方案,这 7 个步骤构成了一个循环,如图 2-7 所示。特别值得一提的是,Watt

表 2-1　活动管理模型对展览项目管理的指导作用

活动 基本 划分		事前(Pre-Event)			事中(Event)	事后(Post-Event)
	阶段	研究 (包括策划)	计　划	组织 (包括营销)	现场管理	评价/事后工作
	英文	Research	Planning	Organizing	Operation	Evaluation
展览项目	主要工作	概念构思; 详细可行性研究; 展会项目定位; 撰写立项策划书	场地规划; 资源计划; 进度计划; 人员组织计划; 现场管理计划;	数据库管理; 供应商选择与管理; 宣传推广; 招展; 专业观众组织; 邀请演讲嘉宾; 广告和赞助销售	场地布置; 现场管理与服务(开幕式,观众入场管理,闭幕式等)	数据库更新; 活动评估; 其他善后工作(感谢,总结,新闻报道,催款等) 启动下一届展会的相关工作
	工具(举例)	调查表 SWOT 分析 费用估算	WBS 关键路径法 干特图	网络图 责任矩阵 数据挖掘	风险管理	鱼骨图法

(资料来源:Holger Preuβ,2006;王春雷,2006.)

注:与 5 个工作阶段相对应的英文和内涵均在 Goldblatt 活动模型基础上有所改动。

从内部资源与外部关系两个方面对活动管理的每个步骤进行了描述。例如,他认为,活动目标一方面是由客户需求决定的;另一方面取决于活动组织者的发展计划。

图 2-7　Watt 活动管理模型(1998)

(资料来源:Watt D C. Event Management in Leisure & Tourism. New York:Addison Wesley Longman,1998.)

...

3. Allen 活动管理模型

Allen 等人(2002)在 Getz 模型(1997)的基础上,将活动管理过程(the event planning process)分为 7 个步骤,包括活动概念的形成/竞标、可行性研究、继续或终止决策、规划和执行、现场管理、结束以及评估反馈,如图 2-8 所示。总体来讲,Allen 活动管理模型与 Watt 活动管理模型十分相似,但 Allen 等人考虑了申办、现场管理等环节,Watt 则强调了应该同时从内、外部环境来考虑活动管理的每个步骤。

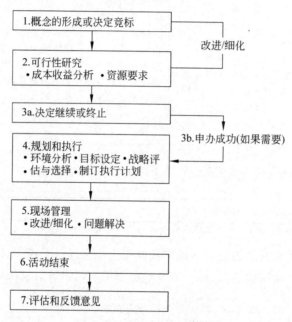

图 2-8   Allen 活动管理模型

4. Tum，Norton 和 Wright 活动管理模型

Getz(1997)认为,每个一次性的特殊活动都有明确的开始和结束时间,他主张利用项目计划方法来组织节事活动;而且"一旦节事活动开始,便不可能有重来的机会"(Allen,2000)。Wright 于 2001 年提出了一个预想的活动管理模型(event operations management model),该模型提供了计划和组织节事活动的基本方法,后来 Tum,Norton 和 Wright(2005)根据活动产业的特征对其进行了补充,如图 2-9 所示。

在图 2-9 中,活动管理模型被分为分析、详细计划、实施与执行和绩效评估 4 个阶段。其中,分析阶段的主要工作是进行活动或组织者的内、外部环境分析,并明确活动的目标及目标市场;详细计划阶段的工作内容包括活动选址、产品开发、服务设计、供应链管理、风险管理等举办节事活动所需的所有计划活动;执行阶段主要关注如何按既定的计划进行资源配置,以及人力管理、容量管理和工作时序安排等内容;绩效评估即在活动结束后

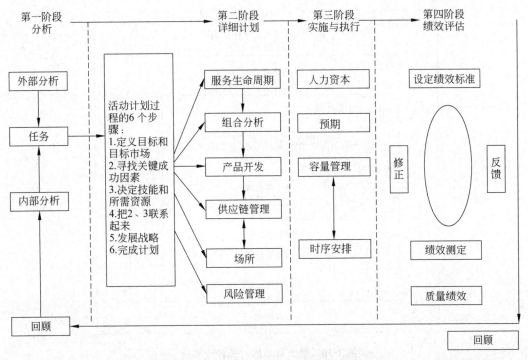

图 2-9 Tum,Norton 和 Wright 活动管理模型

使用一定的标准来测评和修正活动运营的效果。

事实上,上述模型对节事活动管理各阶段的划分并不科学,因为彼此之间的工作内容有明显交叉,而且对部分工作内容的归并不合理。例如,将活动目标和目标市场的确定归入分析阶段可能更加准确等。

5. 重大活动的一般管理系统

掌握重大活动举办过程的一般模型(the generic model of the mega-event hosting process),有助于研究人员和事件组织者更加准确地判别利益相关者对包括公众参与在内的各种相关事宜的理解怎样以及在哪一个阶段将发生改变(Haxton,1999)。

图 2-10 中的"重大活动的一般管理系统"是根据著名事件管理及事件旅游专家 Getz 和 Frisby 的原有模型(1988)修改的。我们可以从时间和空间两个维度来理解这张图:从空间上来看,重大节事活动受宏观环境、社区环境、组织者和事件自身特点的影响;从时间上来看,与一般节事活动一样,重大活动也基本上可分为研究、计划、组织/营销、运营以及评估/事后工作 5 个阶段。

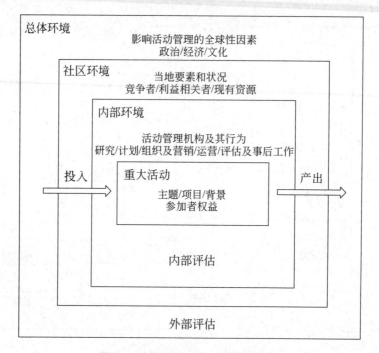

图 2-10　重大活动的一般管理系统

（资料来源：根据 Getz 和 Frisby 模型(1988)修改.）

第四节　活动的利益相关者

　　一次大型活动存在众多的利益相关者,正确处理好与这些利益相关者之间的关系是活动管理者需要认真对待的课题。可以这么说,一项活动能否成功的关键取决于活动管理者如何平衡各利益相关者的诉求、期望及不同利益之间的冲突。

一、活动利益相关者的含义

　　那些与活动结果有合法利益关系的个人和组织被称为活动的利益相关者。一个成功的活动运营公司必须能辨别谁是活动的利益相关者以及他们各自在活动中的需求,并能判断这些需求之间是否有重叠和冲突的地方。

　　Getz 把与节事活动相关的利益主体划分为两大类,即与节事活动相关的利益主体和与社区相关的利益主体,其中,活动期间的输入和输出都与社区的利益主体有关联(Getz,1997)。事实上,现代节事活动的运作是由多个利益主体合作协调来共同完成的,包括地方政府、节事活动组织者、当地社区居民、赞助商、酒店、餐厅、旅行社、俱乐部、艺术表演团体、票务机构以及志愿者组织等，一次成功的节事活动必须综合考虑和平衡不同利益主体的需求（图 2-11）。

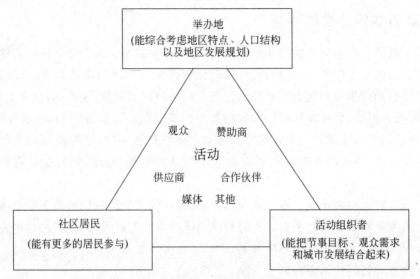

图 2-11　节事活动的主要利益相关者关系

以城市节庆活动为例，一个节庆活动有许多利益主体，主要包括城市、节庆活动组织者、参节商、供应商、观众等（图 2-12）。其中，节庆活动组织者是节庆活动的发起者，整个活动的执行者以及事后事务的处理者，在节庆活动中处于主导地位；所谓参节商，是指直

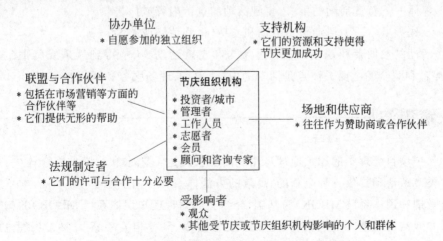

图 2-12　节庆活动中的主要利益相关者及角色

（资料来源：Getz D et al.. Festival Stakeholder Roles：Concepts and Case Studies. Event Management，2007，10(2/3)：103-122.）

接参与节庆活动的赞助、协助等工作的企业或个人,其基本目的是通过参加节庆活动来获得经济或社会方面的回报。

二、活动利益相关者的类型

按照所处地位和扮演角色的不同,可以将活动的利益相关者分为:核心利益相关者,包括节事活动的主办单位、承办单位、战略合作伙伴和节庆活动消费者等,这部分利益相关者对节事活动的生存和发展具有决定性意义;次级核心利益相关者,包括主要利益相关者(如咨询服务机构、合作媒体等)、依靠利益相关者(债权人、债务人)和引起危险的利益相关者(竞争对手),这部分相关者对节事活动的影响是直接的;一般利益相关者,包括潜在的利益相关者(潜在消费者)、可自由对待的利益相关者和苛求的利益相关者(批评媒体)。

这三部分利益相关者以节事活动为媒介,结成一张或紧密或松散的利益之网,在权利和义务之间维系着一种相对平衡。不同利益主体有不同的诉求,根据其利益相关程度,节事活动管理者需要给出相应的解决方案。

常见的活动利益相关者有以下 6 种:

① 活动组织机构——提供活动的管理,通过活动达成各项任务。活动主办方可以是政府、公司,也可以是社区或社团等。

② 活动举办地——提供活动的外部环境,接受活动所带来的各种影响。

③ 赞助商——通过为活动提供资金或实物支持,在活动中获得一种商业特权。

④ 媒体——负责活动的推广,得到活动的宣传内容或广告收入。

⑤ 工作人员——为活动付出劳动和支持,得到薪酬或奖励。

⑥ 活动的参加者和观众——通过参与和支持活动,从中得到娱乐或奖励。一般来说,参加者和观众的主要关注点是活动的内容、地点、现场服务和运行。

本 章小结

如何把项目管理中的相关原理运用到活动管理这一艺术和科学的综合体中,从而为管理各类节事活动提供一种全新的、高效的方法体系,是一门学问。鉴于此,本章第一节以项目管理知识体系(PMBOK)为基础,介绍了活动管理知识体系(EMBOK)的构建。第二节对专业活动管理人员应熟练掌握的项目管理学、利益相关者等 10 种常用理论的核心内容及其主要方法/技术进行了简要说明,并概括了其在活动管理中的运用。

国际上众多学者或业内从业人员先后提出了理想的节事活动管理流程或模型,尽管所用的术语不尽相同,但基本思想没有太大区别,本章第三节对几种代表性的活动管理模型进行了介绍。一项活动能否成功,关键取决于活动管理者如何平衡各利益相关者的诉求、期望及不同利益之间的冲突。第四节对特殊活动中的主要利益相关者及其角色,以期指导读者更好地在活动管理中综合考虑和平衡不同利益主体的需求。

复/习思考题

1. 项目管理的知识领域包括哪些内容?
2. 请谈谈活动管理知识体系的主要内容。
3. 项目管理与活动管理的一般流程有什么异同?
4. 对活动管理具有重要指导作用的常见理论有哪些?
5. 常见的节事活动的利益相关者有哪几种类型?
6. 如何理解 Goldblatt 活动管理模型和 Tum 等人提出的活动运营管理模型?

引/申案例

鹿特丹夏季嘉年华

人们认为鹿特丹是荷兰最好的"节庆之城",过去五年已经三度把这一美誉授予这座城市。从邻里友好的小型庆祝活动到全城同欢的大节日,鹿特丹的各类庆典活动丰富多彩,后者如 Ortel 夏季嘉年华、鹿特丹国际电影节、自由舞蹈大游行、Gergiev 节等,每年都吸引着成千上万的游客。其中,夏季嘉年华(荷兰语:Zomercarnaval)因为其浓郁的拉丁风格和特色鲜明且参与性强的节目,每年都会吸引近 100 万观众,可与柏林的文化嘉年华和伦敦的诺丁山嘉年华相媲美。

一、鹿特丹夏季嘉年华简介

第一届鹿特丹夏季嘉年华于 1984 年 8 月 4 日成功举办,当时的名称是 the Antillian Summer Carnival。鹿特丹夏季嘉年华是多种文化的融合,这里既有动感十足的拉丁歌舞表演,又有中国传统的舞龙、舞狮表演,节目精彩纷呈。其中,花车游行是每年嘉年华的必备节目,花车游行时,音乐队伍会演奏当地嘉年华民歌,身着艳服的游行队伍边走边舞,花车上的人向两边的人群撒彩纸片和纸条,场面十分壮观。以下是鹿特丹夏季嘉年华主要活动的一般流程。

(1) 在街道大游行前一个礼拜,选择本年度的夏季嘉年华皇后。

(2) 在盛装游行前两天,在马斯河边举行夏季嘉年华沙滩舞会(the Zomercarnaval Beach Party),一些著名乐队、DJ 和新当选的嘉年华皇后都将出席。

(3) 在盛装游行前一天晚上,举行鼓手大赛(the Battle of Drums)。其间,几支铜管乐队将进行比赛,以决出本届嘉年华的官方铜管乐队,同时赢得第二天游行的一个席位。

（4）包括铜管乐队和几千名舞蹈演员在内的盛装大游行。

（5）当晚有两场舞台音乐会,分别设在库尔辛格大厦（the Coolsingel）和教堂广场（the Churchillplein）。

鹿特丹夏季嘉年华向来以活动丰富、参与性强著称。例如,2007年第23届夏季大游行的队伍由身穿加勒比服饰的2 000余名演员、乐队花车和DJ花车组成（图2-13）。此外,各式各样的美食、时装、珠宝,数百个摊位铺满了整个教堂广场,绝对是一次不容错过的盛会。如果游客仍未尽兴,还可以去海边的沙滩,因为在马斯河畔有独一无二的沙滩聚会。2009年,第25届夏季嘉年华共有26辆彩车、29个嘉年华团体和6个组织机构,每个嘉年华团体还有一辆音乐车,共有来自世界各国的2 300位观众参加了这次活动。事实上,前一天晚上的锣鼓竞赛就已经拉开了本次嘉年华活动的序幕。

图2-13　鹿特丹夏季嘉年华盛装游行现场

二、鹿特丹夏季嘉年华行业管理体制

从整个城市层面来看,夏季嘉年华也是被纳入到鹿特丹夏季系列节庆项目（the Program of the Rotterdam Summer Festivals）中的。该项目旨在为鹿特丹市民和旅游者创造一个富有独特吸引力的城市环境,为此,其重点是支持那些在市区公共区域举办的都市活动（图2-14）。作为一个特色鲜明、参与性强的狂欢聚会,夏季嘉年华自然是重中之重。

如果某个节庆组织者希望把自己的活动纳入到鹿特丹夏季系列节庆项目中,则可以提交申请。一个独立的咨询委员会将负责评判提交上来的所有申请,并为入选节庆的管理者提供专业意见和建议。具体申请程序如下:①8月31日之前,填写下一年活动的申请表;②9~10月,咨询委员会对所有申请表进行评估;③11月中旬,以书面形式告知申请者最终决定,并提供相关建议;④下一年的1~2月,为已接受节庆项目的组织者提供咨询,同时签署合作协议。

在评估各项申请时,专家委员会主要依照以下遴选标准:

图 2-14 鹿特丹夏季系列节庆项目网站页面

- 有助于提升夏季系列节庆项目的整体水平（contributing to the level of the program）；
- 能强化城市的某些特性（enhancing the character of the city）；
- 对城市发展有所贡献（contributing to the development of the city）；
- 节庆本身具有易传播性和可持续性（spread and continuity）；
- 节庆执行计划具有有效性，而且市政府提供相应支持是十分必要的（validity of the plans/necessity of municipal support）。

三、成功经验

（一）具有很强的大众参与性

荷兰南部省份的居民多属于天主教徒或其后裔，尽管宗教意识薄弱，但对于嘉年华这个重要的狂欢周他们可谓是终生追随的，其目的很简单，就是为了放纵和娱乐。

热爱嘉年华的人会花许多时间来构想，每年更换装扮，务求形象特别。农夫、小丑、女王、修女、阿里巴巴或天使是最常见的装扮，但许多发烧友却爱标新立异，譬如全身色彩缤纷、金银闪光，奇形怪状。有些五六个人成一组，不仅自行设计嘉年华的服装，而且自己缝制，高高兴兴穿上街，十分自豪。制作嘉年华服装的材料有色彩鲜艳的布料、纸料、发泡胶棉等。

盛装游行结束，组委会会选出最佳创意奖、最佳装扮者和最佳装扮组。人们在参加文化活动中愉悦自己，获得一生难忘的经历；小孩们也受家长熏陶，将嘉年华视为神奇而有趣的日子。这是鹿特丹夏季嘉年华长盛不衰的秘诀。

（二）普天同乐胜于一切

嘉年华少不了街上的花车游行。参加游行的人，或组成队伍，或独挑大梁。花车游行前一个小时，小镇的居民早已把街道两旁围得满满当当，男女老少倾城而出，到处人头攒动。还有许多人从其他省份老远驱车赶来参加盛会；能歌善舞的非洲人随着游行队伍的音乐，在街上尽情跳舞，令人开心。

花车游行时，音乐队伍将演奏当地乐队创作的嘉年华民歌；游行队伍穿着鲜艳的嘉年华服装，边走边跳。从花车上撒向人群的碎纸片、纸条把整条街铺得五彩缤纷（游行过后，垃圾清扫车便尾随，马上进行清洁工作）。绝大多数人被五颜六色的盛装和热情似火的人群所感染，正是在这样一种认同中，他们寻找到了真正的快乐。

正如夏季嘉年华的官方网站上所写的：每个人都对这个节庆感到自豪。因为它不仅是一场多彩的、欢庆的视听盛宴，而且对不同观众群体具有广泛的吸引力。另外，嘉年华盛装的设计师和舞蹈表演人员被越来越多的人认为是艺术家。夏季嘉年华把鹿特丹中心城区变成了荷兰最大的舞台。

（三）实现内容和形式的不断创新

推动内容和形式上的常变常新是鹿特丹夏季嘉年华获得持续活力和增强吸引力的重要手段。例如，从 2007 年起，夏季嘉年华在盛装游行和舞台音乐会（street parade and live on stage）的基础上，增加了节庆皇后选举（queen election）和鼓手大赛（battle of drums）等项目，从而给节庆注入了新的元素。

以皇后选举活动为例，与其他选美比赛不同，鹿特丹夏季嘉年华的"选后活动"不仅与美丽有关。作为夏季嘉年华的大使，被选出的皇后将在很多场合代表这个庆典。因此，参赛者的口才以及对夏季嘉年华的了解同样重要。在两轮预赛和决赛的基础上，公众和评审团将对参赛者的表现进行综合评价。其中，前两轮主要是看即兴创作和舞蹈；第三轮则是身着令人眼花缭乱的嘉年华盛装进行表演。

另外，鹿特丹夏季嘉年华不仅努力增加节庆的视觉表现形式，对传统和现代音乐的展示也给予了紧密的关注。除了游行队伍中的 25 支铜管弦乐队，鹿特丹把国内外许多著名的艺术家也请到了嘉年华的舞台上，如 Oscar D'Leon, Gruppo Gale, Kassav, Daniela Mercury, Terra Samba, Issac Delgado 等。与此同时，嘉年华组委会与不同团体和组织之间的国际合作也在稳步推进，譬如，2007 年与诺丁山嘉年华在交换乐队等方面开展合作，取得了较好的效果。

案例分析题

1. 请分析鹿特丹夏季嘉年华的活动要素。
2. 鹿特丹夏季嘉年华行业管理体制对国内城市有什么启示？
3. 鹿特丹夏季嘉年华为什么能获得巨大成功？

第 三 章

活动市场调研

引　言

　　要成功举办一次大型活动,首先必须进行科学的立项策划,而立项策划的关键在于在广泛、深入的市场调研基础上,充分掌握各种市场信息尤其是目标顾客和竞争者的信息,以确保未来的活动具有乐观的发展前景。市场调研是运用各种科学的方法,有计划、有目的地搜集、分析、整理各种情报、数据和信息的过程。市场调研起源于 19 世纪的德国,后被广泛应用于各行各业。活动产业作为"眼球经济"的重要组成部分,市场竞争日益激烈化,在这种背景下,全方位开展市场调研、了解市场可能的变化趋势以及消费者的潜在购买动机和需求显得尤为重要。

学习要点

- 理解活动市场调研的概念与目标;
- 掌握活动市场调研的工作流程,信息的搜集与处理,二手资料调查法、观察法、询问法、实验法等常用调研方法以及市场调研报告的撰写;
- 了解活动市场调研的主要内容和基本类型。

引入案例

　　地处广州的某服装公司想策划举办一次服装节,以扩大品牌知名度,并借机推出自己的新产品——一款新的休闲服装,但是面对国内品牌众多的服装节以及市场竞争激烈的局面,公司决策层认为,要取得产品开发与市场推广的成功,需要对目前的市场环境有一个清晰的认识,从现有市场中发现机会,做出正确的市场定位和市场策略。

　　因此,公司决策层决定委托市场调研机构开展市场调研与预测分析,通过对市场进行深入的了解,确定如何进行产品定位,如何制定价格策略、渠道策略、促销策略以及将各类因素进行有机的整合,发挥其资源的最优化配置,从而使新开发的服饰以该节庆活动的举办为契机成功介入市场。

现在,某家调研公司接受了该服饰公司的委托,将要承担项目的市场调研任务,你认为这家调研公司应当首先开展哪些工作呢?

第一节　活动市场调研概述

活动市场调研能够帮助策划人员增强预测市场趋势的能力,发现更多的市场机会,提高分辨市场机会的能力,开拓新的市场,从而为活动主办机构进行科学决策提供重要依据和坚实基础。

一、活动市场调研的概念与功能

(一)活动市场调研的定义

以美国市场营销协会(American Marketing Association,AMA)对市场调研所做的定义为基础,本书提出了活动市场调研的定义:所谓活动市场调研,是指活动中的相关利益主体(stakeholder)尤其是专业活动公司和活动主办单位利用特定的方法及手段,对与本组织营销活动相关的市场情报进行系统的设计、搜集、整理和分析,并得出各种市场调查数据资料和研究结果,从而为组织制定经营决策提供依据的活动。

为了全面理解上述定义,需要重点把握以下 4 点:

- 活动市场调研是一个动态过程;
- 活动市场调研的结果可以是直接的市场调查数据,也可以是最终的市场研究报告,在日常工作中后者往往居多;
- 活动市场调研必须根据明确的调查目的,采取特定的方法和手段,以保证调查结果的客观性和准确性;
- 活动市场调研的主要功能是为处在动态市场竞争环境中的活动主办单位制定营销决策提供依据。

活动市场调研在营销中的作用,主要是通过向决策者提供决策信息体现出来的,具体表现包括:①提供问题导向和机遇导向的可用数据;②提供考察和监视市场营销环境的方法;③提供确定和评估市场环境变化的应对策略。

(二)活动市场调研的意义

一个大型活动的举办需要经过分析、计划、实施以及评估等多个阶段,在每个阶段活动管理者都需要相应的信息,而市场调研正是获取这些信息的重要来源。市场调研在活动管理中的意义与功能主要体现如下几个方面。

1. 有助于活动主办方发现新的活动市场需求和确立未来发展方向

大型活动能否持续举办并获得长远发展,关键要看其所提供的服务能否较好地满足市场需求,而了解市场需求的最好方法则是市场调研。通过采取一系列措施,开展科学的市场调研,从而获取具有针对性的市场信息,掌握市场的最新动态,并根据市场需求来决定活动未来的举办方向。

2. 有助于活动主办方开展市场预测和制定运营战略

开展活动市场调研的目的就在于了解市场需求,并进一步研究形成这些需求的深层次原因。对于活动市场的未来需求趋势,主办机构不能只是简单地从过去和现在的参与人数来进行判断,只有根据市场调研所获得的数据和信息,才能够对市场变化趋势做出更为科学的决策,并制定正确的运营战略。

3. 有助于主办方制定具有针对性的营销策略

卓有成效的市场营销策略对于拓展活动市场,获取最优的经济、社会、环境效益具有重要意义。通过市场调研,活动主办方可以了解该活动在市场当中所处的地位,从而制定科学的营销策略,为活动的举办时机、服务的跟进、促销手段的采用提供决策依据。如果活动主办机构不进行深入的市场调研,不充分了解举办活动所面临的内外部市场环境因素,就很难制定出具有针对性的市场营销策略。

4. 有助于活动主办方提高活动管理水平,增强竞争力

通过对营销过程及营销效果的分析与评估,有助于活动主办方把握活动营销计划的执行情况,并从中吸取经验教训,不断提高营销水平。此外,通过市场调研,还可以掌握市场上同类活动的举办情况,了解竞争对手在营销方面所采取的策略与方法,从而做到知己知彼和取长补短,以增强自身的竞争力。

二、活动市场调研的类型

市场调研具有4种基本功能,即探索、描述、分析和预测。在经营过程中,活动主办单位决策者常常会遇到各种不同性质的市场问题,从而对市场调研产生不同的需求。因此,活动管理人员必须根据具体需要,并综合考虑信息搜索成本、约束条件和市场信息价值,选择合适的调研方式与途径。概括而言,活动市场调研有以下4种基本类型。

(一)探索性调研

这种调研方式的主要功能是探测,即帮助决策者识别和了解企业的市场机会与市场问题可能在哪里,以便确定下一步市场调研或营销的努力方向。在实际工作中,活动的经营管理者经常对市场机会和问题提出各种假设,然后通过探索性的市场调研来证明或排除这些假设。因此,在新开发一个项目之初,活动主办单位往往采用这种调研方式。

探索性调研简单易行,在信息资料搜集、调研方案设计、调研对象选择等方面都没有严格的规范和要求。但必须指出的是,探索性调研一般只能将活动主办单位所面临的市场机会和问题呈现出来,它既不能解释市场机会和问题产生的原因,也不能回答市场机会和问题将导致的结果。

(二)描述性调研

如果说探索性调研主要关注"是否存在市场机会",描述性调研则能回答"如果市场机会存在,它的需求量将是多大"。换句话说,描述性调研的基本功能是对特定的市场信息和数据进行系统的搜集和汇总分析,以客观地、准确地反映和描述市场情况。通常可用"5W1H"来概括。"5W"即①Who,人;②What need,需求;③When,时间;④Where,位置及距离;⑤Whether be satisfactory,是否满意、感受如何;是否会再次参与。"1H"指How to do,即过程。一般来说,描述性调研需要具有比较规范的调研方案、比较精确的抽样调查以及对调研过程的有效控制,否则所搜集到的市场情报将缺乏真实性和准确性。

在活动市场调研中,描述性调研占有很大的比重,并经常运用在下列一些方面:同类活动项目研究、潜在参与者需求调研、客户及媒体等对活动的评价状况调研、价格认知调研、分销渠道调研、促销方式调研等。然而,描述性调研也存在明显的缺陷:不能回答活动市场中某种现象产生的深层次原因及可能导致的后果。

(三)因果性调研

顾名思义,因果性调研主要回答"为什么会出现这种结果"或"如何做会产生什么结果",例如客户为何不满意、怎样才能提高客户的满意度等。如果说上述两种调研方法侧重调查的话,因果性调研则侧重市场分析和研究,它通过深入分析,能解释一个市场变量的变化为什么以及如何引起另一个变量的变化。

在进行因果性调研时,活动主办单位研发部人员首先必须明确因果关系,即谁是因,谁是果。事实上,因果性调研的实质就是深入分析因变量和自变量之间的关系,其中,因变量往往是调研人员所要解释和预测的变量,而自变量往往不止一个。

(四)预测性调研

科学的市场预测能为企业制订采购、生产和销售计划,并合理组织企业的各种资源提供依据,这正是预测性调研的主要功能。其目的在于对某些市场变量的未来前景和发展趋势进行科学的估计和预测,回答"将来的市场会怎样"的问题。预测性调研以描述性和因果性调研为基础,它依据企业过去的经营数据、市场经验,并运用科学的预测方法,对市场未来的趋势进行定量测算或定性判断。

综上分析,不同类型的市场调研所关注的信息重点及分析深度都不一样,但能帮助活动主办机构解决不同性质的问题。两者之间的大致关系如表 3-1 所示。

表 3-1　市场调研类型与活动管理决策

调 研 类 型	对活动主办单位的主要作用	举 例
探索性调研（exploratory research）	发现市场机会和存在的问题	活动参加人数与上一届相比突然减少
描述性调研（descriptive research）	描述需求及营销组合状况	人们对上一届活动中的一起安全事故心有余悸；门票价格过高影响了活动效果
因果性调研（causal research）	对市场问题进行深层次分析	通过问卷调查发现，活动参与者对活动的服务总体不满意
预测性调研（predictive research）	预测某个行业活动市场的发展前景	活动目前的规模偏小，不知是否有乐观的市场前景

（资料来源：王春雷，陈震. 展览项目管理：从调研到评估[M]. 北京：中国旅游出版社，2012.）

三、活动市场调研的主要内容

活动市场调研是指运用科学的方法，有目的、有计划、有步骤、系统地搜集、记录、整理和分析相关情报资料，掌握活动市场的发展现状及未来的发展趋势，为活动管理人员的经营决策提供必要依据。

众多活动运作公司的成功实践表明，知道需要调研什么比市场调研本身更重要。市场调研的内容十分广泛，可以这样说，凡是与企业市场开发和营销活动有关的问题都可能成为调研的课题。为了帮助读者从总体上掌握活动市场调研的基本结构，我们将活动市场调研的具体内容分为以下几个方面。

（一）活动市场环境调研

所谓市场环境，是指那些给活动主办机构带来机会和威胁的主要外部力量，这些因素对于主办机构来说是无法控制的。宏观环境因素主要由政治法律环境、经济环境、社会文化环境、科学技术环境和自然环境 5 大环境要素构成。

1．政治法律环境调查

在政治法律环境方面，活动主办机构应调查的因素主要包括：①活动举办地的政治局势；②政府的有关法律、法令和法规；③国家有关方针、政策；④国家有关国民经济发展计划和社会发展的规划。此外，在开发国外活动市场时，还应包括对当地现行政策的稳定性和持续性、国际关系以及旅游业的发展给活动市场带来的政治影响、政府在开发活动市场方面的政策与作用、出入境手续等方面的调查。

2．经济环境调查

其内容主要包括：世界经济状况；国民经济发展状况，如国民生产总值、工农业生产总值、国民收入等；国家或地区活动资源及举办状况；收入水平、消费结构与消费水平；物价水平、物价指数现状等。

3．社会文化环境调查

主要包括受教育程度、职业构成、民族分布、宗教信仰、风俗习惯、社会的审美观念以及文化习俗等。

4．科学技术环境调查

主要包括活动举办地交通条件及现代化程度，活动设施的管理水平与服务水平，先进技术在活动运营管理中的运用及发展趋势等。

5．自然环境调查

主要包括地理位置、气候条件、地质地貌等，通过对地理环境的调查，进一步了解其对活动市场开发的影响。

（二）活动市场需求调研

需求调研是活动市场调研的核心部分，其最终目的是分析在一定时期内、一定价格水平上，目标受众中愿意并能够参与活动的人数及消费潜力。活动市场需求是决定活动市场购买力和市场规模大小的主要因素。针对活动参与者所进行的需求调查是活动市场调查内容中最基本的部分。

1．活动市场规模及构成调查

其内容包括：①经济发展水平与人口特征；②收入水平与闲暇时间；③活动参与者数量与消费构成，即调查现实与潜在的活动参与者数量，包括参与者国籍、年龄、性别、职业、入境方式以及地区分布、民族特征等，参与者消费水平和参与时间的长短；④活动参与者对活动质量、价格、服务等方面的要求和意见等。

2．活动参与动机调查

动机是活动参与者参加某次活动的内在原因，主要类型包括：①文化动机，包括了解和欣赏异地文化、艺术、风俗、语言、宗教等求知欲望，例如参加傣族的泼水节、青岛啤酒节、潍坊风筝节等；②交际动机，包括探亲访友、结识朋友等；③地位与声望动机，指通过参与该活动，参与者达到满足自尊以及尊重的需要等。例如，很多企业赞助奥运会一方面是为了宣传自身品牌，扩大销售量；另一方面也借助奥运会来展示企业实力。除此之外，还有春节联欢晚会，也是明星们角逐的舞台，这些都体现了地位与声望动机。④业务动机，包括商务、会议、学术交流等。例如，企业高级管理人员参加各种类型的 CEO 沙龙活动，除了有交际动机外，还有业务动机。

值得一提的是，上述活动参与动机并不是彼此独立的，一般情况下，人们都带着一个或者多个动机来参与活动。

（三）活动市场供给调研

1. 竞争对手调研

主要调研内容有：①竞争者数量，即调查特定区域内同类活动主办机构的数量；②竞争者市场占有率，调查各竞争对手产品的销售额占该地区产品总销售额的比例；③竞争者市场竞争的策略和手段；④竞争者的市场营销组合及广告策略；⑤竞争者实力；⑥竞争者的销售组织形式及其规模与力量。

2. 同类活动调研

活动产业发展到今天，几乎已经不存在不举办活动的行业，换句话说，要挖掘全新的活动主题已没有太大的空间。因此，在策划活动项目时必须详细了解同类项目的情况，以决定是否在某个行业或围绕某个主题举办节庆活动或者其他活动，同时寻找和突出独特的销售主张（unique selling proposal）。以开发一个新的赛事活动为例，主办机构人员至少应搜集同类赛事活动的下列信息：

- 同类活动的数量和区域分布状况；
- 同类活动特别是赛事活动的基本信息，如活动定位，主办机构，举办时间，举办频率，办展地点，活动规模，参与人员数量、分布及结构等；
- 同类活动的结构，主要表现活动主题、活动范围、参与人员的结构；
- 同主题品牌活动的成功经验；
- 同类赛事活动之间的竞争态势。

著名的竞争战略专家迈克尔·波特教授（Michael E. Porter）在《竞争战略》一书中为我们提供了一个分析竞争对手的基本模式，并确定了4种竞争者分析要素，即竞争者未来的战略目标、先行的竞争战略、对竞争者的假设和竞争者的能力。活动主办机构的研发人员可以借鉴该模式来分析同类型活动，如图3-1所示。

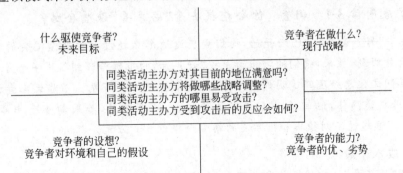

图 3-1　竞争性活动分析框架

（四）营销活动调研

由于活动主办机构所处的外部环境与其开展的营销活动是密不可分并相互影响的。因此，十分有必要将主办机构的营销活动纳入市场调研的内容之中。

1. 产品及服务调研

产品是企业市场营销组合的首要因素，一个企业要在激烈的市场竞争中占有一席之地就必须拥有适销对路的产品。因此，对产品进行调研是活动市场调研至关重要的部分。

对于活动主办方而言，产品调研主要有三层含义：一是参与人员对活动的需求分析；二是新活动的开发调研；三是活动的竞争力分析。其中，深入调查和分析活动参与者的各种需求是重中之重，它直接为活动主办机构决策者进行活动策划和制定竞争策略提供依据。与此类似，服务调查的具体内容包括：本机构过去几年所举办活动的基本情况；活动参与者对活动的评价及接受程度；本机构所举办活动的市场占有率等。

2. 价格调查

价格是市场营销组合中最活跃、最敏感的因素，也是 4P 中唯一代表利润的因素，同时还是一种重要的竞争手段。在调查和分析活动究竟应该"卖什么价"时，活动主办机构需要重点考虑三个因素：开发活动的成本，参与者可以接受的价格或者是对活动的认知价格，同类活动的价格水平。事实上，其中正好隐含了三种最常用的定价方法，即成本导向的价格策略，需求导向的价格策略和竞争导向的价格策略。

价格调查的具体内容包括：所举办的活动应该制定一个什么样的价格才能保证与竞争者竞争；活动产品价格的供给弹性和需求弹性；运用价格变动促进销售的情况。

在为活动制定价格时，主办机构应综合分析需求、成本和竞争等多种因素，并大致遵循这样一个程序：制定定价目标→分析影响定价的关键因素→确定定价方法→制定初步价格→制定价格调整方案。

扩展阅读 3-1　调查：你会花钱去看"好声音"演唱会吗？

背景："好声音"巡演已经开始，咱们重庆这边怎么还没有要开演唱会的信息呢？记者昨天打听到，原来，咱们的演出商是被"好声音"的报价给吓到了！半个月前，重庆演出商善润文化总经理邹建明询问了价格，演出费用 600 万元。而昨天记者询问"好声音"宣传总监陆伟，他回答："600 万元只包含 10 个学员，如果加 4 个导师报价是 800 万元。"这超过了刘德华和张学友的演唱会报价 650 万元。

一、成本计算

按照"好声音"目前的报价 800 万元（含音响、乐队）来算，再加上接待费用、场租、舞美和宣传费用等,成本大约要达到 1 000 万元。按照奥体的位置可以坐满 4 万人左右,但是一般有效座位会按照打 5 折来计算,也就是 2 万个位置,用 1 000 万元再除以 2 万个座位,平均每张票要卖到 500 元才能收回成本。

邹建明说:"每张票均价 500 元,对于重庆的演出市场来说,有点偏高。我觉得'好声音'这个演唱会肯定是火爆的,按照这个节目的定位来制定票价,可以走薄利多销的路线,多卖看台票,每张定价 180 元,内场的最高不超过 1 200 元,这对于很多观众都能接受。"邹建明还表示:"当然,800 万元的投入演出商也可以操作,我去拉一个地产赞助商,给我 200 万元的赞助,如果来的导师和学员愿意去楼盘走穴,价格也算在这 800 万元里面。"不过,这个想法被"好声音"方面明确拒绝,因为商业活动的价格要另算。

邹建明给记者算了笔账,如果一场演出总价在 500 万元,每张票均价 250 元,这个价格演出商才能收回成本,对于观众来说也可以接受。

二、花几百块钱,还不如去看刘德华、张学友呢

张素年　女　35 岁　公司副总

我觉得这个节目在电视上看可能比现场看更清楚吧,我的印象中演唱会的效果没有看电视这么好。票价嘛,说实话如果有人请我去,我会考虑,但还要看我有没有时间。

林子　女　28 岁　职员

这个节目就是在电视上看起来热闹,和朋友谈论热闹,如果真要我掏腰包去看的话,我肯定不得去。花几百块钱,我还不如去看刘德华、张学友、陈奕迅的演唱会!

三、门票 300 元左右,我会考虑去现场听

王云霄　女　30 岁　职员

我喜欢平安,那个光头男孩,说实话,如果平安开个唱我愿意花钱去听,但是"好声音"的拼盘,我就得考虑一下,我觉得对一个学员的作品有了一定的感受和感情,才会出钱去现场听演唱会,如果门票在 300 元左右,我会考虑去现场听。

朱小丁　男　29 岁　投资顾问

从这个节目开播我就一直追,可以说是节目的忠实观众,如果来重庆开演唱会,花几百块我也要去看,不过前提是导师要来。

……

(资料来源:张晓禾. 涨! 涨! 涨! 从 250 万涨到 800 万一场!"好声音"演唱会比刘德华、张学友个唱还贵 重庆演出商:风险有点高,不敢接[N]. 重庆时报,2012-09-27.)

3. 分销渠道调研

所谓分销渠道,是指产品(包括实物、服务和创意)从生产者转移到顾客过程中所经过的各中间商连接起来的通道。目前,国内活动组办机构对分销渠道的运用普遍不充分。分销渠道调研的内容主要包括销售渠道的数量、分布和业绩;中间商的经营能力与销售业绩;销售渠道策略的实施、评估、控制与调整;是否采用人员推销等。

以展览公司为例,除了由项目组招商外,还可以充分利用各类协会、专业代理机构、专业媒体等来招展、招商,随着活动市场竞争的日益加剧,还可以积极发展垂直营销系统和水平营销系统,前者如独家代理、成立专业销售公司等,后者如联合招商、类似法国的专业展览会促进委员会(Promo Salons)等。

由此看来,对于活动主办机构而言,渠道调研至少要回答以下问题:潜在客户、与会者在哪里,针对他们的需求特点可采取什么样的分销方式;同类型活动的主要分销渠道是什么,本机构能从中获得什么启示;本机构的现有分销网络效果如何,根据企业实力和市场状况,可进行怎样的调整。

4. 促销方式调研

促销是指企业利用各种有效的方法和手段,让客户了解和注意自己的产品,从而激发客户的购买欲望并促使其采取购买行为的活动。活动市场促销方式调研即指活动主办机构通过综合分析产品特点、市场状况、企业实力及竞争对手的促销策略等因素,最终决定何种促销方式最为有效。

与一般产品相似,活动的促销方式也可归纳为5种基本类型,即广告宣传、人员推销、公关关系、销售促进和直接销售。但大多数活动主办机构常用的促销方式为广告宣传、人员推销和直接销售,其中,广告宣传、召开新闻发布会(推介会)及参加同行业的活动等运用最为广泛。这与活动主办企业或者机构的服务性质是一脉相承的,因为活动主办机构必须和参与单位以及观众之间进行更多的交流。

促销方式调研的具体内容包括:促销方式是否为活动参与者所接受;广告形式及内容是否有针对性;广告媒体的比较和选择;广告费用与宣传效果等。

第二节　活动市场调研的基本程序

因为涉及的利益相关者众多,活动市场调研是一项细致而复杂的工作,无论是哪一种形式的调研,都必须是一次有计划、有组织的行为。概括而言,活动市场调研可分为三个基本阶段和8个重要步骤。具体而言,三个基本阶段是指调研准备阶段、正式调研阶段和调研结果处理阶段;8个重要步骤包括:①发现问题,提出目标;②分析问题,找出原因;③归纳提炼,拟定计划;④搜集信息;⑤搜集数据;⑥确定样本;⑦处理信息,整理资料;

⑧提出结论，编制报告。如图 3-2 所示。

图 3-2　活动市场调研的基本流程

（一）调研准备阶段

在调研准备阶段的首要任务是要找出活动营销中存在的问题，并指出活动市场调研的目标。除提出调研目标之外，活动主办方还应给出解决问题的限制条件，诸如时间、资金、法律约束、被调查者的接受配合等。

1. 发现问题，提出目标

俗话说：良好的开端等于成功的一半。发现活动市场存在的问题并依此提出明确的调研目标是开展活动市场调研的重要前提。在进行正式调查之前，必须弄清楚为什么调研，调研什么问题，解决什么问题，然后提出调研目标、明确调研对象、设计调研内容及选择调研方法。

而现实情况是，不是每一位调研人员从一开始都能明确自己的调研目标，因为调研目标的确立必须建立在对问题进行深入分析的基础之上。调研人员必须首先找出需要调研的问题，明确调研范围，并依此制定目标。否则，只会盲目行事，或者只能得到一些与调研主题不相干的无效信息，这样不仅会耗费大量时间，还将浪费大量的人力、物力和财力。除此之外，所提出的调研目标既不能太宽也不能太窄，否则将与目标细化不相符。

2. 分析问题，找出原因

导致活动市场问题出现的因素常常是多方面的，有的因素企业可以控制，但也存在着一些难以被主办方所控制的随机的、外部的不确定性因素。这时就需要活动主办方综合分析各种影响因素，以找出最优的解决办法。如果主办方提出的目标所涉及的因素较多，调研人员常常还需要设定一些假设条件来简化活动营销中存在的问题。例如，针对以接待女性消费者为主的购物节，在调研中可以把男性消费者这一因素剔除。

在调研准备阶段，活动主办方还可以进行小规模的探测性调研，以验证调研目标是否明确以及有无调整调研目标的必要。

3. 归纳提炼，拟定计划

为更好地实现调研目的，并确保调研工作能够顺利有序进行，调研计划的制订就显得尤为必要。调研计划至少应包括调研方案设计、调研机构设置、调查方法确立、时序及费用安排等内容。

（1）调研方案设计

调研方案设计的具体内容主要包括：调研目的要求、调研对象、调研内容、调研地点和调研范围、调研提纲、调研时间、资料来源、抽样方案，以及调研报告最终形式的确立。除此之外，还应确立资料搜集的具体方式，是搜集第二手资料，还是第一手资料，还是两者兼而有之。

（2）调研机构设置

活动调研机构设置的主要任务是选择并设置调研活动负责人及负责部门。具体而言，是指将调研活动委托专门的市场调研机构来进行，还是由主办方自己开展调研。市场调研活动的成败在很大程度上取决于调研人员的选择与配置。市场调研活动的决策者、管理者以及调研人员的素质会影响整个调研方案的设计，因而调研人员须具备基本的统计学、市场学、经济学、会计财务方面的知识，同时还必须具备较好的沟通能力、敏锐的观察能力以及丰富的想象力、创造力以及应变能力等。

如果活动主办方将市场调研委托给外部调研机构，那么如何从这些纷繁多样的机构当中选择一个能够把握自身诉求的机构就显得尤为重要。以下是选择调研机构的基本标准：

- 调研机构是否能对调研问题进行符合目标的理解和解释；
- 调研人员的构成，包括其资历、经验以及任务分工等；
- 所选择的调研方法是否有效并且具有创造性；
- 过去类似的调查经验、调研事项以及调研成果。

（3）调查方法的确立

调查方法的确定应根据调查的目的与要求，从众多的市场调研方法中选择最适合本组织的最好方法。例如，如果活动主办方选择的是调查表法，那么就必须要设计一个合格的调查表格，以利于调研活动的顺利进行和资料的搜集与整理，并得到被调查者的配合，这些都关系到调研结果的科学性与准确性。

（4）调研时序及费用安排

调研时序安排主要包括：调研活动的起始时间安排，活动次数安排以及报告成果的最终完成和交接时间。费用安排包括调研活动费用的预算与计划等。

（二）正式调研阶段

在正式调研阶段需要做的工作是在各项调研准备工作的基础上，搜集与调研目标相关的信息和数据，并确定样本。在市场调研中，信息的搜集通常是耗时最长，花费最大，且最容易出差错的环节。它关系到整个调研活动效果的好坏、准确程度以及误差大小。

1. 搜集信息

一般而言，与活动市场调研目标相关的信息主要包括两类：一是概念信息，即对节庆或赛事等活动产品或者服务的直接性描述,它是一种看法、现象及潮流,譬如体育爱好者对体育赛事活动的新热点。二是方法信息。主要是指在活动市场调研中所使用的具体方法,如数理统计、调研中所采用的方法(访谈、问卷等)、样本选择方法等。例如,如何发放问卷能让人们认真填写;怎样设计问卷才能较真实地了解潜在参与者对活动的满意程度;怎样才能使他们不误解所填问卷的意义等。

2．搜集数据

数据是市场调研中最基本的部分,包括直接数据和间接数据的搜集。其中,直接数据指为某项研究而特别搜集的数据,通过问卷形式或从专门设计的实验中得来的数据便属于此类,也即第一手资料的直接获取。间接数据指以前已经记录下来的数据。可以从企业内部的经营记录中得到:如客房记录、仓储、销售记录等。有些调研仅仅需要二手资料或者一手资料,但对于大多数调研活动来说,两者都是必不可少的部分。

一手资料也称原始资料或实地调查资料,是调研者为实现当前特定的调查目的而专门搜集的原始资料。大多数的市场调研项目都要求搜集一手资料。一手资料的优点就在于其有较强的针对性、目的性和时效性,比较适合分析那些变动较为频繁的、敏感性的要素,其缺点是耗时长,费用更高。

搜集一手资料的常规方法是先与某些人单独或成组交谈,以了解大致的想法,接着确定正式的调查方法,然后开展实地调查。一手资料的首要来源是活动参与者,其次则是中间商和活动主办方的内部信息。搜集一手资料的方法主要有 4 种,即观察、专题讨论、问卷调查和实验,这些都是进行市场调研的一般方法。

另外,在搜集一手资料的过程中,可能会出现找不到合适的被调查者、被调查者拒绝配合或者回答带有偏见或不诚实的情况,致使资料搜集工作进展不顺。如果市场调研人员发现调研计划或调研有问题时,应尽快反馈信息,并立即进行调整。事实上,调研活动效果的好坏在很大程度上取决于调研者的耐心、毅力。

其实,在日常工作中,限于人力、物力等因素,许多调研工作需要到有关部门去搜集专门的数据,如某客源市场人均收入、某地区行业分布、有关统计资料、年鉴等,即二手资料的获取。

3．确定样本

确定样本量的大小本身是一个比较复杂的问题,应当从定性和定量两个方面来加以考虑。一般而言,在确定样本量时,首先要考虑调查的目的、性质和精度要求;其次要考虑的是可操作性以及经费承受能力等。样本数量和规模的确定在很大程度上取决于活动主办方所愿意支付经费的多少。

尽管市场调研的结果并不完全取决于样本的大小,但是它却会对抽样误差带来一定的影响。因而在选取样本时,应注意几个方面:一是样本选取的范围不能过大;二是样本的大小要适中；三是样本应当具有代表性；四是样本的构成比例要合理。

（三）调研结果处理阶段

在这一阶段需要对调研所获得的各种信息资料进行分类、汇总、编辑以及统计分析，同时，删除那些由于调查方式或者调查者自身的原因造成的错误信息。

1. 处理信息，整理资料

在资料搜集完成之后，活动市场调研人员应对资料进行整理和分析，从资料中提取与调研目标相关的信息。对信息的处理方法通常有两种：一是统计分析方法，常用的有计算综合指标（绝对数、相对数以及平均数）、时间数列分析、指数分析、相关和回归分析、因素分析等；二是模型分析法，主要包括描述性模型和决策性模型。其中，描述性模型中常用的是马尔可夫过程模型和排队模型，前者可用来分析预测未来市场份额变化的程度和速度；后者可以用来预计顾客的消费决策与等候的关系。决策性模型中，最常见的是最优化模型和启发式模型。其中，最优化模型一般通过微分学、线性规划、统计决策理论以及博弈理论来辨别不同决策方案的价值，力求从中进行最优选择。启发式模型则应用启发性原则，排除部分决策方案，以缩短找寻合理方案所需的时间。

2. 提出结论，编制报告

调研人员在对活动市场所面临的问题进行分析之后，应当将调研结果用文字、图表的形式编写成简明扼要的报告。调研报告是调研结果的最终体现形式，它可以为活动主办单位有关部门人员的决策提供较为科学、规范的书面依据。值得指出的是，调研报告的撰写应当符合完整性、准确性和可行性三个方面的要求。编制调研报告应以使用者的需求为导向，体现使用者的价值诉求，并帮助他们减少决策中存在的不确定性，而不是用这些搜集到的资料和结果对管理人员加以限制。

调研报告编写的基本规范是观点正确、材料典型、中心明确、重点突出、结构合理。一般而言，调研报告应包括如下内容。

① 前言。应说明本次市场调研应回答的问题、调研目标、调研方法、调研对象、调研时间、调研地点以及调研人员的情况。

② 正文。调研报告的主体应包括信息的搜集、整体与分析过程以及对调研问题的研究结果。

③ 结尾。可以提出建议，总结全文，指出本次活动的不足以及调研结论对决策的作用。

④ 附录，包括附表、附图等补充内容。

第三节　活动市场调研的常用方法

在开展活动市场调研时,信息搜集的渠道和方法多种多样,常用的方法有二手资料搜集、抽样调查、问卷调查、访问调查、试验调研、实地观察和专家调查法等。根据活动市场的特点,可供活动公司使用的常用调研方法有以下 4 种。

一、二手资料调查法

所谓二手资料,是指相对于原始资料而言的活动主办机构内、外部的现成资料,这些资料一般不是围绕特定的市场调研主题而专门搜集和整理的,但它们却与该主题具有一定的相关性,调研人员可以从中获得大量的初步信息。

为了节约时间、人力和资金,活动主办机构经常使用二手资料调查法(secondary research)(也即文案调查法)来研究某个特定的市场问题。

1．二手资料的来源

对于活动主办单位而言,二手资料可以来自于组织的内、外部。其中,内部资料包括业务资料、统计资料、项目运营财务资料或其他资料,譬如各种调查报告、经验总结、会议记录等。

外部资料是指其他机构提供的资料,这些机构可能是政府机构,也可能是其他非政府机构。要获得外部资料,调查人员一定要熟悉这些机构,熟悉其资料种类。同时,良好的人际关系是及时获得有价值资料的必要条件。外部资料的来源主要有国家统计机关公布的统计资料、行业协会和专业信息机构提供的市场信息和调查报告以及互联网、专业调查公司、科研机构和文献报纸杂志等。

2．二手资料调查的基本步骤

概括而言,活动市场调研中的二手资料调查可分为 5 个基本步骤：①根据调研主题和目的,明确资料来源以及需要获取什么资料；②先后从企业的内、外部搜集资料；③由一般到具体,有重点地搜集资料；④对大量的二手资料进行科学筛选,其基本原则是资料应具有适宜性、时效性、可靠性和可行性；⑤对所有搜集到的资料进行分类整理,供进一步分析使用。

二、询问法

询问法是一种相对简单的市场调研方法,通常通过调查问卷或直询两种方式来完成,其基本原理是：由市场调研人员事先拟定调查提纲,然后请被调查者回答相关问题(封闭式或开放式),以此来搜集资料和获取信息。活动主办单位常用的有下列 6 种。

1．邮寄调查法

邮寄调查法(表 3-2)是指调研人员将印制好的调查问卷或调查表格，通过邮局或快递公司寄给选定的被调查者，或将问卷刊登于报纸、期刊杂志上，由被调查者按要求填写后再寄回来；调研人员通过对调查问卷或调查表格的整理分析，得到市场信息。

表 3-2　邮寄调查法优缺点

优　　点	缺　　点	优　　点	缺　　点
调查区域广	调查时间长	问卷回答准确	
调查费用低	问卷回收率低	无须培训调查员	

邮寄调查法不仅对问卷设计有严格要求，而且应用范围较窄，与面谈和电话访问相比应用面较小。对于时效性要求不高，名单、地址比较清楚，费用比较紧张的调查可考虑使用这种方法。调查时要注意一定的技巧，如整理名录时应注意名单是由个别人名组成而不只是他们的头衔，如"张三经理 收"会比"经理 收"更能让人回答问卷。同时，要在信件中附有贴好回邮信封的邮资，并说明在回信后将给予一定报酬或纪念品。

2．面谈法

面谈法又称当面询问法，即调研人员通过面对面的口头交谈方式向被调查者了解市场情况的调查方法。相比较而言，面谈调查法在活动市场调研中用得较多，而且形式多样，如上门拜访、街头拦截、举行座谈会和专家访问等。

面谈法的优缺点都十分明显，其最大的优点是调研人员对调查活动具有较强的控制力和较大的伸缩性，而且能够直接观察被调查者的反应；不足之处在于时间、资金和人员成本相对较高，同时还可能存在调研人员弄虚作假、对调研主题持有偏见等问题。另外，面谈法对调查人员的综合素质和访问技巧要求也较高。

以展览行业为例，在日常经营管理的很多环节，主办单位都可以运用面谈法来搜集相关信息，最常见的如上门拜访潜在客户，了解他们参展的特殊要求；在展会现场访问参展商和专业观众，征求他们的意见，了解他们对相关同类展览会的看法；向业内专家征询他们对会议或展览会的意见和建议，以发现不足，改进产品和服务等。

3．留置问卷调查法

留置问卷调查法即指问卷由调研人员当面交给被调查者，说明回答方法后，留给被调查者，由其自行填写，再由调研人员定期收回。此法是面谈调查和邮寄调查两种方式的折中，因此其优缺点也介于两种调查方法之间。

留置问卷调查法适合对那些交通不太便利的地区进行市场调查。这种方法反应迅速,反馈率较高,可以将调研人员对答题的影响降到最低限度,并能较好地对被调查者的选择加以控制。另外,这种方法也比较经济。

4. 电话调查法

电话调查法是调研人员获取活动市场情报的一种非常简单、快捷的方式,它可以在短时间内与被调查者进行接触,并从大批量装有电话的企业或家庭中获取市场信息。但这种方法对调研人员的要求很高,不仅要具备一定的专业知识、丰富的调研经验和随机应变能力,还要有良好的沟通技巧和语言驾驭能力。

在具体运用时,调研人员需要注意以下问题。

- 尽可能找到具体负责某一问题的人,并精心设计问句尤其是开场白,努力降低电话访问的被拒绝率。
- 在打电话之前应做好充分的准备,包括熟悉调研问题、学习相关知识、了解受话人的职务及性格等。
- 把握好打电话的时间,一般在上午 9:30~11:30,下午 2:30~4:30,以及晚上 7:30~9:30。
- 控制访问内容,力求做到简短、实用。
- 做好电话访问记录。

5. 网络调查法

从严格意义上讲,网络调查法属于问卷调查法的一种。其基本原理是市场调研人员将调查问卷通过各种网络传递给被调查者,被调查者则通过在网上点击的方式来回答问题,然后调研人员利用预先设计好的程序对问卷调查结果进行统计。这种调研方法的优点是简单迅速、节省经费,缺点是对于不同的调研主题被调查者的代表性不强,而且调查结果的可信度也往往不及面谈法和电话调查法。

然而,网络调查法正日益受到众多活动主办单位的青睐,由于活动具有典型的交互性特点,而且广大活动产业从业人员早已习惯了在网上搜索各类市场信息。因此,网络调查法在活动行业还有广阔的运用空间。

6. 专家意见法

专家意见法又称德尔菲法,这种调查方法往往持续时间较长,一般适用于对活动市场总体情况的预测,但用于预测区域、顾客群等情况时可靠性较差。例如,当节庆组织者希望初步判断一个新开发的节庆活动是否具有竞争力时,便可以通过选择合适的市场、旅游及文化等领域的专家,利用此法来进行综合评估。表 3-3 对几种常用的询问调查法作了简单比较,供读者参考。

表 3-3　几种常用询问调查方法的比较

	邮寄调查	面谈	留置问卷调查	电话调查	网络调查	专家意见法
问卷						
开放式问题的使用	低	高	中	中	低	中
探查能力	低	高	中	中	低	高
视觉帮助	高	高	低	差	低/高	中
敏感性问题	高	中	高	低	低	中
资源						
成本	低	高	低	中	低	高
抽样						
分散很广的总体	高	低	中	中	高	低
反馈率	低	高	中	中	低	高
试验控制	低	高	高	中	低	高
访谈						
对调查对象的控制	低	高	低/高	高	低/高	高
访谈者的偏见	低	可能	低	可能	低	可能

三、观察法

所谓观察法,即指调研人员根据市场调研的需要,深入调研现场,通过对调研对象进行直接的察看或测量(通过自身的感觉器官,如眼看、耳闻,或借助各种仪器,如照相机、摄像机等),以获取一手市场资料的方法。对于活动主办单位而言,最常用的市场观察方法有以下两种。

1. 佯装参观者(观众)

类似于消费品行业中的佯装购物者法,佯装参观者(观众)也具有较强的隐蔽性,在活动市场调研中往往能收到理想的效果。在现实工作中,许多活动主办机构的调研人员都愿意利用这种方法来考察自己所组织的活动或同类活动的情况,具体包括活动现场的人气、现场服务和管理水平、观众对活动的评价等。

2. 观察参与者

这种方法可用于活动主办方对与会者、观众或参展商的行为进行观察,从而获得相关信息,以便对会议或展览会等活动进行改进。以展览公司为例,采用该方法的基本程序为:选定一家或几家具有代表性的参展企业;对目标对象进行有控制或无控制观察,多方面地搜集市场情报;对市场情报进行整理、分析,得出相应调研结论。

观察法简便易行且直接客观,但同时也存在明显的缺陷,即往往只能了解市场表象,而对于表象背后的真正原因或市场问题的实质挖掘不够(表3-4)。因此,活动主办单位调研人员在使用观察法搜集市场信息时,有以下三点需要特别注意:一是准确选择观察对象、时间和地点,比如要选择合适的同类展览会或有代表性的参展商等;二是做到观察与思考相结合,努力捕捉更多有价值的市场信息;三是认真做好观察记录,避免观察过程中的遗漏和记忆差错。

表 3-4　观察法的优缺点

优　点	缺　点
可观察到被访问者常态行为表现,获得的结果较为真实	难以观察到研究所需要的行为,搜集资料较费时
可在当时实地观察行为的发生发展,并能把握全面情况	观察结果通常只能说明"是什么",不能解释"为什么"

四、实验法

实验法又称市场试验法,即调研人员根据调查需要,有意识地改变或注入某种特定的市场因素,以观察其变化对市场活动的影响。一般来说,这种被改变或注入的特定因素为自变量,如产品价格、服务质量、广告宣传或促销力度等;被影响的指标则被称为因变量,如市场销售额、销售利润或市场份额等。

市场试验法特别适用于两种情况:一是对新开发活动的销售推广方案进行评估;二是对现有活动营销计划的效果进行测试。但在所有的市场调研方法中,无论是在时间、资金还是在人力上的投入,实验法都是相对较大的。

实验法优缺点如表 3-5 所示。

表 3-5　实验法优缺点

优　点	缺　点
真实、客观,结果有较大推广实用性	影响因素众多,需做多组实验和综合分析
可主动控制和改变实验因素,实验结论有较强说服力	只能掌握变量间因果关系,不能分析过去和未来情况

对于活动主办机构而言,市场试验法的基本程序如下:

- 确定市场实验目标,如分析价格变化对会议赞助销售或展览会招展工作的影响;
- 选择市场实验的基本方式;
- 选择具有一定代表性的测试对象(参展商或专业观众);
- 制定测试方案,即设计具体的实验步骤;
- 实施方案,并对相关数据和信息进行分析。

第四节　活动市场调研报告的撰写

事实上,广义的活动市场调研报告包括市场调研建议(或申请)报告和市场调研结果报告。在开展市场调研之前,活动策划人员往往还需要撰写一份市场调研建议报告书(见本章"引申案例"),用以对调研活动的意义、框架、预算和大致思路等进行初步说明。因为篇幅限制,本节主要讲述如何撰写活动市场调研结果报告。一般来说,一份完整的活动市场调研结果报告可以分为 6 个部分(如表 3-6)。

表 3-6　活动市场调研报告的基本结构

结 构 要 素	主 要 内 容	备　注
封面	市场调研题目	
	市场调研用户	
	市场调研组织者	
	市场调研日期	
目录	报告的各章节名称及页码	
简介	项目背景、人员构成等	
调研结论摘要	调研主题的意义	此部分内容应语言简练、观点鲜明
	调研的主要结论	
	调研的基本方法	
	提出创新性建议	
报告正文	市场背景的详细介绍	
	调研主题和纲要说明	
	调查过程与方法的详细说明	
	调研的基本结论	
	建设性意见和建议	
附录		各种参考资料、访谈记录等

一、封面

市场调研报告的封面要求简洁工整,主要内容包括调研题目、进行调研的活动公司或委托人的名称、市场调查公司名称或调研人员的姓名及所属的部门等。如果调研报告属于机密文件,则应该在适当位置(一般为左上角)明确注明并写上编号。有些重大调研报告装订也比较考究,并会精心设计扉页。有时,调研报告上还会标明准备呈送的部门或具体收件人姓名。

二、目录

一份标准的活动市场调研报告应该在目录中列出报告的主要章节和附录,并注明章节的名称和页码。而且为了便于浏览,调研报告的目录篇幅以不超过一页为宜,且最好不要双面抄写或双面打印。

三、简介

简介是对整个活动市场调研项目的简要说明,具体包括调研主题的确立原因、调查意义说明、调研人员构成等内容,目的是让浏览者在审阅报告正文之前对调研活动的背景信息有一个大致的了解。

四、调研结论摘要

一般情况下,作为公司决策人员或主管部门官员,市场调研报告的审阅者也许对调研过程中复杂的细节问题并不感兴趣,他们关注的往往是最后的调研结论及其有效性。因此,为便于审阅者在短时间内把握整个报告的精髓,调研人员需要为调研报告撰写一个简练的结论摘要。

按照审阅者的一般性思维习惯,撰写活动市场调研报告的结论摘要时可遵循这样一个顺序:说明市场调研主题的意义→概括调研的基本结论→概述市场调研中运用的主要方法→提出解决问题的创新性建议。

五、报告正文

与公司的上层决策人员或主管部门官员不同,活动项目经理以及营销部经理、公关研发部经理等需要详细阅读市场调研报告的具体内容。一般来说,市场调研报告的正文应全面论述市场调查的全过程,从提出问题到分析问题、得出结论,同时还要清楚地说明市场调研过程中所采用的科学方法。换句话说,活动市场调研报告的正文主要包括:

- 对活动市场背景的详细介绍;
- 分析某个具体的会议、展览会、节庆或其他活动的市场情况;
- 调研主题与纲要的详细说明;
- 调研过程与方法的详细说明;
- 提出调研结论和建设性的意见或建议。

六、附录

附录是有关调研报告内容的各种必要的参考资料,这些资料是调研报告论证、分析的基本依据;而且每份附录都有相应的编号,以便于浏览和查找。一般来说,活动市场调研报告的附录部分主要包括下列内容。

- 在调研过程中所使用的各种调查问卷,以及选定样本的详细资料;
- 在调研报告正文中提及的相关统计图表;
- 作为实地调查资料来源的单位和个人的名单及地址一览表;
- 上门拜访人员的约访时间表、工作日志以及访谈记录等;
- 今后可能需要保持联系的机构名单,如行业协会、专业代理公司等;
- 其他相关资料。

本 章小结

由于活动资源是有限的,同时伴随着活动市场竞争的日趋激烈,市场调研显得越来越重要,很多大型活动的主办机构在策划一个活动之前都会进行深入的市场调研,一方面是为了分析客户市场的需求,另一方面也是为了通过市场调研了解目前在该领域主要存在哪些竞争对手。

本章第一节主要是对活动市场调研的概念与类型、内容与意义进行了探讨。第二节从活动市场调研的主要特点出发,集中阐述了活动市场调研的基本程序,并将活动市场调研的程序划分为三个阶段和 8 个步骤,其中这三个阶段是指调研准备阶段、正式调研阶段和调研结果处理阶段。8 个重点步骤包括:①发现问题,提出目标;②分析问题,找出原因;③归纳提炼,拟定计划;④搜集信息;⑤搜集数据;⑥确定样本;⑦处理信息,整理资料;⑧提出结论,编制报告。第三节专门阐述了活动市场调研的常用方法,主要包括二手资料调查法、询问法、观察法以及实验法,并对每一种方法进行了较为深入的探讨。最后一节介绍了活动市场调研报告的主要内容及撰写要求。

复 习思考题

1. 活动市场调研可以划分为哪些类型?
2. 请简述活动市场调研对于主办机构的重要性。
3. 试述活动市场调研的意义。
4. 活动市场调研的基本程序是怎样的?
5. 与一般市场调研相比,活动市场调研具有怎样的特点?

6. 一般来说,活动市场调研报告主要包括哪些内容?

引 申案例

澳门美食节市场调研分析

澳门美食节是澳门一年一度的美食嘉年华,第一届的澳门美食节于 2001 年年末举办。美食节的规模不断扩大,从以本地为主到国际化,由纯粹美食节到美食嘉年华。近年还加插烟花会演、展览、摊位游戏以及歌舞表演等环节,并举办了摄影比赛,使得美食节更加多元化。从 2003 年起,美食节的举办日期与澳门格兰披治大赛车配合,让车迷游客在欣赏赛车之余,也能品赏各地美食。

一、主办单位
澳门饮食业联合商会、澳门饮食业工会

二、协办单位
澳门新闻工作者协会、澳门中厨协会、澳门西菜面包工会

三、赞助单位
澳门特区政府旅游局、澳门基金会、民政总署

四、基本模式
从第二届开始,澳门美食节的举办场地一直位于澳门旅游塔前的西湾湖广场,由于交通不够方便,因此主办单位每年都设有免费专线巴士接载居民及游客来往中区及活动场地,但自从工人球场于 2007 年改建为"新葡京"后,免费专线巴士改由近旧法院前地开出。美食节场内所有的饮食以及游戏摊位均统一使用由主办单位印发的代金券,面值有 5 元、10 元和 20 元,进场的人士需要以澳门币购买现金券(每次购买 50 元或 100 元)才可选购标价之食物。

每一届澳门美食节都有不同的主题,这些主题都是在充分的市场调研的基础之上提出来的。

五、调研步骤
美食节的主办方委托专业的调查机构对该活动进行了市场调研,以下是调查机构开展调研的过程。

(一)搜集资料,分析活动举办背景

项目经理在会议上安排项目组成员查阅所有与美食及美食节相关的资料、检索了相关网站,查阅了相关报刊及文献,经过三天的时间搜集并整理了以下的资料。

世界各地都有类似的美食节举办,但由于中华美食制作工艺、地区饮食差别、中国人

的饮食习惯等,华人的美食节举办更频繁,规模也更大,人气也更旺。美食节已经成为很多地方文化生活中的一部分。美食节的存在形式多种多样,可以独立存在,只有美食展销,也可同其他活动相结合,如啤酒节、庙会或者直接和节日一同举办,烘托气氛等。因为美食节汇聚的都是比较有特点的食品,且数量较多,所以会引起很多人的兴趣而前往参加。澳门作为一个中西文化的荟萃之地,具有十分丰富的美食资源。

这些资料的获取,使项目组对美食节这一活动有了基本的了解,并进一步掌握其他举办机构的经营状况及实力,这些都非常有助于项目组准确把握调研意图,明确调研目标。

一般情况下,为了明确哪些信息是所需要的,调研人员就要掌握与举办机构和所属行业相关的各种历史资料和发展趋势,包括销售额、市场份额、营利性、技术、人口统计、生活方式等,当一个机构的销售额与整个行业的销售额同时下降,或机构的销售额下降而行业的销售额上升时,所反映的问题是截然不同的。此外,调研人员还要分析举办机构的各种资源和面临的制约要素,如资金、研究技能、费用、时间等。同时要了解消费者或顾客的购买行为、法律环境、经济环境、文化环境,以及机构开展市场营销的技术,机构的人员、组织结构、文化、决策风格等因素。

（二）确定市场调研的主题

项目组在分析调研项目背景资料的基础上,就主办方提出的主题开展了市场调研工作,最终确定了调研项目的目标:

（1）了解目前美食市场的竞争状况和特征;

（2）了解竞争对手的市场策略和运作方法;

（3）了解美食市场的渠道模式和渠道结构;

（4）了解消费者对澳门美食市场的消费习惯和偏好;

（5）了解消费者对澳门美食的认知和看法。

本次调研最根本的目的是真实地反映美食节市场的竞争状况,为澳门美食品牌的定位及决策提供科学的依据。

（三）策划市场调研方案

调研项目的主题已经确定,项目经理继续组织人员研究市场调研的方案。凭经验,项目经理要求大家从调查范围与对象、资料的搜集方式、调查问卷的设计、数据的处理与分析、调查报告几个方面进行考虑。

1. 确定调研对象

（1）信息资料及来源界定

围绕项目主题,调查组认为需要搜集下列资料。

① 同类企业(竞争对手)的相关资料、美食市场的背景资料。这些资料主要通过互联网、委托企业获得。

② 零售商与代理商经营情况资料。这些资料在委托方提供名录后,通过有针对性的

实地调查获得。

③ 消费者信息资料。这些资料要调查人员选定调查的个体对象后获取。

（2）调研单位界定

调查对象是调查的范围及需要调查的对象的总体，范围确定后，项目组确定所要调查的单位为：

① 零售商：各大美食的零售经营者。

② 代理商：其他国家或者地区美食在澳门的代理商。

③ 消费者：本澳居民及旅澳游客。

2. 确定资料搜集的方法

根据所确定的资料来源和调研对象，并考虑调研工作的人力状况与财力预算，项目组确定了本次调研的资料搜集方法。

（1）采用文献法搜集行业背景资料。通过检索同类企业的经营资料、相关网站与媒体提供的信息资料等，获取目前美食节的竞争状况和特征、竞争对手的市场策略和运作方法等资料。

（2）采用访谈法、观察法获取零售商、代理商的资料。对零售商、代理商进行普查，通过访谈、实地考察搜集原始资料。

（3）采用问卷法获取消费者的信息资料。其中，便利抽样保证样本的广泛性，配额抽样保证了样本的代表性，在得到调查样本对象后再通过发放调查问卷收集原始资料。

3. 策划调查问卷及调研提纲的内容

（1）调查问卷的内容设计

针对调研主题与方法，项目组设计了面向消费者个体的调研问卷。

① 问卷结构包括说明部分、甄别部分、主体部分、个人资料部分，访问员记录、被访者记录。

② 问卷形式采取开放性和封闭性相结合的方式。

③ 问卷按照被调查者思考问题和对产品了解的程度来设计。

④ 主要问题的构想：消费者所在单位及职业、对美食的偏好、曾经参加美食节的情况、最近购买意愿、对于美食节品牌的认知等。

（2）零售商与代理商的访谈提纲

访谈内容围绕以下几方面来设定。

① 所销售或代理的美食产品的经营情况。包括销售额、利润、进货周期、畅销款式等。

② 消费对象（顾客）的信息资料。包括顾客的年龄、职业、美食偏好、价位承受力，回头客的多少，淡季与旺季等。

③ 竞争对手的信息资料。包括同类节庆活动的举办情况与业绩。

4. 研究资料处理技术

项目组经过认真分析与讨论,计划按照以下方式分类处理与分析信息资料。

(1) 关于数据信息录入的技术

对于回收的问卷,项目组责成专人负责,在统一审核基础上,首先剔除无效的问卷,之后进行统一编码,即将问卷中的开放题或半开放题的答案用标准代码表达出来,便于计算机统计。为了确保原始码表趋于完善,应当选择不同地区、不同层次的问卷分别编制。对于可能出现的新码,通过在原始码表上留有补充余地,从而便于灵活加码。数据录入利用 Excel 工作簿完成。

(2) 关于数据信息分析技术

① 可以使用专业的市场调研软件 SPSS 对问卷进行数据分析,也可以使用 Excel 软件的统计分析功能进行数据分析。

② 数据分析的方法:主要采用聚类分析(cluster analysis)、因子分析(factor analysis)、相关分析(correlation analysis)、SWOT 分析等方法。

5. 商议调研项目的组织安排

(1) 地区间通过互联网保持联系,每个调查城市派一名公司督导,各城市聘一名全职、熟练的专业人员来完成调研实施管理工作。

(2) 人员招聘渠道由项目组与当地高校联系,以招聘在校大学生为访问员和兼职助理督导为主。主要为女性,有经验者优先录用。

(3) 人员培训要统一制作培训资料,内容应当涉及职业道德、访谈技术、项目内容介绍、模拟演练等。

(4) 按照委托方的时间要求在 30 天内完成调研及分析工作。

(5) 经费预算由项目经理与公司商议确定。

(四) 撰写市场调研项目规划书

项目组在策划好调研项目的实施方案后,需要撰写一份市场调研项目规划书。主要包括以下 8 项内容。

(1) 概要或前言。它概述规划书要点,提供项目概况。

(2) 背景。它描述和市场调研问题相关的背景。

(3) 调查目的和意义。它描述调研项目要达到的目标,调研项目完成产生的现实意义等。

(4) 调查的内容和范围。给出调研采集的信息资料的内容,调查对象范围的设定。

(5) 调查采用方式和方法。给出搜集资料的类别与方式,调查采用的方法,问卷的类型、时间长度、平均会见时间等,实施问卷的方法等。

(6) 资料分析及结果提供形式。它包括资料分析的方法,分析结果的表达形式等,是否有阶段性成果的报告,最终报告的形式等。

（7）调查进度安排和有关经费开支预算。

（8）附件。包括设计的问卷、调查表等。

（资料来源：http：//zh. wikipedia. org/wiki/澳门美食节，自行整理.）

案例分析题：

1. 作为澳门盛大的庆典活动之一，澳门美食节的主要目的是什么？

2. 请以案例中所述市场调研步骤为基础，结合你所在城市或者你的家乡所举办的某一个节庆活动，进行市场调研分析。

第四章

活动管理规划

引　言

　　随着各种规模不一、类型多样的活动受到各城市政府、企业和非营利性组织青睐，活动产业在中国蓬勃兴起。为了实现活动组织者的预期目标，保证活动对组织者的价值，如何对各类活动进行科学规划成为亟待解决的问题。所谓规划，是指一种使预定目标得以实现的有条理的行动顺序。对活动的概念、外部环境及组织机构等进行科学的规划是保障活动顺利开展的基础。在具体开始操作一个活动之前，组织者必须对一些基本问题了然于胸，例如，活动的概念有足够的吸引力吗；我们有什么资源，包括人力、资金及技术条件等；在当地社区有其他组织或个体愿意与我们合作吗，这些组织或个体可以是企业、非营利性组织或者政府机构。本章将讨论活动概念的形成、活动环境规划、活动组织机构设计的常用方法以及活动运作的核心要素，以期帮助读者从整体上把握一个活动。

学习要点

- 了解活动概念的含义及作用；
- 理解活动环境规划的具体内容和活动组织机构设计的常用方法；
- 掌握活动概念的设计策略、活动项目可行性分析的内容以及对活动运作核心要素的管理策略。

引入案例

大型赛事活动必须尽早规划

　　瑞士洛桑的 TSE 咨询公司于 2011 年 11 月发布了一份关于大型赛事周边环境的社会影响最大化的报告，研究报告引用了 2002 年曼彻斯特英联邦运动会、2010 年温哥华冬奥会、新加坡青年奥运会、南非世界杯和 2008 年在瑞士和奥地利觉醒的欧洲杯足球锦标赛等大型体育赛事作为参考样本。

　　研究报告称，这项研究的目的在于指导规划大型体育运动会怎样产生更大的社会影响力,这个报告的结果并不意味着全部详尽的情况,只是在某几个方面上取得一些成果。在所研究的赛事中,尽管涉及的体育项目不尽相同,但有几个重点一直贯穿其中,例如,在年轻人中的宣传,教育及文化的普及,搭建友谊桥梁和促进社会发展,而其中每一项的预算都高达数百万元。以 2010 年南非世界杯为例,"足球希望节"的目标之一是为南非当地的社区创造长期效益,在约翰内斯堡的亚历山德拉,由于一场足球比赛的进行,成为这个贫穷社区的一大节日。

报告还指出,尽可能早地提前规划是大型赛事成功的基本保障。"这是由于方案的成功往往需要多方面的配合,这是耗费时间和程序重头,往往需要花费数年,而不是在几个月内就可以实现的。因此,越早规划方案就越容易发挥潜力。"

（资料来源：http://sports.qq.com/a/20111116/000889.htm.）

第一节　活动概念的定义与设计

概念是活动管理规划的核心元素之一,它可以天马行空,没有想象上的限制,但在策划概念时必须综合考虑活动的目的、主题、场所、观众、可用资源以及活动策划团队的知识结构等因素(王永嘉,2005)。特殊活动都会经历一个从最初的设想,到概念的生成,再到概念策划以及概念实现这么一个循环往复的过程。

一、活动概念的含义与作用

值得注意的是,本章中所说的活动的"概念"不同于活动的"定义"。在营销学中,概念是指对企业、产品、服务甚至管理、营销理念等方面的特殊性的概括。概念可被分为两类:一类是提炼性概念,另一类是目标性概念,前者是指对产品本身具有的特殊优势的概括,后者是指对新产品所将具备的特殊优势的目标设定。对于活动规划而言,概念一般是指后者。

（一）活动的概念与卖点

活动概念是指用综合、通俗、简明的语言对活动的定位、品质、功能、特点、服务等方面的特殊的优势因素予以概括。这里面有两层意思:"综合、通俗、简明的语言"是概念的表达方式;"活动的定位、品质、功能、特点、服务等方面的特殊的优势因素"是概念的实质。

还有一点需要特别指出,在现实生活中,人们常常混淆"概念"与"卖点",其实两者既有联系又有区别。首先,概念跨越了活动策划与商业两个范畴,它既是活动策划的基本元素又是一种商业策略,而卖点则是一种纯粹的商业策略。其次,两者的外延不一样。概念必须是定位、品质、功能、特点、服务等方面所能带给活动参与者的利益,是活动本身所应具有的。概念反映了活动提供给参与者的核心利益和价值,因而也可以作为卖点,而卖点是围绕在活动概念之外的利益,这种利益是可以设计的,是活动的短期利益,活动主办方设计卖点就是为了阶段性地促进活动产品的销售与成长。与概念相比,卖点的范围更大,可以从很多方面去创造和突破,但卖点的设计和推广不能损害活动的核心概念。

在活动概念体系中还有一个重要的关键词——概念设计,它是指基于市场定位而提出满足目标客户需求的消费理念,即活动项目的主题。概念设计需要在活动规划、场地布局、氛围营造三个方面进行诱导设计,将活动的潜在最大价值发挥出来,同时运用成熟崭新的设计理念营造出一系列的卖点的过程。活动卖点形成的过程可以看作是概念设计的创意过程,在这个过程中要注意首尾呼应、目的一致。常见的创造性因素包括感官、主题、装饰布置、供应商、技术要求、娱乐与餐饮等(王永嘉,2005)。

 扩展阅读 4-1　上海世博会的主题演绎

自 1933 年世博会开始,每一届主办国都会提炼出一个全人类共同关注的主题,邀请来自世界各国最富创意的头脑设计最佳解决方案。能否把主题演绎好,成为办好每一届世博会的重要环节。同样,主题演绎也是筹备 2010 年中国上海世博会的核心工作之一,即把"城市,让生活更美好"这样一个抽象的概念,转化为具体而生动的实践形式,将主题变为世博园区内可见、可闻、可感的种种具体呈现的全过程。

上海世博会的主题演绎工作希望达成以下主要目标:一是提高公众对"城市时代"中各种挑战的忧患意识,并提供可能的解决方案;二是促进对城市遗产的保护,使人们更加关注健康的城市发展;三是推广可持续的城市发展理念、成功实践和创新技术,寻求发展中国家的可持续的城市发展模式;四是促进人类社会的交流融合和理解。

上海世博会的主题演绎工作以三个设问句作为起点:什么样的城市让生活更美好?什么样的生活观念和实践让城市更美好?什么样的城市发展模式让地球家园更美好?如何回答这三个问题首先涉及我们怎么看待城市,为此,综合海内外学术界和城市管理界的共识,上海世博会组织者设定了一个重要的前提——城市是一个有机的生命体。围绕这个前提,组织者提出了上海世博会的核心思想和哲学基础:城市是人创造的,它不断地演进演化和成长为一个有机系统。人是这个有机系统中最具活力和最富有创新能力的细胞;人的生活与城市的形态和发展密切相关;随着城市化进程的加速,城市的有机系统与地球大生物圈和资源体系之间相互作用日益加深和扩大。人、城市和地球三个有机系统环环相扣,这种关系贯穿了城市发展的历程,三者也将日益融合成为一个不可分割的整体。

最终,上海世博会将"城市,让生活更美好"的主题演绎为人、城市、地球、足迹和梦想 5 个概念领域,这为主办方策划核心展馆提供了清晰的线索,也为参展国家和组织树立了标杆。

(资料来源:吴宇,车蕾.上海世博会的主题演绎[N].新华网上海,2010-01-11.)

（二）活动概念的作用

1．通过概念使活动能够有效地满足市场需求

活动的成功策划有赖于对目标市场需求的正确判断，以及以比竞争者更有效的方式去满足活动参与者的需求。因此，概念策划应以对参与者的需求进行调研和分析为起点，其内容是发掘未被充分满足的需求以及由于人们生活方式的改变而引发的新的需求，进而在此基础上提出相应的解决方案，从布局、功能、氛围以及各种服务细节方面对活动进行改进。

概念策划的成果作为活动策划的一部分写入策划报告，以指导随后的活动场馆设计、活动平台搭建直至现场服务，这使得整个过程是由外而内的需求指导生产的过程，从而保证产品能够更有效地适应市场需求。例如，江苏卫视的《非诚勿扰》节目的概念，就巧妙地契合了当代社会广大受众的娱乐心理和参与心理的双向价值诉求。

2．以概括、形象、简单的方式来传递活动的优势信息

通过概括、形象、简单的用语将复杂的专业信息转译成活动参与者比较熟悉的东西，从而有利于观众更好地理解和接受你想要传达的活动信息，这是概念作为一种销售策略的主要作用。很显然，概括、形象、简单的概念在突出活动的比较优势，提高和谐程度，降低复杂性以及加强沟通等方面起着至关重要的作用，能够有效提高活动参与方对活动的接受率。因此，大多数活动的概念都是开门见山、直奔主题且通俗易懂的。

根据营销学的理论，一次新活动的接受率通常会受到以下几个因素的影响：①比较优势，即活动与现有同类型活动相比的优势。如果该活动的可察觉相对优势越大，被接受的速度就越快。②和谐程度，即活动与潜在的消费者的价值观和经历的适合程度。和谐程度越高，该活动被接受的速度越快。③复杂性，即活动在理解和参与方面的困难程度。容易理解和参与的活动往往能被市场更快地接受。④可分割性，即活动能被部分购买的程度，其实质是一种灵活性。⑤可沟通性，即活动的结果可能被观察、说明的程度。沟通性越好，越容易在消费者中迅速地传开。

3．向活动参与者传达概念主体的核心价值

活动概念的另外一个关键作用就是向参与者有效传达活动主办方的核心价值。以江苏卫视于2010年1月15日推出的《非诚勿扰》节目为例，该节目自开播以来，收视率不断攀升，截至2010年6月底改版前，共取得30多次全国同时段收视第一的佳绩。《非诚勿扰》之所以火爆，其中一个很重要的原因就在于它有一个很好的概念。"非诚勿扰"这四个字十分形象、简练地传达了概念主体的核心价值，也很好地迎合了观众的需求，找到了双方价值诉求的结合点。

4．可以为活动注入更多的文化元素

要实现活动概念的增值，必须具备两个条件：一是概念的各种承诺在活动中能够得以充分演绎；二是活动本身有着优良的品质，如果活动本身的品质不是优质，那么附加的概念也会失去意义。以奥运会为例，历届奥运会都有一个核心概念，并以这个为基础，通过开幕式、闭幕式、场馆布置等多个角度对这些主题进行演绎，从而为奥运会的举办增添了不少文化气息。例如，2012年伦敦奥运会的概念主题是"Inspire a generation"（激励一代人），2008年北京奥运会的主题是"同一个世界，同一个梦想"（One world，One dream），2004年雅典奥运会的主题是"Welcome To Home"（欢迎回家）。

二、活动概念的设计原则与策略

马克思说："人类高明于蜜蜂酿造蜂房的地方就在于，在酿造之前蜂房的概念已存在于头脑之中了。"活动管理规划作为一种智力活动的精髓正在于此。

（一）活动概念的设计原则

活动概念设计是将整个策划工作文件化、逻辑化、资料化和规范化的过程，它是对活动概念策划全部工作的总结和表述，用于活动的市场推广，并作为规划设计、空间布局、功能运营等工作的依据，也便于活动参与者做出正确的选择与决策。具体而言，活动概念的设计应当遵循如下原则。

1．优势性

所谓优势性，是指以市场为标准，而不是以企业或个人的喜好为标准。相对同一时期、位于同一区域内的竞争对手而言，自己要举办的活动在区位、交通、环境、场地、服务、价格等方面具有的可察觉的相对优势是活动概念的设计素材。

2．差异性

随着现代社会各式各样、种类繁多的活动不断举办，独具特色的概念才能超越同行和同类，这要求活动概念具有明显的差异性。它主要表现在两个方面，一是概念素材即优势因素的差异性，二是概念表达的差异性。例如，《中国好声音》具有与《超级女声》《快乐男声》完全不同的概念素材，《我是歌手》又具有与《中国好声音》截然不同的概念素材。同样，《非诚勿扰》能够在众多电视节目中脱颖而出，与其差异化的设计密不可分。与众多电视节目特别是婚恋类电视节目相比，其最大的差异化就在于先期挑选嘉宾。如何挑选出具有故事性、话题性以及善于表达、敢于表达的嘉宾是节目组一直致力的主要内容。

3．前瞻性

所谓前瞻性，是指对市场趋势的判断。前瞻性有两个方面的内容：一是发现新的活

动需求,因为活动策划公司、会议公司等的生命力在于不断发现新的活动需求,谁率先建立起可支配的活动资源与活动市场需求之间联系的纽带,谁就能占领市场。二是对未来一段时期内市场变化的科学预测。由于活动项目的开发周期长、不确定因素多,进行市场定位工作时,一定要综合考虑各种要素。

(二)活动概念的设计策略

1.确立一个核心思想

活动概念的主题若是含混不清或者经常变动,就不能给大众留下明确的印象,主题的意义也就凸显不出来。所以,一定要给概念确立一个核心的理念与思想,并且要求能够反映活动主办方提供给参与者的核心利益和价值。

2.围绕核心思想确定一个或多个主题

活动策划人员可以在一个核心理念和思想的统领下,针对构成活动的各种要素如规划布局、环境设计、公共建筑与配套服务设施、展台设计、服务品质等提出各自的开发主题。例如,2010年上海世博会围绕"城市,让生活更美好"的主题确立了人、城市、地球、足迹、梦想5个主题概念。

3.使主题富于表现力和感染力

目前用于传播活动概念的媒介主要有参观指南、参展手册、路牌广告、电视广告片、报纸杂志广告、网络广告等。在信息爆炸时代,这些媒介上的同类信息多得让人目不暇接,因此,表达活动概念的语言、文字、图片和动画等必须富有表现力和感染力,这样才能使得活动概念从众多活动中脱颖而出,吸引和打动参与者。

三、活动概念的未来发展趋势

一个可以不断出现"概念"的行业,往往是一个孕育着勃勃生机的产业。中国的活动产业拥有广阔的发展空间,可以预测,今后会有更多的活动概念涌现出来。然而,伴随着量的变大,概念的另一个发展趋势将会是质的提升,这主要体现在活动概念将逐步凸显活动参与者的价值、概念将包容其他利益、概念的策划更加科学、概念的使用进一步规范等几个方面。

(一)活动概念将始终体现活动参与者的多元价值诉求

随着社会生活水平的整体提高,中国的活动参与者(包括参与企业、观众等)将更加理性和成熟,这要求活动概念体现活动参与者的多元价值诉求并贯穿始终。这主要体现在两个方面:其一,随着人们需求的变化、审美的进步,对一些大型的赛事、节庆活动将会有选择地参加,在活动消费上将更加理性,这使得唯有那些符合消费者需求而且优势突出的活动才有卖点,才能被选中,这要求活动主办方不断提高综合素质。其二,消费者的自我保护意识增强,与此同时,媒体的社会舆论监督功能将进一步显现,这些因素的共同作用将促进大型活动的主办机构更加主动地考虑消费者的权益。

(二)活动概念策划将更加科学、丰富

随着策划理论更加成熟,加上新的技术手段和管理手段不断被运用到活动策划之中,活动概念的策划将更加科学和有效。具体而言,主要体现在以下三个方面。

一是活动概念策划与现代科学技术的结合。从根本上说,信息是策划之本,要掌握由大量信息构成的复杂系统,原先的经验型研究方法是不能胜任的,必须引入策划研究的现代科学方法。计算机的普及为现代策划开辟了新的前景,它使得控制论、信息论、系统论等综合学科运用于策划研究成为可能。二是活动概念策划从非程序化向程序化运作发展。程序化的策划是在策划科学的指导下,依据严格的逻辑推理和程序运作得出结论,尽管在策划过程中个人的经验、阅历等因素并未被完全排除,并发挥一定的作用,但策划的程序化能够有效地减少失误率,保障策划的择优性。三是活动概念策划从定性向定性与定量结合发展。现代统计技术的发展为策划提供了强大的数据统计和分析工具,使得策划人可以快速、低价地对大量的数据进行分析和综合。

(三)活动概念的使用将进一步规范化

不可否认的是,目前的活动产业中存在着严重的概念炒作和抄袭现象,这可能会暂时带来一定的市场效应,但从长远来看更多的是负面影响。简单的概念炒作甚至抄袭不仅会打击参与者的信心,还将直接危害到活动产业的价值,因为建立在广告宣传和庞大的营销攻势基础上的产业难以支持长久的发展。为此,活动主办方需要更多地通过规范化运作、形象建设等多种有效手段,以解决产业信任度低的问题,增强消费者的信心。概念使用的规范化主要体现在活动主办方提供的产品和服务的质量及标准应与概念中所承诺的相一致。

第二节 活动项目的可行性分析

根据 Watt 的活动管理过程模型(见本书第二章),在明确活动概念之后就应该开展可行性研究。对活动项目而言,可行性研究(feasibility study)的主要内容是分析某一活动的市场结构和前景,估算成本收益,并选定最优的项目运作方案。活动的规模和性质不同,可行性分析的内容和侧重点会有较大差异。

一、活动成功的关键

活动的可行性如何,要考虑主办单位是否有足够的能力,这包括曾经有成功举办特殊活动的历史,拥有强而有力的支持(包括人力、财务、政府或专业的支持),有相关的资源及助力,有适当的时间、地点及环境,有一定的竞争能力,有必备的专业执行力等,这些都是活动可行性分析的要素。

在实际操作中,有经验的活动策划人员通常会通过对影响活动成功的关键因素进行分析来探讨活动的可行性。概括而言,一次特殊活动能否取得成功的关键在于(Lynn,2004):

- 该活动项目是否是一个好想法;
- 我们是否具备必要的技能来计划并承办这次活动;
- 活动举办所在地是否支持;
- 我们在社区是否有足够的基础设施;
- 我们能否以合适(力所能及)的价格选择场地;
- 本活动项目是否能吸引观众;
- 活动是否能取得媒体的支持;
- 活动是否具有财务上的可行性;
- 衡量活动成功的标准是否合理;
- 举办该活动面临哪些主要风险。

二、活动项目的 SWOT 分析

对待每个活动项目,都要进行常规但重要的 SWOT 分析(Lynn,2004)。如果一开始就能对与活动及其组织者相关的优势(strengths)、劣势(weaknesses)、机遇(opportunities)和威胁(threats)进行简单的分析,将有利于形成科学的计划。对于活动项目而言,所谓 SWOT 分析,就是通过对活动项目及其组织者所具备的优势和劣势的分析来判断其竞争实力,通过对活动项目所处环境的机会和威胁的分析来判断其发展潜力。

(一)活动项目 SWOT 分析的主要内容

通过 SWOT 分析,不仅能对一个活动项目的竞争地位做出比较清晰、全面的判断,也可为制定其发展战略提供直接的思路。衡量活动项目发展战略是否合理的一个简单而有效的准则是:它是否能充分发挥优势,是否能及时抓住机会,是否能很好地克服劣势,是否能有效回避威胁。活动项目 SWOT 分析的主要内容见表 4-1。

表 4-1　活动项目 SWOT 分析的主要内容

主 要 内 容		评估的关键性标准	备　　注
外部机会	经济环境	经济稳步发展	包括活动主办机构、参展商和观众所在国家和地区
	社会文化环境	社会文化习俗不会影响计划中的活动项目	
	政治法律环境	政治稳定,政府积极鼓励发展某产业,且相关法规健全	
	技术环境	能为项目开发创造新的机会	例如新技术在活动管理与服务中的运用
	产业发展水平	产业发展空间大、势头良好	
	竞争状况	同主题的活动很少	
	潜在参与企业和观众	潜在参与企业(包括参展商、赞助商、供应商等)和观众的规模足够大	
	举办地优劣势	举办地具有很强的辐射能力	
外 部 威 胁		—	主要参照"外部机会"指标
内部优势	活动主办机构的实力	资金、人力充足,且在业内享有较好的口碑	
	对行业的熟悉程度	熟悉活动项目所在的行业	
	活动项目定位	定位明确且有吸引力	
	活动价格	门票、参展费用等价格具有竞争力	基于控制成本等正当原因
	现场服务水平	服务专业、周到	
	与服务商的关系	与一批服务专业的供应商有着长期的良好合作关系	
	与代理商的关系	代理商态度端正、工作积极	
	与社会公众的关系	与政府、媒体甚至社区公众等保持着良好的关系	
内 部 劣 势		—	主要参照"内部优势"指标

（二）基于 SWOT 分析的对策

SWOT 分析模型为活动项目经理提供了一种战略分析框架,指出战略分析要关注内部的优势、劣势以及外部的机会、威胁,并组合出 SO、WO、ST、WT 4 种战略(图 4-1)。然而,此模型不能动态反映 S、W、O、T 四要素变化所带来的影响,因而许多人在进行 SWOT 分析时得出的结论比较片面(王振华,2005)。

SO 战略 发挥内部优势 利用外部机会	WO 战略 改进内部劣势 利用外部机会
ST 战略 发挥内部优势 回避外部威胁	WT 战略 改进内部劣势 回避外部威胁

图 4-1　基于活动项目 SWOT 分析的对策

尽管 SWOT 分析模型存在明显的缺陷,但它仍不失为一种分析活动项目竞争力的好方法。在使用这种方法时,策划人员应该对影响活动举办的外部环境和主办机构实力的相关因素进行动态调整或者做出科学预测,这样所做的决策才能更合理,并有利于长期培养一个活动品牌。毕竟,知己知彼,方能百战不殆。

三、活动项目的财务分析

预算分配(budget allocation)是规划任何活动项目的基础工作之一,其主要依据包括本次活动的预计成本、活动组织者的以往经验以及供应商的具体报价。不同性质的活动,预算方式也有所不同。例如,对于公司,往往是对预算期内(一般为一年)要举办的各种活动制定一个总预算,然后合理分配给每次活动。非营利性组织举办的活动,预算的依据主要是活动的成本,或者稍有盈余,则用于下一次活动的启动工作。政府举办的活动,则以上两种预算方式都可能采用。

因此,活动项目财务分析的第一步是确认此次活动是想要盈利,还是保证收支平衡。无论是何种类型的节事活动,在草拟预算管理时都应注意必须显示预计收支,并准备用活动结束后的资产负债表来显示实际的收支情况。

(一)固定成本和变动成本

活动的花费分为两种基本类型,即固定成本和变动成本,其衡量标准是是否会随着参加人数的变化而变化。另外,无论预算表准确与否以及费用控制得有多好,都将会有意料之外的支出,例如,涨价、工作进程或演讲人变动等,这部分的预算一般在 10% ～ 15% 。

不论参加人数是多少,固定成本都是一样的,主要包括:

- 场地设施费;
- 演讲者酬金,差旅费和支出;
- 营销推广费用(包括宣传手册、邮寄广告、新闻稿、广告、记者招待会);
- 行政费;
- 视听费;
- 租用费(如家具、设备与灯光);

- 展出费；
- 服务费(包括电话和全体服务人员的工资等)；
- 路标、鲜花以及其他用来制造气氛的项目；
- 运输费；
- 保险费；
- 审计费；
- 贷款利息或透支；
- 其他费用。

与固定成本对应,变动成本随活动参与人数而浮动,主要包括：

- 餐饮,茶歇；
- 住宿；
- 娱乐；
- 会议装备(如资料印刷、邮寄、文件夹、徽章等)；
- 代表礼品费；
- 保险费。

 扩展阅读4-2　公司会议预算的基本框架

Fisher(2000)基于固定成本和变动成本的划分,提出了一个公司会议(corporate conference)预算的一般框架,如表4-2所示。

表4-2　公司会议预算的基本框架

成　本　类　型	大　致　比　例
固定成本 1. 研究、策划和演讲嘉宾 2. 邀请、营销与设计 3. 会议室 4. 代理费 5. 引导标示 6. 安全、停车安排 7. 卡巴莱歌舞表演、娱乐 8. 报到注册成本 9. 电话、传真、办公室等费用 10. 雨天装备 注:项目1往往占到总成本的25%左右	35%

续表

成 本 类 型	大 致 比 例
变动成本 1. 正餐,茶歇 2. 酒水(正餐和茶歇期间) 3. 住宿 4. 旅行 5. 文印材料(与会代表用) 6. 礼品(按餐桌或房间) 7. 搬运,代表停车 8. 活动 9. 酒吧酒水 10. 保险,增值税	50%
风险管理成本 1. 通常应准备10%的预算来处理各种意外事故 2. 如果在境外举办活动,还要考虑到汇率变化	15%

(资料来源:John G. Fisher. How to Run a Successful Conference. 3rd edition. Kogan Page,2000.)

(二)盈亏平衡分析

盈亏平衡分析(break-even analysis)是指导活动组织者制定价格的有效工具。所谓盈亏平衡点(break even point),又称保本点、盈亏临界点或零利润点等,是指达到一定水平的销售量,主办方的收入便足以承担活动的各项支出,它往往表现为活动的参与人数或赞助金额等。计算保本点时,要综合考虑固定成本和变动成本。

盈亏平衡分析可以对活动项目的风险情况以及活动项目对各个因素不确定性的承受能力进行科学的判断,从而为活动主办方提供决策依据。其计算方法比较简单,按实物单位计算,公式为:盈亏平衡点＝固定成本/(单位产品销售收入－单位产品变动成本)。按金额计算:盈亏平衡点＝固定成本/(1－变动成本/销售收入)。如图4-2所示。

以一次国内会议为例,如果举办该会议的固定成本是86 000元,每位与会人员的会务费是850元,每多接待一个人的变动成本为500元。本次会议盈亏平衡点的与会人数为86 000/(850－500)＝246(人)。

(三)现金流预测

编制活动的现金流预测表(cash-flow forecast form)是一种业内普遍认可的财务预

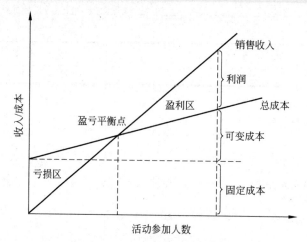

图 4-2 活动的盈亏平衡示意图

算方法，它有利于活动组织者整体把握活动管理过程中的财务状况，并提前注意可能出现的财务问题，特别是现金流转问题。Maitland（1996）提出了一个活动管理的现金流预测表模板，如表 4-3 所示。

表 4-3 某次会议的现金流预测表   单位：元

时间 收支情况	1月			2月			……
	估计	实际	差额	估计	实际	差额	……
收入：							
注册费							
赞助							
合作伙伴							
其他							
总收入							
支出：							
场地租赁							
住宿							
演讲嘉宾/合作伙伴							
会议宣传							
外部服务（如 DMC、PCO 等）							
彩排和筹备成本							
社交活动							
其他支出（包括税收、危机处理等）							
总支出：							

（资料来源：Rogers T. Conferences and Conventions：A Global Industry. 3rd edition. Routledge，2013.）

扩展阅读 4-3 展览项目可行性研究的主要内容

所谓展览项目可行性研究,就是对展会是否可行做出系统的评估和说明,并为最终完善该展会的立项策划及各种具体执行方案提供改进的依据和建议。基于此,展会项目可行性研究报告应主要包括以下内容。

一、市场环境分析

1. 宏观市场环境

包括人口环境、经济环境、技术环境、政治法律环境、社会文化环境等。

2. 微观市场环境

包括办展机构内部环境、目标客户、竞争者、营销中介、服务商以及社会公众等。

3. 市场环境评价

SWOT 分析法,即内部优势、内部劣势、外部机会、外部威胁分析。

二、展会项目生命力分析

1. 项目发展空间

即分析举办该展会所依托的产业空间、市场空间、地域空间、政策空间等是否具备。

2. 项目竞争力

包括展会定位的号召力、办展机构的品牌影响力、参展商和观众的构成、展会价格及展会服务等。

3. 办展机构优劣势分析

三、展会执行方案分析

1. 对计划举办的展会的基本框架进行评估

具体包括:

- 展会名称和展会的招展范围、展会定位之间是否有冲突;
- 办展时间、频率是否符合所在产业的特征;
- 展会地点是否适合举办相关主题、产业的展会;
- 展会所在行业是否可以举办如此规模和定位的展会;
- 展会办展机构能否在计划的时间内举办如此规模和定位的展会;
- 办展机构对展会所在行业是否熟悉;
- 展会规模与定位之间是否有冲突。

2. 招展、观众组织和宣传推广计划评估

- 招展计划评估

- 观众组织计划评估
- 宣传推广计划评估

四、展会项目财务分析

1. 价格定位

2. 成本预测

举办一个展会的成本费用一般包括：

- 会展场馆费用。即租用场馆及由此而产生的各种费用，包括场馆租金、空调费、保安保洁费、加班费等。
- 搭建费用。即主场搭建、会场布置、地毯铺设费用等。
- 展会宣传推广费。包括广告费、展会资料设计及印刷费、新闻发布会、网站建设等费用。
- 招展和观众组织的费用。
- 相关活动的费用。包括技术交流会、研讨会、展会开幕式、嘉宾接待、招待酒会、礼品等费用。
- 办公费用和人员费用，包括请展会临时工作人员的费用。
- 税收。
- 其他不可预测的费用。

3. 收入的预测

举办一个展会的收入一般包括：

- 展位费收入；
- 门票收入；
- 广告和企业赞助收入；
- 其他相关收入。

4. 盈亏平衡分析

5. 现金流量分析

- 净现值分析；
- 净现值率分析；
- 获利指数；
- 内部收益率。

五、风险预测

包括市场风险、经营风险、财务风险和合作风险。

六、存在的问题

包括通过以上可行性分析发现的展会项目立项存在的各种问题,研究人员在可行性分析以外发现的可能对展会产生影响的其他问题等。

七、改进建议

根据展会的办展宗旨和办展目标,针对上述问题,提出具体的改进建议,指出要办好该展会所需要具备的其他条件和需要努力的方向。

(资料来源:王春雷,陈震. 展览项目管理:从调研到评估[M].北京:中国旅游出版社,2011.)

第三节 活动的环境规划

任何活动的策划与运作都要基于一定的政治、经济、文化环境,因而一次大型活动往往与社会的方方面面有着千丝万缕的联系。活动管理与环境之间的关系可以分为两个方面:一方面,各类节庆、赛事、会展等活动,无论大小,总是能对当地环境产生一定影响,大型活动对环境的影响更为广泛和深远;另一方面,活动的运作与管理也必然要受到环境条件的制约。在分析评估各类活动对环境的综合影响时,我们需要重视和发挥活动的正面影响,但也不能忽略活动可能产生的负面影响。要时刻注意,在大众媒体发达、信息传播迅速的当今社会,大型活动运作中的任何失误都有可能被公众传播和扩大,甚至演变为灾难。

一、环境对活动管理的影响

我们通常会将一次活动策划与组织的成败归结于管理者的能力与素质,并想当然地认为,管理者的决策和行动决定了活动组织效率的高低和效果的好坏。其实,我们更应该看到,各类节庆、赛事以及会展活动的策划、运作与管理总是处于特定的环境之中,并受到许多无法控制的因素的制约。这些因素既有来自于外部环境的制约力量,如社会经济、政府政策、行业情况等,它主要由对活动运作效率和效果产生积极或消极影响的关键利益相关者构成,一般包括活动的组织机构、举办地政府、观众、赞助商、媒体、供应商、竞争者等;也有来自内部的制约力量,如节庆、赛事等活动的历史传统、活动管理机构的性质、财务状况、组织文化、人力资源、前任运作管理者的决策等。

图 4-3 反映了活动的管理总是受到内、外部环境各种条件的约束,但活动管理者能在相当大的范围内,通过自身的主观能动性,做出有利于发挥活动正面影响、创造活动综合效益的决策和行为。

图 4-3　内、外部环境对活动管理的影响

　　而且,活动内、外部环境的各种制约条件不是一成不变的。活动管理者可以向这些制约条件施加影响,使它们向有利于活动运作的方向发展,从而尽可能地实现活动经济效益和社会效益的统一。

二、活动的环境规划策略

　　所谓活动的环境规划,就是要科学、系统地分析所举办活动的内、外部环境因素,找出有利因素,灵活运用,同时要有效地避开不利因素,以实现活动经济效益、社会效益的平衡发展。根据上述对活动环境的分类,活动的环境规划应该从两个方面展开:内部环境规划和外部环境规划。

(一)活动管理的内部环境规划

1. 所举办活动的历史情况

　　对所举办活动的历史情况进行了解,既是申办活动前开展可行性研究时必不可少的环节,也是活动申办成功之后仍需深入开展的工作。对所举办活动历史情况的深入了解和准确分析,有助于借鉴该活动在过去筹办过程中的经验和教训,更为重要的是,使活动运作能够保持其一以贯之的文化传统,有利于把握和进一步挖掘该活动的核心价值,提高活动运作的综合效益。

　　对活动历史情况的分析是以时间为维度,对历史数据、资料进行的比较分析。对这类数据的分析有助于透过表面现象,挖掘各届活动在运作管理中的经验和教训,从而给本次活动的举办提供一定的借鉴。主要内容包括:

　　① 活动举办时间;

　　② 举办活动的初衷;

　　③ 活动举办的届数;

　　④ 历届活动举办的地点;

　　⑤ 历届活动的组织结构(主办单位、承办单位及其职责划分,活动运作管理机构的部门设置等);

⑥ 历届活动的主要项目；

⑦ 历届活动参会人员、参展商等的数量、构成、水平；

⑧ 历届出席活动的政府官员的级别；

⑨ 历届观众的数量及人口特征（年龄、性别、区域等构成）；

⑩ 历届活动收入的构成比例（财政、赞助、捐赠等）；

⑪ 历届活动的支出情况（各职能领域的投入数额、比例等）；

⑫ 历届活动的媒体报道情况（媒体数量、媒体类型、媒体区域分布等）；

⑬ 历届活动市场开发情况（门票销售、商业赞助、电视转播权销售等）；

⑭ 相关重大活动情况（开幕式、闭幕式、表彰等）；

⑮ 历届活动的重大安全事故情况（类型、次数、损失等）；

⑯ 历届活动的其他重要情况。

在分析过程中还应当把握两个原则：一是要遵循活动发展的一般趋势。以大型体育赛事为例，通过对历史数据的分析，了解该赛事活动的观众数量呈现何种趋势与哪些特征。对活动发展趋势的把握，有助于对本届活动的举办情况进行预测，也是制订本届活动总体计划及各项工作方案的基础。二是应特别注意历届活动中出现的特殊数据，并探索出现这些数据的背后原因。

2. 活动运作机构的基本情况

运作机构自身的情况会直接影响活动管理的决策和行为，任何活动的运作都受到运作机构自身人力、物力、财力和文化的影响。对于活动运作机构的情况，需要从如下几个方面进行了解。

（1）机构性质

机构性质会直接影响到活动目标，不同性质的活动组织机构在活动管理战略的选择方面侧重点也有所不同。一般地，政府机关较多地承担一些公益性活动，注重活动所带来的社会效益；而企业以实现利润最大化作为主要目标，故而较多地承办一些商业性活动。因此，在进行环境规划的过程中，我们有必要知道活动运作管理机构是政府机关、事业单位，还是企业或者社会团体；运作管理机构受谁管理，向谁负责；如果是企业，是国有性质、集体性质，还是民营性质；是独资、合作，还是股份制。

（2）财务状况

财务状况指活动主办机构的资产、负债、现金流、盈利水平等。企业的财务状况会直接影响到活动的运作效率和最终效果。例如，某家民营企业在制订活动的营销计划时，虽然有良好的营销思路和策划方案，但可能会受制于现金流，而由于企业性质难以获得银行贷款或者其他途径的融资，而无法有效执行既定的活动计划。

（3）人力资源

在活动管理机构的人力资源状况方面，需要了解的内容包括人员数量、性别、年龄、学历、工作技能、职业经历、薪酬水平、绩效水平等因素。一般地,活动管理机构中有多少从事过同等规模活动的工作人员,他们在过去的活动管理经历中是否属于一线工作者,或者中层管理者,还是高层管理者,这些因素将直接影响管理机构是否需要补充人力资源,向外招聘、借调人员或者聘请咨询顾问等。

(4)组织文化

组织文化分析也属于活动管理内部环境规划的一部分。活动管理机构的组织文化是开放,还是保守,是倾向于集权,还是重视授权;是竞争还是合作;是强调手段,还是强调结果;是鼓励承受风险,还是力求稳健;是以事为中心,还是以人为中心等问题都会直接影响到活动运作的效果。例如,在一个集权文化的活动管理机构中,为了提高工作效率而改变工作流程,授予一线工作者更多自主权,却可能得不到这些人员的信任,这些员工仍按照他们所习惯的"事事请示汇报"的方式运作。

(二)活动管理的外部环境规划

活动管理机构所面临的外部环境可以分为一般外部环境和具体外部环境。因而,在进行环境规划时,也应该将两者区分开来进行阐述。

1.一般外部环境规划

一般外部环境所包含的要素主要有经济环境、人口环境、政治法律环境和社会文化环境等。

(1)经济环境

经济环境是进行活动外部环境规划时需要着重考虑的要素之一。总的来说,经济越发达的地区,所举办的活动越多,档次也越高。经济环境主要由经济体制、经济发展水平、社会经济结构和宏观经济政策 4 个要素构成。目前,我国在经济体制、产业结构等方面都面临着诸多问题,经济发展总体水平还不高,居民的总体收入水平不高且不均衡,用于活动的支出还较少,居民参与各种活动的意愿和消费方式还有待改进。

(2)人口环境

活动运作的人口环境主要指活动国家或举办地区的人口总量、人口素质、人口结构、人口分布等。人口总量直接决定了该地区对各类活动的需求量;人口的性别和年龄结构则在一定程度上决定了活动的需求结构;人口的教育水平则会直接影响活动的品位以及活动人力资源的供给等。针对某项具体的活动,人口环境分析应当细致深入。例如,在某地举办大型的体育赛事,就应当掌握该地区从事体育活动的人口总量、年龄结构、地理分布、家庭组成及人口性别等,并对当地经常从事身体锻炼、身体娱乐,接受体育教育,参加运动训练和竞赛的社会群体进行分析。

(3)政治法律环境

所谓政治法律环境,是指一个国家或地区的政治制度、体制、方针政策、法律法规等方面,是活动能否得以顺利开展的先决条件。我国的政治气氛安定,政策相对稳定,但政治体制中也存在着不适应社会发展的问题,政治体制改革始终是热点与难点,也是我们在对活动的政治环境进行分析时应该把握的重点。同时,还需要及时掌握国家、政府关于会展及节事活动产业发展的最新政策动向。对活动运作的法律环境进行分析时,需要着重分析与活动运作密切相关的经济法律法规及行业性的法规文件,并详细了解与活动运作联系紧密的行政管理执法机关的职能职责。

（4）社会文化环境

社会文化主要是指一个国家、地区的民族特征、价值观念、生活方式、风俗习惯、宗教信仰、伦理道德、教育水平、语言文字等的总和,它能为活动的运作与管理创造良好的外部条件。文化的基本要素包括哲学、宗教、语言与文字、文学艺术等。对社会文化环境进行分析的最根本目的是将社会文化内化为所举办活动的自身文化,使活动的运作管理符合举办地的社会文化核心价值。

例如,荷兰对同性恋者的友好和包容态度在国际社会上广受赞誉,该国也是世界上第一个立法承认同性婚姻的国家。阿姆斯特丹同性恋者水上大游行（Gay Parade）于每年的七月末八月初在荷兰阿姆斯特丹王子运河上举行,它充分体现了荷兰的开放精神。

2. 具体外部环境规划

（1）举办地政府

举办地政府是大型活动的核心利益相关者之一。一方面,因为各类活动尤其是大型活动对举办地的经济、政治、文化等各方面有不同程度的影响,政府对当地各类大型活动的举办一般都会给予不同程度的关注、支持和监控,甚至对一些特别重要的活动进行直接管理。另一方面,由于目前我国的活动市场尚不成熟,还无法完全依靠市场自身的力量进行调节,在很多方面都需要政府政策的支持。举办奥运会、世博会等重大活动还涉及场馆建设、市政交通、社会安全等诸多方面,这些都需要在政府支持下才能顺利完成。

（2）观众

观众是各类活动最直接的客户,其数量和结构在很大程度上决定了所举办活动的影响力和商业价值。另外,很多商业活动、节庆活动和体育赛事的费用都由赞助商支付,它们之所以这么做,是因为它们相信这些活动能带来足够的观众和关注者,从而能为自己的产品和品牌提供一个非常好的平台。如果忽略观众的需求与利益,将会严重影响活动的质量,赞助商也将不再愿意赞助该活动。

（3）媒体

我们的日常生活离不开媒体,一方面,传统媒体如报纸、杂志、有线电视、卫星电视等蓬勃发展;另一方面,互联网、3G手机等新兴媒体日新月异。媒体的网络化和数据传播的即时化使文字、声音、影像的传输瞬间得以实现,"地球村"正逐步成为现实。大众可以通过电视、电台、网络、报纸等媒体,全方位地接触和了解各类节庆、赛事和展会活动等的相关信息。媒体在活动中所发挥的重要作用及影响,使得活动的运作管理者将媒体作为重要的利益相关者来考虑。它们既能为活动的举办提供宝贵的信息资讯和传播路径,也能为谋求共同利益展开合作。

（4）供应商

活动的供应商是一个内涵和外延相当广泛的概念,它可能包括场馆、设备供应商、广告服务商、演出公司、电信服务商等。活动运作管理机构寻求以尽可能低的成本来保证所需各种产品或服务的持续稳定供应,而供应商通常是出于盈利需求向活动运作管理机构提供这些产品或服务。互利互惠是达成和保持合作关系的前提,双方的权利和义务通常都需要以合同的形式进行明确的规定。因而,在进行活动的环境规划时,应将对供应商的评估与分析纳入考察的范围,对供应商进行审慎选择,并注意相关法律风险的防范。

（5）竞争者

竞争者是活动运作中比较特殊的环境因素,它很少会给活动的运作与管理带来直接的正面影响,但活动运作机构却不能忽视这一特殊的环境要素;否则,将引起负面影响,甚至会付出惨重的代价。例如,与体育赛事在同一城市同时举行的其他大型活动,尽管不一定是体育赛事,却应该被定位为体育赛事的竞争者,因为它们会在观众、媒体、赞助商和政府支持等各方面争夺有限资源,是一种绝对不可忽视的环境力量。因此,赛事运作管理机构必须时刻留意竞争者的策略和动向,并及时采取对策。

在对活动的外部环境进行规划时,除了上述几个关键要素之外,针对具体的展会、赛事和节庆活动以及参展商、赞助商、参会者等不同的主体,需要具体情况具体分析。正是因为活动对环境有着诸多影响,而环境又无时无刻、无处不在地制约着各类活动的举办,在选择和举办各类活动时,必须用客观、系统、动态的观点去权衡和决策。

第四节　组织机构的设立与人力资源管理

对活动管理者来说,如何使组织现有的各项资源包括人、财、物等,围绕企业经营目标有效营运起来是其面临的重要问题之一。合理而高效的组织形式特别是对人力资源的有效开发是确保活动正常运行的前提条件,活动质量如何、效率如何、效益如何都与组织工作的开展密切相关。

一、活动组织机构的设立原则

有效率的组织通常具备整体性、实现性和反应快速等特点,即必须确保员工心理上的统一和力量上的凝结;必须做到为员工创造一个最佳的内部环境,员工关系达到协调一致;必须做到内部信息畅通,以提高企业经营效益,确保企业经营活力。

活动组织机构的设计应遵循目标导向、分工协作、控制跨度、有效制约和动态适应等几个基本原则。其中,目标导向是指活动管理应按照项目管理的原理和方法,"以任务建机构,以任务设职务,以任务配人员"。同时要根据员工具体情况,适当调整职务的位置,以利于发挥每一位员工的主观能动性。动态适应原则要求活动组织机构以动态的眼光看待环境变化和组织调整问题,当变化的外部环境要求组织进行适度调整时,组织要有能力及时做出相应反应。

二、活动组织结构的类型选择

活动主办机构在进行组织结构设计时需综合考虑活动发展战略、活动性质、技术要求、活动组织者的实力以及外部环境等多种因素,从而构建符合活动管理需要的组织结构模式。其中,组织结构模式是指组织中相对稳定和规范的工作关系模式,如工作任务如何分工、配合等。虽然受诸多外部与内部因素影响,不同活动运作机构有不同的组织结构形式,但主要类型有以下两种。

1. 职能式组织结构

职能式组织结构最早是由"科学管理之父"泰罗提出来的。这种组织结构模式授予各职能部门一定的指挥和指导权,允许它们在自己的业务范围内对下属部门实施此项权力。一般地,单一业务和主导业务的活动运作企业(即企业主要在一个行业领域中经营),适合采用职能式的组织结构。其优点是有利于加强各部门的业务监督和专业性指导,使各职能部门注意力集中,便于高效率完成本部门职责;缺点则在于常常出现多头指挥,而使得执行部门无所适从(见图4-4)。

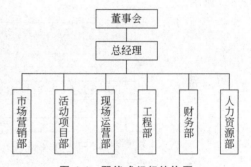

图4-4 职能式组织结构图

2. 项目式组织结构

因为每一次活动就是一个项目,而且每次活动的特点和要求不一,很难完全标准化,因而在现实生活中,策划和组织活动时大多数主办单位都会采用项目式组织结构。在项目式组织里,管理每个项目就如同一个微型公司那样运作,把完成项目目标所需的所有资源完全分配给这个项目;项目经理对项目团队拥有完全的项目权力和行政权力(图4-5)。这种组织结构的最大优点是能够最大限度地利用各种资源,保证在既定的时间和预算范围内成功地完成项目。

项目式组织结构也存在明显的缺点。首先,由于多个同时进行的项目存在任务上的重复,因而容易造成重复劳动。其次,由于资源不能共享,某个项目专用的资源即使闲置不用,也很难用于另一个同时进行的类似项目。此外,不同项目团队的成员不能很好地共享知识或专业技术技能,因为每个项目团队都是独立的,团队成员完全效力于自己的项

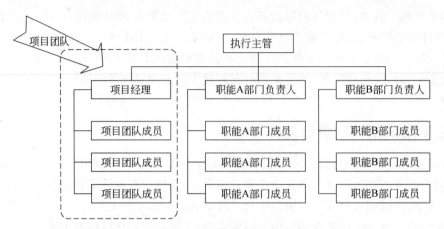

图 4-5 项目式组织结构图

目。因此,项目式组织结构没有职能部门那种让员工进行职业技能和知识交流的场所。

很多大型活动的组委会都采取项目式的组织结构(或矩阵式的组织结构)。例如,"中华全国高校职场之星系列活动"组委会属于比较典型的项目式组织结构,其组织结构如图 4-6 所示。

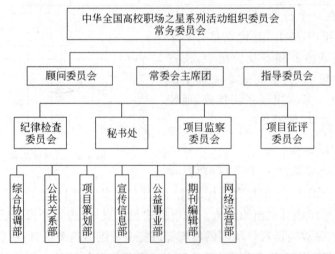

图 4-6 "中华全国高校职场之星系列活动"组委会组织机构图

三、组织部门设计

活动组织机构的职能部门划分是依据活动举办期间的不同工作任务所做的具体安排。这种划分应该既考虑部门划分的科学性,又兼顾活动服务的质量与效率。一般来说,活动组织机构的常见职能部门有：

（一）策划部

策划部是活动运作企业的基础部门，其主要工作是制定活动工作方案，安排人员的责任范围、工作进程及费用支出等。特殊活动是一项复杂工程，详细而合理的策划工作是保证各方人员按时、按质、按量完成各项工作必不可少的环节之一。可以说，活动策划是组织举办活动的核心工作。

（二）业务部

业务部是活动运作企业的重要部门之一，战斗力强的业务部能激发企业活力，推动企业进入良性循环。业务部的主要职责是招商，即联系和招徕赞助商、活动参与企业等。以展览公司为例，其具体工作包括招展宣传、选择参展商、组织买家等，除此之外，还包括展品运输、展台设计与施工等工作。

（三）宣传推广部

宣传推广部主要负责新闻宣传、广告策划实施、公共关系等。其中，宣传工作是活动取得成功的基础保证，主要手段有公关活动、媒体广告、印发资料等。公关的主要目的是争取与活动有关单位的理解与支持，特别是争取得到新闻媒体、政府机关等影响力比较大的单位的认可与帮助。

（四）信息部

信息部负责活动的通信、网络数据的租赁业务，活动运作企业信息系统的规划、建设与维护，应用软件及办公电脑、耗材的采购与管理，同时还负责企业内部的通信系统以及网络的建设与保障等工作。

（五）运营部

运营部包括对活动准备工作的管理、活动现场管理、活动后续工作的管理以及活动整体评估工作管理等。运营部与业务部都是实战工作部门，如果说业务部的工作主要在活动举办之前的话，那么运营部则主要集中在活动中与活动后。

（六）工程部

工程部负责与活动有关的各项基建工作，例如，活动场地所属各建筑物、构筑物、道路及各类管线的维修和养护；负责各类设备的日常管理工作；保证在经营及活动期间所有服务设施正常运行，如场馆内的装修和陈设、水电、音响系统、空调系统、电话等。

（七）财务部

财务部的主要职责是协助活动组织机构的决策者搞好经营核算，控制经营费用，使活动获得最佳经济效益。

（八）人力资源部

人力资源部是负责企业员工招聘、培训、激励和考核的部门。它是确保活动组织机构在任何时候、任何地点、任何情况下都能找到合适人选的主要部门。

（九）保安部

保安部的主要职责是维护会议或展览等活动现场的良好秩序，确保活动环境安全，因而也是举办活动时不可或缺的部门之一。

以上部门是依据一般活动正常运作的需要来设立的，在实际工作中，活动组织机构应充分考虑自身情况，名称可有所不同，部门多少也可灵活处理。

四、人力资源管理

活动组织机构的人力资源管理就是通过建立一个人力资源规划、开发、利用与管理的系统，帮助实现活动的预期目标，提高活动组织者的竞争力。活动人力资源管理是一项十分复杂的系统工程，主要包括以下几个方面的内容。

（一）人力资源规划

通俗地讲，所谓人力资源规划，是指确定组织对人力资源的需要以及确保组织在恰当的时间里在恰当工作岗位上有相当数量的合格人员的过程。也可以说，人力资源规划是把人员的供给（包括内部和外部）在给定的时间范围内与组织预期的空缺相匹配的系统。人力资源规划的实施步骤为：

① 确定组织目标对组织中具体工作的影响；

② 确定实现目标所需要的技能和知识（对人力资源的需求）；

③ 根据目前的人力资源确定追加的人力资源需求（净人力资源需求）；

④ 开发行动计划满足预期的人力资源需求。

通过确定活动管理公司的人员需求，人力资源规划可以帮助活动经理根据规划要求招募公司未来一段时间所需的人员。合理的人力资源规划有利于员工的培训与发展，例如，许多展会组织者都根据人力资源规划对员工进行复合技能培训，以提高员工的技能水平，并使他们具备胜任多种岗位的能力。

（二）工作分析

工作分析是确定并报告与活动的某一项具体工作的本质相关联的有关信息的过程，它能明确工作所包含的任务以及工作承担者成功地完成任务所需的技能、知识、能力和责任。因此，工作分析是所有人力资源职能的基础。在进行工作分析时，要列出所包含的工作任务并确定成功完成这些任务所必需的技能、个性特征、教育背景和培训。表 4-4 说明了通过工作分析可以获得的一般信息。

表 4-4　工作分析提供的一般信息

信 息 类 别	信 息 内 容
工作名称和位置	工作名称和所处的位置
组织关系	对所督导人员数量（如果有）和所督导职位名称的简要说明
与其他工作的关系	描述和概括工作所需要的协作
工作概要	对工作内容的简要说明
关于工作要求的信息	通常包括设备、工具、材料、智力上的复杂性以及所需的注意力、身体要求和工作条件等方面的信息

工作分析不仅涉及对工作内容的分析，也涉及对分析结果的报告，这些通常以工作说明书和工作规范的形式呈现出来。表 4-5 概括了活动管理工作说明书中通常包含的信息；表 4-6 列出了美国的会展职位及其相应的工作职责。

表 4-5　活动管理工作说明书的内容

工作说明书是一种正式的书面文件，通常 1～3 页，主要包括以下内容：
• 编写日期
• 工作状况
• 职位名称
• 工作概要（工作职责提要）
• 工作职责和责任的详细清单
• 所受监督
• 重要联系
• 要参加的有关会议和需要归档的报告
• 能力或职位要求
• 所需的教育和经验
• 职业流动（工作承担者以后可以胜任的职位）

（资料来源：Delapa J A. Job Descriptions that Work[J]. Personnel Journal，1989：156-160.）

表 4-6　美国的会展职位与工作职责

职　位	工　作　职　责
展览经理	主要负责指导和管理展商活动,包括销售和促销活动
展会主管	主要负责展会的计划、组织和管理工作,包括制定预算、选择场地、与场地出租者进行协商以及监督展台销售
会议主管	主要负责会议计划、组织安排、开发、选址和会议预算,与场地出租者进行协商以及协助演讲人
一般展会工作人员	协助展览经理的管理工作,向参展商提供服务,包括编制参展商名册和协助展会现场管理
一般行政管理人员	负责市场营销、登记和审核协会成员资格
会展策划师	从事会展的市场调研、方案策划、销售和运营管理等相关活动,负责会展项目的市场调研,进行项目立项、招商、招展、预算与运营管理等方案的策划,项目销售以及现场运营管理
会展设计师	根据品牌特色和客户要求选展和布展,包括现场观察展位位置,构思展位主题、展览形式,设计制图,安排场地布局,并能现场指导安装人员以及展览礼仪的企划等
会展项目经理	是行业内有多年从业经验的会展项目负责人,主要职责为承接会展项目,负责所承接项目的组织、实施,完成部门下达的创收指标等工作。研讨专题项目运作,包括项目策划、招商、观众组织和现场实施
会展客户/销售经理	负责国际展会的咨询、销售、后续服务以及相关商务的联系接洽工作

（资料来源：美国国际展览与事件管理协会（IAEE）官方网站.）

（三）人员招募与选拔

人员招募是指寻找和吸引能够从中挑选出胜任工作空缺的合格候选人的人群。图 4-7 说明了工作分析、人力资源规划、招募和选拔过程的关系。活动组织机构既可以从现有人员中选拔人员来填补某项职位空缺,也可以从组织外部招募人员来满足岗位需求,外部招募来源包括广告、职业介绍所、员工推荐、校园招募等。

活动管理是一个创造性的行业,因而活动组织机构要特别关注员工的招募状况。为了保证员工的质量,在招募时应严格坚持任人唯贤和量才适用原则。其中,量才适用是指根据每个人的专长和能力、志向和条件做到才以致用,各得其所。因此,要对活动管理任务和员工进行研究,明确特定工作岗位对工作人员的要求,并掌握每个员工的能力与志向,使得两者相互匹配,从而使人力资源发挥出最大的效用。

（四）人员激励

为了让员工充分发挥自身的潜力,活动组织机构必须提供持续的物质和精神动力。

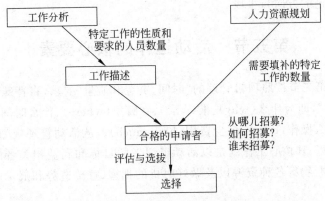

图 4-7　工作分析、人力资源规划、招募和选拔的一般过程

在现实工作中,这种动力来自于组织设立的员工激励机制,其本质是通过鼓励员工追求个人利益来使得组织获得效益。传统的激励因素主要有升职、奖金、福利等,对于管理人员的激励形式有年终分红、长期激励计划和股票期权。虽然人员激励的形式不拘一格,但在建立激励机制时有一点尤其需要注意:要对员工进行有效激励,避免出现过度激励,否则会使员工为了一己私利而引发内部矛盾,影响到活动管理工作的正常开展。

(五)培训与发展

培训是一个包括获取技能、观念、规则和态度以提高员工绩效的学习过程。为了保持自身在活动产业的竞争优势,活动组织机构必须加强对员工的技能和知识培训。对于专业活动组织者,不仅要掌握活动管理的专门知识,还要具备卓越的管理才能。

对活动组织机构而言,资金和技术构成了硬件,工作人员便是软件。其中,在软件建设上,一个十分重要的手段就是培训。通过培训,员工除了可以提高知识和技能、提升工作效率外,还可以获得自身的发展机会。因此,要培养出具有一定竞争力的人力资源为自己服务,活动组织机构就必须努力挖掘内部潜力,建立一套科学的、行之有效的培训体系。培训机制的建设要遵循目标化、反馈性和全过程原则。其中,全过程原则是指活动管理人员的培训机制不应该仅仅围绕人力资源部来运转,其影响范围要扩展到活动管理的全过程,即员工在工作的同时接受培训。

(六)绩效评估

绩效评估是与员工确定和沟通其工作成效并据此制订改进计划的过程,其最普遍的用途是为与晋升、解雇、临时雇用和绩效加薪有关的管理决策提供依据。对活动管理团队成员而言,一项完整的绩效评估应该包括一个概括了具体的培训与发展需要的计划。管理者通过绩效评估与员工沟通他们目前的绩效水平,并指出他们在行为、态度、技能或知识等方面需要改进的方向与手段。

第五节　活动运作的核心要素

本书第一章第二节按照项目管理的"时间、资金和质量"要求,将特殊活动的主要因素概括为"5W＋2H",即为什么(why)、谁(who)、在哪里(where)、什么时间(when)、预期结果(what)以及怎么操作(how)、多少费用(how much)。从活动管理规划的角度来说,活动运作的范围更宽,其核心工作就是以活动组织者的目标和利益相关者的需求分析为出发点,协调好人、财、物等各种资源以及做好时机的把握、宣传造势和战术的运用,如表 4-7所示。

表 4-7　活动运作的核心要素

要素	主　要　内　容
人	主要包括主承办机构、合作伙伴、活动参与企业、观众/旅游者、赞助商、媒体、演讲嘉宾等
财	自筹资金、展位销售、广告、赞助、捐赠等
物	活动内容、场地、设备及其他硬件条件
时	即时机,包括差异化定位、举办时间
势	通过媒体宣传推广、公共关系等手段来造势
术	即战术,包括竞争对手分析、活动的差异化营销、美好体验的营造等

(资料来源:本书作者绘制.)

在策划和管理活动项目时,要综合考虑上述构成要素,在主题、内容和形式等方面实现突破,这样的活动才有持续的吸引力和影响力。

以节庆活动为例,有专家提出,在策划节庆活动时必须注意以下要素:①定位要准确;②确定最佳的行动方案;③确定时间安排和规划预算;④营造现场氛围;⑤做出评估总结。还有专家提出,现代节庆活动的核心要素包括内涵、创新、参与性和影响力。事实上,以上两种观点中的 5 个要素或 4 个要素均为表 4-7 中活动运作核心要素的不同层面。目前,中国每年举办的现代节庆活动达到几千个,绝大多数在举办时轰轰烈烈,结束后却了无声息。各地政府部门举办现代节庆活动过于泛滥,出现更多的是群众不满,浪费大量财力、物力等问题。归其原因主要是内涵上缺少积淀以及特色不鲜明造成的。

梁圣蓉和马勇(2009)认为,休闲时代节庆活动的构成要素包括民族性要素、事件性要素、文化性要素和演绎性要素。其中,文化性要素是指活动根植于人民大众的民族感情、民族信仰和生活习俗之中。演绎性要素是指节庆活动是历史和现实的共同发展需求,包括大量的时代演绎活动。比如嘉年华(Carnival)是起源于欧洲的一种民间狂欢活动,最早可以追溯到 1294 年的威尼斯。经过长期发展,嘉年华逐渐从一个传统的节日,发展到今天成为包括大型游乐设施在内,辅以各种文化艺术活动形式的公众娱乐盛会。

扩展阅读4-4　旅游节事活动的策划与运作要点

随着我国旅游业的蓬勃发展,旅游节事活动已经在人们的假日生活中占据了很重要的位置。不管是旅游从业人士,还是普通的游客或市民,都能随口说出几个旅游活动的名称来。作为旅游吸引物,旅游节事活动在整合地方旅游资源、传播地方旅游形象、提升旅游地知名度以及繁荣地方经济文化等方面的作用越来越为人们所认识,因此,策划和组织旅游活动受到越来越多旅游城市和景区景点的重视。但同时我们看到,目前我国旅游节事活动尚处于不成熟阶段,在主题选择、内容设计、运作模式等方面还存在着很多问题。旅游节事活动的设计与运作要注意以下几个方面的问题。

一、活动时间的选择

各地的旅游资源都各不相同,人文自然、四季景色各有千秋,在本地区最具有竞争力的时候推出活动,对充分打造当地的旅游品牌形象的作用无疑是最好的。同样,如果需要培育当地新的旅游增长点,也可以依托要培育的旅游景点为基础,在其最具有吸引力的时候推出活动。另外,为了平衡旅游地的供求,也可策划组织相关的民俗、娱乐等活动。例如,在节假日期间推出活动,由于市场需求旺盛,效果比较明显,但假日期间的活动往往只能起到锦上添花的作用。

二、活动主题的确定

活动主题的确定,首先要考虑的是旅游地的资源状况:旅游地的最大卖点是什么;最大特色是什么;哪些产品已经比较成熟了;哪些还具有相当的潜力,有待于进一步挖掘。其次要考虑市场需求状况:目前游客的旅游心理趋向是什么;有哪些需求已经基本可以得到满足,哪些还没有。搞清楚了这些问题以后,才能在旅游地的现有卖点、特色或者准备下一步重点开发的潜在卖点与市场需求之间寻找结合点,进行创意提炼。活动主题的创意提炼必须以对旅游地资源现状的把握和市场现状的分析为基础,集思广益,切忌单靠关起门来拍脑瓜就做出决策。

三、活动内容的设计

活动内容的设计包括两个层面:一是旅游层面的活动内容;二是和旅游相关的经济商贸活动。其中,旅游层面的活动内容是最基本的。旅游节事活动的主题确定以后,围绕主题进行嫁接、联想、转换、延伸、扩展和丰富,进而设计相关活动内容。一般而言,活动内容至少要有一两个比较大的亮点,然后再构建一些小的比较常见的活动内容,但活动内容并非越多越好,切忌活动内容的设计过于庞杂,导致形象模糊的问题。

四、活动招商

对很多行业的大型活动来说,赞助是资金流的关键,因此活动的管理者通常将很大一部分精力用于确定赞助商、制定赞助建议案以及进行赞助洽谈等事务。目前,旅游节事活动中的赞助也越来越多,一些大中型企业对一些规模大、影响力大的旅游节事活动的赞助也越来越热心,如青岛啤酒节、大连服装节等。有不少时候并不是赞助商不愿意赞助,而是活动组织者没有能够提供吸引赞助商的赞助回报。对赞助商而言,它们关心的问题主要包括:①旅游节事活动的目标市场是否与企业的产品目标市场一致或者有关联性,比如平邑蒙山举办长寿旅游节就可以重点寻找一些老年保健品厂商进行赞助;②厂商宣传展露机会如何体现:活动的新闻价值如何,厂商有没有媒体薪露的机会(新闻、广告);③厂商是否有机会和目标客户就其产品或服务进行直接的沟通(比如设点促销);④活动的社会效益如何,对传播企业形象的作用如何;⑤赞助费用(资金、实物等)跟企业将同等费用用于常规的宣传所能达到的效果相比是否划算。

五、活动宣传

旅游节事活动是手段,不是目的。如果旅游目的是在活动内容上肯花钱,而在宣传方面舍不得投入或者投入不够,那无疑等于关起门来自娱自乐。活动的宣传要选准宣传点(亮点、新闻点、强调点),找准宣传对象(旅游记者、旅行社、游客),运用各种宣传方式从不同角度予以强化。活动的宣传主要包括新闻发布会、信函、传真、广告、新闻等方面,例如,新闻吸引大众注意,硬广告提升活动形象并告知详细信息,主题线路广告配合旅行社进行销售等。

六、活动销售

旅游节事活动的最直接目的就是增加游客量,因此,活动的举办、宣传和销售必须紧密结合起来才能达到最佳效果。以景区为例,在设计节事活动内容的同时,还要有针对性地设计一些相关主题的旅游线路,并将活动内容、主题线路、优惠措施等相关信息及时通告给各旅行社。如果旅行社能在活动举办前后推行相关的主题线路,必然会对活动的宣传以及景区本身的宣传和销售起到非常好的效果。

七、活动控制与保障

在活动基本内容确定后还应该非常重视实施方案的设计。由于缺乏具体指导性和可衡量性的操作设计,一些创意很好的活动在实施过程中有可能出现很多问题,违背了活动的初衷或者没有达到应有的效果,很多情况下还会出现严重超过预算的问题。因此,在活动举办前需要召开项目管理协调会,对所有参与活动组织实施的工作人员进行方案培训,使其深入理解活动每个环节的策划意图,并严格按照规范程序进行实施。另外,诸如交通、食宿、安全、水电保障等各方面的问题也应该在活动中予以足够的重视,避免因考虑不周而导致意外事故发生。

八、活动评估

一个大型活动应该有准确的评估标准,而且活动的目的不同,侧重点也有所不同。但总的来说,对计划执行的偏差、游客量的增加、媒体的报道篇幅与数量、周边居民的参与性、社会的关注程度、资金投入与回报等各方面都应进行总结,从而为以后的活动积累经验。

(资料来源:吕莉.我国旅游节事的策划与运作研究[J].商业研究,2006(13):202-205.)

本 章小结

本章从活动概念的含义与作用出发,阐述了活动概念的设计策略以及活动概念发展的未来趋势。接着侧重从 SWOT 分析、盈亏平衡分析、现金流管理等角度,介绍了活动项目可行性分析的核心内容。在此基础上,进一步阐释了活动环境规划的概念、内容及进行活动环境规划的具体步骤。第三、四从活动组织机构这一重要的内部环境要素出发,阐述了如何设置科学、合理的活动组织机构,以及有效实施人才招募、培训和激励计划,以确保活动的高效运作与管理。最后,在"5W+2H"框架的基础上,比较系统地提出了活动运作的 6 个核心要素,即"人""财""物""时""势""术"。从活动管理规划的角度来说,活动运作的范围更宽,其核心工作就是以活动组织者的目标和利益相关者的需求分析为出发点,协调好人、财、物等各种资源以及做好时机的把握、宣传造势和战术的运用。

复 习思考题

1. 活动概念的内涵是什么?
2. 试举例说明如何对活动环境进行规划。
3. 请结合具体例子,解释活动组织机构设计的常用方法。
4. 活动项目可行性分析的主要内容包括哪些?
5. 请简述活动人力资源规划的步骤与内容。
6. 如何对活动运作的核心要素进行统一规划?

引 申案例

城市要善用"大事件"

对于一个城市来讲,承办一个大型体育赛事往往会带来巨大的城建投资,这个投资甚至是该城市历史上空前绝后的。所以,必须要有整体长远的规划和高明的策划,而不能仅仅"就赛事论赛事",只是追求短期内的"吸引眼球效应",最终却给城市长远发展带来伤害。

在举办体育赛事时,决策者一定会提前考虑这场盛会能够给城市带来的新发展,就城市建设而言,在举办一次体育盛会前,规划人员都会有以下方面的考虑。

第一,大型体育赛事往往需要占用大量的场地作为场馆,这些场馆、设施布局是否合理,将对城市长远发展产生巨大影响。既要考虑近期比赛的使用需要,更要考虑其对城市总体结构可能带来的影响。所以,其空间布局的区位是首先要考虑的问题。

第二,体育赛事毕竟是短期的(一般也就 10～15 天),但是相应拉动的基础设施建设(比如道路、轨道交通等)却要考虑如何支撑、引导城市空间的长远、可持续发展。所以,相应的基础设施尤其是交通设施如何布局、如何有机地联系城市的其他地区,从而带动城市整体的发展,也是必须考虑的重要问题。

再一个就是大家非常关心的如何在赛后继续利用体育设施的问题。场馆要新建哪些、改造哪些、哪些是可以多功能使用的等,诸如此类的问题都需要提前统筹的安排,避免大量投资下去,赛后出现浪费。还有就是这些场馆今后是否能与大学、大型居住区等使用单位靠近,从而促进设施的日常使用,实现双赢。

最后,就是场馆所在区域相对小空间范围内的规划设计、好的空间布局方案、好的交通系统组织、好的景观设计等。

成功举办一场重大的体育赛事,能够给城市带来很多方面的好处。首先,它会提升城市的知名度、美誉度、影响力。例如,1992 年西班牙海滨城市巴塞罗那以举办奥运会为契机,加快了巴塞罗那的城市建设步伐,以营造良好的城市环境。通过举办奥运会,巴塞罗那由名不见经传变为誉满全球。

举办体育赛事可以带来大规模的城市新区建设、旧城改造,改善城市空间结构。这样的实例非常多,我们以伦敦奥运会为例,伦敦奥林匹克公园选址于伦敦东区,这片土地被重工业"缠绕"了 400 年,曾被称为伦敦的"城市伤疤"。如今的伦敦奥林匹克公园成功盘活了这一地区,未来这里将是充满活力的复兴地区,也是人与自然和谐共生的空间。

举办体育赛事还可以拉动大规模的基础设施建设,这是毋庸置疑的。而且许多城市在成功举办体育赛事之后,经贸、旅游等发展机会明显增多了。2000 年澳大利亚悉尼奥运会办得非常出色,通过奥运会,把一个垃圾堆积场改造成了环境优美的体育中心和居住区。正因为如此,使悉尼连续三年被世界旅游组织评为"世界最佳旅游城市",旅游品牌效益由于奥运会的举办提前了大约 10 年。

（资料来源：http：//www. zgghw. org/html/guihuafangtan/zhuanjiafangtan/20120612/18931. html. ）

案例分析题：

请结合上述案例,谈谈活动规划的意义及其对城市发展的影响。

第 五 章

活 动 策 划

引 言

　　活动策划是一项立足现实、展望未来的复杂的创造性活动。它不同于一般的建议、提议或是某种突发奇想,它是活动策划者在确定活动目标后,经过一系列的前期调查、深入分析与研究,进而根据实际情况和信息,判断事物的发展和变化趋势,识别和创造需求,并借助科学有效的方法、手段和技术,对节事活动的整体战略和策略运筹规划的过程,其结果是形成正确的决策和合理的工作安排。本章分为 4 节,从活动目标的设定入手,强化创意在活动策划中的重要意义,在此基础上介绍活动策划的主要内容及策划书的撰写。按照活动策划从计划到执行的逻辑,第三节将对活动的进度安排进行详细说明,最后对活动的财务管理进行解释。

学习目的

- 了解活动策划中的目标设定方法;
- 理解活动的创意与内容策划的具体内容;
- 掌握活动策划书的撰写技巧,活动的进度安排特别是甘特图、关键路径法等常用的时间管理工具,以及财务管理的相关知识。

引入案例

　　广东国际温泉旅游节是广东省旅游局和广东省旅游协会重点打造的一个省级旅游节庆活动。作为广东国际旅游文化节的组成部分,它是广东旅游的王牌活动之一,在广东省以及全国范围内有很高的知名度和影响力。

　　广东树立了"建设中国温泉旅游强省,打造世界温泉休闲胜地"的宏伟目标。经过十余年的快速发展,广东温泉旅游已经实现了从保健疗养到综合性旅游度假的跨越,无论从温泉度假区规划、温泉设施配套还是从服务理念、管理水平等方面都走在了全国前列,同时也是广东省各种专项旅游中发展最为成熟的"名片"产业。广东温泉业将借助温泉旅游节举办的契机,把世界先进的温泉研究成果和发展理念引入广东,以更加开放的姿态,投入到世界温泉产业的大发展中。

举办广东国际温泉旅游节的目的是普及温泉消费,促进广东温泉旅游发展不断取得新的进步,同时将广东温泉推向世界,铸就"泉在广东"的金字招牌,继续引领全国甚至是世界温泉旅游的发展。

(资料来源:http://baike.baidu.com/view/2861132.htm? func=retitle/2012/12/12.)

第一节　活动目标的设定

在活动的"5W+2H"基本要素中,"为什么"(why)处于第一位。不论是什么活动,首先需要有一个明确的目标,有了方向才能更好地计划和配置资金、人力、时间等资源,最终完成此次活动的预期目标。

一、活动策划者的角色定位

在设定活动目标前,我们先要了解活动的利益相关者以及活动策划者的角色定位。国内外许多活动在举办初衷上存在很大差异,因而活动策划的目标设定相去甚远,活动策划人员的角色也各不相同。

以节庆行业为例,国外的节庆活动大体分为两类,一是由民间自发组织形成并逐渐发展壮大的,是一种群众社区的文化活动,如慕尼黑啤酒节;另一种是作为一个企业或者主题公园的文化产品而存在,如迪士尼乐园里的各种主题性活动。我国的节庆活动从来源上可以大致分为三大类:第一,由民间自发形成的传统节庆活动,例如一系列颇具群众基础的传统节庆。第二,由企业自发设立的,例如主题公园、景区景点、酒店餐厅等推出的诸如美食节等活动,旨在促进企业宣传或产品销售。第三,出于"搭台唱戏"的思路,由政府创办的节庆活动。因此,活动的策划者内涵很广泛,常见的包括各类专业公司的策划人员、企业活动策划人员以及政府部门的相关人员。

通常来说,一次成功的活动,其策划者往往不是一个单一的个体,而是一个具有一定核心能力的策划团队,这个团队成员应具备敏锐的洞察力、丰富的创造力以及高效的组织能力、整合能力和执行能力。活动策划者的五大核心力如图 5-1 所示。

在活动的前期准备阶段,活动策划者要对整个市场有敏锐的洞察力,并善于综合运用观察法、访谈法、文献法等调查方法,迅速发现可供策划所用的相关资料,将其转化为策划中所需要的重要素材,这样

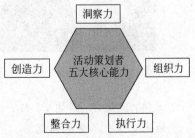

图 5-1　活动策划者的五大核心力

才能既"察人之所未察,见人之所未见",又能够保证策划与市场的发展相吻合,使策划具有一定的针对性。

在活动策划的前期阶段,需要策划者有丰富的创造力,能在充分理解活动目标及市场现状的前提下,充分发挥想象力,并集思广益,采用有奖征集、创意大赛、头脑风暴等多种方式,确立活动的主题和内容。

在明确活动的主题定位之后,活动策划者还需要对活动的流程进行有效的组织,通过整合已有的和可以利用的资源,将活动的策划很好地执行。

二、活动的目标

俗话说:凡事预则立,不预则废。活动策划总是为了一定的意图和目标而进行的,没有目标,就没有策划,因为策划本身就是一个有预期目标的行为过程。所以对策划者而言,目标就是策划者所希望达到的预期效果,它是策划的起点,并在活动的任何一个环节都可能体现出来。

一般来讲,从活动策划的工作特性出发,在明确目标的过程中,应建立在以下两个基础之上:①通过前期的市场调查和分析,选择活动针对的目标市场;②通过分析组织者的意愿以及参加者的价值诉求,来确定活动的定位。

扩展阅读 5-1   2010 中国国际文化旅游节开幕式简介

如图 5-2 所示为首届中国国际文化旅游节海报。

图 5-2   首届中国国际文化旅游节海报

时间:2010 年 10 月 23 日

地点:张家界黄龙洞剧场

执行团队

执行导演：戴兵

舞蹈编导：王迪 韩真 薛广鹏

舞蹈团体：天下凤凰艺术团

执行单位：北京天下凤凰文化传播有限公司

开幕式主题

主题："探访神秘湘西、感受快乐湖南"。

展示具有神秘地方特色的湘西文化，凸显中国文化旅游的独特魅力，显示中国文化旅游的巨大资源，昭示中国文化旅游的广阔前景。

创作理念

"流动"——是本次活动的核心设计理念，整个开幕式是在一个动态的过程中一气呵成：走红地毯、参观浏览、室外致词、名人访谈、迎接互动、发布宣言、高端旅游节目欣赏等环节构成了一个开幕式。

流动的行为，深刻地反映了旅游业的本质特征；

流动的过程，展示了文化旅游丰富而强大的资源；

流动的方式，赋予了集会活动以全新的形式。

（资料来源：http://zt.rednet.cn/c/2010/09/13/2065107.htm/2012/12/12.）

例如，中国 2011 年(上海)世界健康博览会的主题是"健康让发展更和谐，健康让生活更美好"，并以"强化全民健康意识，倡导健康生活方式和消费理念，建立全球信任的健康体系，有效推动人类社会、经济、文化和环境良性健康的可持续发展"为使命，目标是"为全球组织和企业提供展示其健康产品和服务的平台；宣传与推广健康产业发展的理念沉淀和全人类最佳健康实践成果"。

中国豫剧艺术节，又叫中国豫剧节，是中国豫剧界精品荟萃、名角云集的国家级艺术盛会。由文化部、河南省文化厅以及某个举办城市三方共同主办。第一届中国豫剧艺术节于 1997 年举办。时隔 14 年，2011 年举办了第二届中国豫剧艺术节。此后，河南省政府决定，和文化部联合，每三年举办一次中国豫剧节，其宗旨是展示优秀豫剧作品会演，汇集尖子人才，交流艺术经验，吸引群众参与，促进豫剧事业的繁荣。艺术节的内容除对参选的剧目进行评选外，还举办豫剧高峰论坛会和精品剧目会演、艺术节的开闭幕式演出等，为豫剧艺术的传播和发展做出了贡献。

三、对活动体验目标的设计

迪士尼特殊活动总监汤姆·毕赛阿诺(Tom Bisignano)曾说过，迪士尼的活动就是为了给所有游客制造一种欢乐的体验和美好的回忆。因此，深厚的文化内涵、较强的参与性就是这些娱乐性节庆活动的灵魂。好的策划应该致力于制造一个吸引物(attraction),这个吸引物能够引发大量的人员流动,引发集中消费,从而引发大量的活动外溢效应,惠及活动举办地的各个主体。

可以这么说,尽管活动的类型不一,人们参加活动的目的也各不相同,但对于活动策划者而言,创造难忘的体验(experience)才是最根本的目标。例如,2013 年 4 月 16 日,"2013 BMW 感受完美"体验日登陆珠海,这已是 BMW 公司连续 12 年举办全系产品品牌体验活动。本次体验活动分为品牌体验与试驾体验两个板块。BMW 不仅为受邀客户提供 BMW 精英驾驶培训理论课,还提供全系产品作为试驾车,包括升级的 X Ramp 体验以及新车型试驾。本年度的体验日以"驾驭美学,创新体验"为主题,将历时六个多月,覆盖包括佛山盛宝行在内的全国 54 个城市和 184 家经销商。特别值得一提的是,代表 BMW 杰出科技成果的 xDrive 智能全轮驱动系统以及互联驾驶技术是当年体验日的亮点。

第二节　活动创意与内容策划

活动策划的内容和手段必须新颖、奇特、富有创意,这样才能扣人心弦,从而吸引足够数量的观众并给他们留下深刻的印象,进而实现活动的预期目标。

一、创意让活动与众不同

独特的创意是活动的灵魂,在相似的社会、经济条件下,只有通过敏锐的分析和大胆的创意,才能够提炼出活动的独特卖点和新颖的组织运作模式。作为策划的核心,创意是创造性的意念,当产生了一个绝无仅有而又具有一定可行性的创意时,一连串的相关灵感也会相继产生,于是策划便会很快形成,这为活动的成功举办打下了坚实的基础。这一过程可以称为"原策划",即 initial planning。

二、策划让创意成为可能

好的创意设想是一个活动的灵魂,但如何让创意成为可能才是策划成功的关键。没有相应的具有可操作性的项目和产品做支撑,再好的点子也只能是空谈。"嫦娥奔月"作为一个美好的幻想,可能是一个金子般的创意,但是如果仅仅停留在故事观念层面,不将其落到操作和现实层面,则不能称之为策划。为创意寻找可落实的具体载体的这个过程,即为"可视化"(visualization)。

 扩展阅读 5-2　"创意点亮北京"文化艺术周

2012 年 8 月 10～19 日,在北京地坛公园举办的"创意点亮北京"文化艺术周以"绿色、生长、原创"为主题,重点突出由"国际灯光艺术节""无限星空'音乐节""盛世骄阳云中剧场""创意市集""视频创意互动秀""文化创意产业综合展"六大板块组成的主会场活动和主要包括"'创意之旅'活动""建设城市灯光软实力高峰论坛""雍和放映"三大板块的分会场活动。

　　以下是这次文化艺术周相关板块的设计理念：国际灯光艺术节，灯光对话艺术；"无限星空"音乐节，最民族、最流行；文化创意产业综合展，近距离体验创意；云中剧场、雍和放映，新媒体影视盛宴；创意之旅，胡同里的创意游。如图5-3所示。

图 5-3　"创意点亮北京"文化艺术周海报

　　主办单位：北京市东城区人民政府

　　承办单位：中关村科技园区雍和园管理委员会、北京市东城区园林绿化局、北京东方文化资产经营公司

　　支持单位：北京市文化局、北京市旅游委、中关村科技园区管理委员会、北京市文

化创意产业促进中心

自 2010 年正式升级为以"绿色、生长、原创"为主题的"创意点亮北京"文化艺术节以来,活动已逐渐形成良好的品牌效应,成为立足东城、辐射北京的大型综合性文化品牌活动,成为北京城市文化的一张新名片,不仅以其丰富多彩的活动内容、亲民互动的呈现形式,填补了北京城市中心区缺乏具有广泛参与性与成长性的创意推广平台的空白,更是随着其影响力的不断扩大,有效地带动了雍和园区文化创意及相关产业的集聚发展。

雍和园主要发展高新技术产业和创意产业,着力打造数字内容、版权交易和艺术品交易等重点板块。目前已聚集起诺基亚、西门子、北京移动、当当网、光线传媒等行业领军企业,形成了以文化金融、文化演艺、影视出版、数字新媒体等版权相关产业及数字内容产业为主导,创意设计、创意旅游等相融合的产业发展格局。

(资料来源:http://www.digitimes.com.cn/activity/2012ideabj.shtml/20121212.)

三、策划书的撰写与优化

活动策划书的撰写(writing)是为了使活动顺利有序地进行,对活动的全部过程和具体实施策略所做安排的书面化,它是实现活动目标的指南。从一定意义上来讲,策划书就是一次活动的具体流程,即变现活动的策略与计划,因此活动中可能出现的所有因素都要列入策划案中。

(一)撰写策划书的准备工作

撰写策划书的实质就是用现有的知识开发想象力,想清楚在可利用的资源条件下怎样能最好、最快地达到目标,并通过精心组织的文字和图表等表达出来。通常来讲,在撰写策划书之前,活动策划人员需要弄清楚以下问题。

- 活动策划的目标是什么?
- 活动策划的依据是什么?
- 为谁策划(策划的对象)以及谁来策划(策划的有关人员)?
- 在何处策划(策划的场所)?
- 什么时候进行策划以及策划的日程安排?
- 所选择的策划方法是什么? 步骤和表现形式如何?
- 活动策划涉及的预算情况怎样?

(二)策划书封面

一般来讲,策划书的结构主要由封面、正文和附录三部分构成。其中,封面主要包括

4个方面的内容：①策划书的名称，要求将策划主题体现出来，让使用者一目了然；②策划者姓名，包括策划小组名称及成员姓名；③策划书编写时间；④策划书的编号。

（三）策划书的正文

- 摘要，即策划目的以及对策划内容的简要说明；
- 目录；
- 前言，主要是说明策划背景及任务；
- 策划内容的详细说明，比如市场需求分析、竞争对手分析及对策等；
- 策划实施步骤以及各项具体分工，包括时间、人员、费用及操作要求等；
- 策划的期望效果与预测效果；
- 策划中的关键环节，以及策划实施中应注意的事项。

（四）策划书的附录

策划书的附录主要是为了补充介绍与活动策划有关的资料，以及其他与策划内容相关的事宜，常见的包括参考文献、案例研究及访谈记录等。如果有第二、第三备选方案，也可以在附录中列出其概要。

 扩展阅读5-3　营销活动策划方案的写作原则

撰写一份创意突出而且可执行性强的活动策划方案实属不易。一些刚接触广告或刚接触策划的从业人员在书写活动策划案时往往很难达到预期的效果，甚至是一些从事多年策划的广告人有时候也难免犯错。那么，怎样才能写出一份理想的活动策划案呢？我觉得需要注意以下几点。

一、主题要单一，继承总的营销思想

在策划活动的时候，首先要根据企业自身的实际问题和市场分析的结果做出准确的判断，并且在进行 SWOT 分析之后，提取当前最重要的也是当前最值得推广的一个主题。在一次活动中，不可能做所有的事情，而是应该把最重要的信息传达给目标消费群体，正所谓"有所为，有所不为"。

二、直接说明利益点

有很多人虽然记住了广告，但是却没有形成购买冲动，为什么呢？那是因为他们没有看到与他们有直接关系的利益点，因此，在活动策划中很重要的一点是直接地说明利益点，如果是优惠促销，就应该直接告诉消费者你的优惠额数量，而如果是产品说明，就应该推销最引人注目的卖点。

三、活动要围绕主题进行，并尽量精简

不少策划人员在文案中安排了丰富多彩的活动，认为这样才能引起消费者的注意，其实不然。其一，容易造成主次不分。如果活动的内容和主题不符合，就很难达到预期效果，在目前的市场策划活动中，有一些活动既热闹，同时又能达到良好的效果，就是因为活动都是仅仅围绕主题进行的。其二，提高活动成本，并容易导致执行力降低。在一次策划中，如果加入了太多活动，不仅要投入更多的人力、物力和财力，使得活动成本增加，而且还容易导致操作人员执行不力，最终导致项目失败。

四、具有良好的可执行性

策划要做到具有良好的可执行性，因此，除了需要进行周密的思考外，详细的活动安排也是必不可少的。活动的时间和方式必须考虑执行地点和执行人员的情况，在具体安排上应该尽量周全，另外，还应该考虑天气、民俗等外部环境的影响。

五、变换写作风格

一般来说，策划人员在写作策划案的过程中会积累自己的一套经验，这种经验也表现在策划书的写作形式上，但这往往会限制策划者的思维。在策划书的内容上同样应该变换写作风格，因为如果同一个客户三番五次地看到你的策划都是同样的壳子，就很容易在心理上产生一种不信任的态度，而且这种首因效应也可能影响创意的表现。

六、切忌主观言论

在策划书的写作过程中，应该避免主观想法，切忌出现主观类字眼，因为策划案付诸实施之前，任何结果都可能出现。策划者的主观臆断将直接导致执行者对事件和形势产生模糊的想法，而且，客户如果看到策划书上的主观字眼，会觉得整个策划案没有经过深入的市场分析，只是主观臆断的结果。

（资料来源：王方.市场营销策划[M].北京：中国人民大学出版社，2006.）

第三节　活动的进度安排

特殊活动的主要特点之一就是有严格的时间期限要求，这决定了进度计划在活动管理中的重要性。策划每一个活动都需要对进度进行合理的安排，这是活动取得顺利成功的基本保障。概括而言，可以将活动的进度安排分为三个阶段，即活动前期策划阶段、活动期间执行阶段和活动结束总结阶段。

一、不同阶段的主要工作

（一）前期策划阶段

1．活动目标的确定

筹备成立活动工作小组或组委会，明确各自的任务和职责；了解活动主办方的利益诉求；通过市场调查，了解参与者的需求；搜集并分析当地已有的相关活动；分析当地的市场发展水平及文脉等外部环境，进而确定目标市场。

2．拟定策划方案

通过小型研讨会、头脑风暴法和专家调查法等方法，对活动的主题、内容等进行反复论证，形成活动的主体框架；或者在讨论会之前通过向公众征集意见，形成活动的主题，可以采取有奖征集或大赛、网络投票和抽样调查等方式；初步拟定策划方案，主要内容有确定活动举办的时间、地点、规模、参与者及赞助、经费预算等。

3．可行性分析

通过研讨确定活动内容板块的划分；委托专业工作小组进行可行性分析，确定活动的主体内容是否可行；对活动的成本和收益进行分析，确定设备、赞助、广告、服务及人员是否能够到位及其市场价格。对于经济上不可行的活动策划，应回到活动策划创意形成阶段，重新确定活动主题及表现形式，同时对活动内容进行调整。

4．策划方案定稿

通过最优化分析并结合活动的可行性，对策划方案进行适当调整；根据策划方案的实施进度，进行微调及修改。

（二）活动期间执行阶段

对活动实施过程中的人员、设备物资调度、节目衔接、入场次序等进行安排；制定活动实施准备、新闻发布会、启动仪式、市场推广、赞助商招商、商品海报销售、门票预订等事宜的执行；对活动组织实施过程进行控制，对出现的问题进行现场管理。

（三）活动结束总结阶段

通过对活动参与者的现场访谈、问卷调查等形式，对活动现场效果进行评估；进行财务分析，评估项目的经济效应；对活动结束后企业或组织的知名度和品牌形象进行评估，确定活动策划的效果。

进度计划要说明哪些工作必须于何时完成和完成每一任务所需要的时间，但最好同时也能表示出每项工作所需要的人数、资金等资源及质量要求。活动策划进度安排的一般框架如图 5-4 所示。

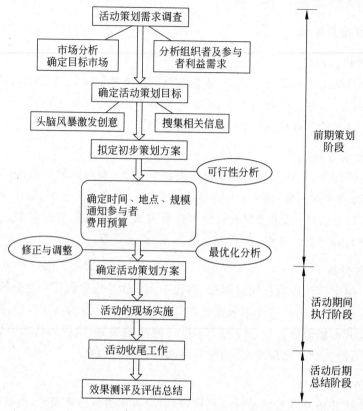

图 5-4　活动策划进度安排的一般框架

二、活动进度管理工具

进度安排（scheduling），就是将活动项目的行动计划转换成一个运作时间表，该时间表可作为监控活动项目的基础，也可与计划和预算结合起来，构成活动管理的主要工具。

1. 甘特图

甘特图（Gantt charts）又称横道图，是表示进度信息最古老的方法之一，是由管理科学领域的一位先驱者亨利·甘特大约在 1917 年开发出来的。甘特图按一个水平的时间尺度来显示一批任务的计划进程和实际进展，它可以指明一套任务中的每一项任务当前的实际状况，并与计划的过程进行一一对比（图 5-5）。因此，在赶工、排序和任务间的资源再分配等方面，甘特图都是非常有用的。

例如，图 5-6 是 2009 年中国大学生春节联欢晚会的总体时间安排（注：该晚会是"中

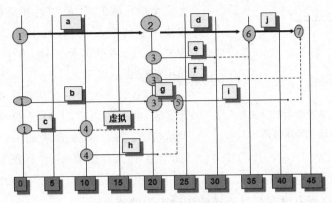

图 5-5　甘特图的示意图

国校园健康行动"系列活动,由中国关心下一代工作委员会健康体育发展中心实施主办,中央电视台、凤凰卫视作为播出平台,腾讯网为独家官方网站),如果将其转换为甘特图,将显得更加直观。

图 5-6　2009 年中国大学生春节联欢晚会总体时间进度表

2．计划评审技术

计划评审技术(program evaluation and review technique,PERT)是由美国海军与布兹-艾伦·汉密尔顿(Booz-Allen Hamilton)和洛克希德公司(Lockheed Corporation)合作,于 1958 年为北极星潜艇/导弹项目开发出来的。如果一个项目包括的绝大多数活动没有经验数据,估算的困难就非常大,此时,唯一的解决办法就是做最好的可能猜测,这就是 PERT 技术。

PERT 系统的基础是假设估算是不确定的,因而它只能估计活动历时的范围和在该范围内的概率,而不是假定活动将在固定时间内完成。在 PERT 中,项目活动的工期将

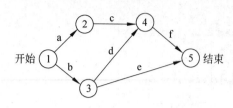

图 5-7　一次活动中部分工作
的双代号网络图

有三个值：最乐观、最悲观和最可能。PERT 一般使用于研究型项目，且 PERT 的使用者偏好 AOA 网络（双代号网络图，Activity-On-Arrow，即用箭线表示活动）。

例如，表 5-1 是一次活动中部分工作的行动计划表，我们可以采用 AOA 网络图来更直观地表示（图 5-7）。具体方法如下：假定一个节点（如节点 1）为开始事件；寻找没有前导活动的活动（a、b 两个活动就是源自开始节点的活动）；沿着活动间的内在逻辑顺序绘出网络的走向；找出结束节点（所有没有后续活动的活动汇集的节点）。

表 5-1　一次活动中部分工作的行动计划表

任务	前导活动	时间	成本	由谁来做
a	—	5 天	—	—
b	—	4 天	—	—
c	a	6 天	—	—
d	b	2 天	—	—
e	b	5 天	—	—
f	c,d	8 天	—	—

3. 关键路径法

关键路径法（critical path methods，CPM）是由杜邦公司（Dupont, Inc.）在 1958 年开发出来的。如果一个项目中的大多数活动同以往执行过的很多次的其他活动类似时，通常采用 CPM 进行进度计划编制。因此，CPM 更多地用在建筑项目上，并且已经为建筑业普遍接受。

CPM 中活动的历时或工期估算，通常都以历史数据为基础，并且采用以往项目活动历时的平均值，所以，在关键路径图中，项目活动的工期（历时）只有一个值。CPM 的使用者偏好 AON 网络（单代号网络图，activity-on-node，即用节点表示活动）。

第四节　活动的财务管理

财务管理是企业组织财务活动、处理财务关系的一项经济管理工作，是市场经济下最基本的管理活动。所谓活动的财务管理，就是在节事活动中，主办方处理与赞助方、代理商等各相关单位的财务关系,并对活动的收支情况进行有效管理的过程,它涉及活动的筹资、投资、运营及利润分配的全过程。

一、活动财务管理的原则

(一)系统原则

节事活动的财务管理是一个包含了资金筹措、资金投放、资金耗费、资金收回和资金分配这五大方面的相互联系相互作用的一个系统管理。这就要求从财务管理的内部和外部联系出发,协调统一各个组成部分。

(二)平衡原则

平衡原则就是力求使资金的收支在数量和时间上达到动态的协调平衡。从会计学原理出发,资金的收支是资金周转的纽带,从静态上看需要资金达到静态平衡,即资金占用等于资金来源;从动态上看,资金的现有余额和预计收入与支出差额之和应等于预计现金余额,即目前现有现金余额+预计现金收入-预计现金支出=预计现金余额。

(三)弹性原则

资金处在一个动态的平衡中,因此活动财务管理应在保证收支平衡的基础上努力创造利润,并在追求降低成本和节约的同时,留有合理的可弹性伸缩的余地。对于活动中可能出现的现金支出和存货等具有较大变数的问题,就需要预留一定的"保险储备",这对活动财务管理具有重要的现实意义。

(四)优化原则

活动财务管理的过程是一个不断比较、分析、选择,最终实现最优的过程,因而存在多方案的最优选择、最优总量、最优比例关系的确认等问题。在活动财务管理过程中,只有各个环节都保持动态优化的状态,才可以保障节事活动的整体效果优化以及经济、社会等综合效益最大化。

二、活动的财务管理

根据活动的时序,可以将活动的财务管理分为活动前期的财务预算及筹资管理、活动运营资金管理以及活动后期的利润分配管理。

(一)活动前期财务预算

财务预算是活动财务管理的基础工作,其目的在于在活动收支上做到未雨绸缪。因为大型活动具有较大的随机性和不可预测性,这就使得前期的财务预算工作显得尤为重要。一般来讲,活动前期的财务预算不能仅仅局限在某些数字上,而应该充分考虑未来可能发生的各种事故和风险,提高活动中对不确定事件的反应能力。

活动前期财务预算主要包括销售预测、资金需求预测和利润预测。其中,销售预测就是根据过去已有的销售情况和市场未来需求对活动中涉及的产品销售量进行预计和预算,通常可以采用趋势预测法、量本利分析法以及回归分析法;资金需求预测决定着是否能够合理地筹集资金,是财务预测的重要组成部分,通常可以采用销售百分比法和资金习性预测法;利润预测直接反映着参与活动的经济主体的经济效益和收支情况,一般采用量本利分析法和销售利润因素预测法。

 扩展阅读 5-4   大型商务活动的成本

大型商务活动的成本包括固定成本和变动成本。其中,固定成本是与活动参加人数无关而与活动有关的支出,包括与活动公司运营相关的固定开支,比如租金、员工薪水、电话费以及其他办公室开支等。在一次大型商务活动中,这些开支可能还包括地方税、地租以及贷款利息等。当决定预算的时候,这些成本应该合理地分配到活动的各个领域中,这个过程就是成本中心对日常开支的分配,包括诸如娱乐、招待、分段运输或差旅等。如果固定成本收集有误,就会造成成本中心的记录错误。活动公司的财务任务之一就是在不影响活动质量的前提下减少固定成本,并在各个领域合理分配日常开支。

可变成本是完全属于活动的开支并直接与参会人员数量相关。例如,食品与饮料成本与参会人员的多少直接相关;活动的参加人数越多,需要印制的门票就越多,也需要雇用更多的员工以及供应更多的食品。这种成本的划分并不像活动产业或其他行业中划分得那么清晰,有时不叫直接成本(与活动直接有关的成本,无论是固定成本还是可变成本)和日常开支(与活动公司运营相关的成本)反而会更明确一些。在这种情况下,直接成本就成了主要成本——活动公司的主要目的就是控制这些成本。

Catherwood 和 VanKirk(1992)将活动成本主要分为 4 类:①运营或产品成本,包括活动人员的雇用、建设、保险以及管理;②场地租用;③推广费用,包括广告、公共关系和促销等;④人才以及与娱乐相关的成本。

(资料来源:曹晓峰. 大型商务活动策划项目经费预算四个基本步骤[EB/OL].中华讲师网,http://www.jiangshi.org/article/29938.html.)

(二)活动前期筹资管理

筹资管理是指活动主办方向其他有关单位或个人以及主办方内部筹措活动运营所需

资金的财务活动。目前,我国的筹资渠道主要包括国家财政资金、企业内部资金、金融机构资金、国外资金等。我国许多地方的节事活动都以政府部门为主体,因此大部分资金都来源于政府财政拨款或者活动相关行业的企业赞助。但值得特别指出的是,随着"政府主导、市场运作、大众参与"的办节理念的日益普及,国内许多节事活动的筹资管理有了更广阔的渠道和更灵活的形式。

（三）活动运营资金管理

运营资金是指流动资产减去流动负债后的余额。通常来说,节事活动的运营资金仅仅涉及现金管理。这是因为一方面节事活动的运营资金投入时间比较集中且周期较短,一般不存在一年及一年以上的运营周期;另一方面,节事活动的运营资金用于完成一次节事活动相关的开支即可,不会存在比较复杂的大量的资金投入。

换句话说,对节事活动运营资金的管理就是对活动现金收支的管理,主要包括现金收支项目、收支数量、收支比例等相关内容,具体可参考表 5-2。

表 5-2　节事活动的常见收支项目

现金收入项	金额	现金支出项	金额
经费拨款		管理费	
赞助		场地租金	
捐赠		广告营销	
门票收入		设备	
产品销售收入		薪水	
酬金		许可证	
特殊项目		保险	
特许权		安保	
		保洁	
		差旅	
		住宿与餐饮	
		文本印刷	
		招待	
		志愿者	
		意外事故	
总计		总计	

扩展阅读 5-5　某城市大型活动的预算与收支管理办法[①]

本部分阅读资料节选于《汕头市大型活动财务管理办法》。该办法中的大型活动是指由汕头市委、市政府举(承)办的各类大型招商引资、经贸、外事、文化、体育等活动。该办法适用于参与大型活动的使用财政性资金的单位。以下是办法中有关活动预算管理和收支管理的内容：

第三章　预算管理

第九条　参与大型活动的各职能部门应积极开展市场化运作筹措大型活动资金和争取社会资金的支持。

第十条　各类大型活动的收支实行预算管理,支出按下达的预算指标总额包干、节余留用、超支不补。

(一) 收入预算由财务组根据上级补助数、财政拨款数、捐赠和赞助及其他收入统一编制。

(二) 支出预算由承担大型活动的相关职能部门根据市委、市政府和领导小组办公室确定的工作职责和要求,按照"从紧、必需"的原则编制,在大型活动举(承)办前三个月报送财务组。

(三) 财务组按照市委、市政府确定的经费预算总额度,对职能部门编制的收支预算进行审核综合平衡,汇总编制大型活动总收支预算,在大型活动举(承)办前两个月报市政府或领导小组办公室审定。并根据市政府或领导小组办公室批复的预算方案,下达相关职能部门收支预算数。

第十一条　经市政府或领导小组办公室批准核定的各职能部门经费预算,各职能部门在预算执行中,必须以预算指标为依据,不得随意改变资金用途和扩大支出规模,做到"有预算不超支,无预算不开支"。确有特殊原因需调整的,必须提出书面申请,经财务组审核并报市政府或领导小组办公室批准后,方可调整。

第十二条　在总预算尚未核定前,各职能部门开展工作所需经费,需提出具体经费预算,经财务组审核后预拨,经费总预算批准后从其中抵扣。

第四章　收支管理

第十三条　大型活动收入管理的要求为：

(一) 大型活动要在国家法律法规允许的范围内,合法组织各项收入。

---

① 注：三亚、淮安等城市制定了相应的大型活动财务管理办法。

（二）以活动名义取得的各项收入，包括财政补助拨款、社会赞助、捐赠、广告收入、门票收入、特许经营权收入、冠名权收入、物品的变价收入及其他收入等，均应全额纳入收入预算，由职能部门或财务组统一管理和使用，不得截留、挪用、隐匿账外。

第十四条　大型活动邀请人数。领导小组办公室根据活动规模，确定拟邀请参加大型活动的单位、团体和嘉宾的具体人数。

第十五条　大型活动具体开支规定

（一）宴请

一般宴请（含酒水）标准不超过每人每次 150 元，重要宴请（含酒水）标准不超过每人每次 200 元。

（二）食宿费

1. 领导小组办公室邀请的国家、省领导和重要国内外嘉宾，其食宿费由接待单位按现行规定的标准执行。

2. 参加活动的单位、团体和嘉宾，食宿费按领导小组办公室核定的人数、提供的房间、规定停留天数之内按实列支，其中工作餐的标准每人每天平均不高于 120 元。

（三）差旅费

外地参加活动的单位、团体和嘉宾，其往返差旅费，由原单位或个人负担。

（四）纪念品

大型活动需赠送纪念品的，必须由领导小组办公室确定后统一安排。除领导小组统一安排的纪念品外，不得再自行安排纪念品。

（五）交通费

大型活动需统一安排车辆的，由领导小组办公室协商有关单位调配，不足部分由接待单位归口统一租用。

（六）公杂费

参加活动的单位、团体和嘉宾所发生的通信费用和办公用品等公杂费自理。

（七）医药费

领导小组办公室为参加活动的人员提供医疗服务，其费用原则上由患者回所属单位按当地医疗费用管理办法办理。

（八）集中办公费用

领导小组办公室需提前集中办公的，集中办公时间原则上不超过三天。集中办公期间，原则上不集中安排工作人员食宿。确需安排食宿的，参照《汕头市市直行政事业单位部分费用开支管理办法》有关规定执行。所需经费在核定的牵头集中办公的职能部门活动经费预算中列支。

（资料来源：汕头市财政局. 汕头市大型活动财务管理办法. 汕头经济特区报社大华网，http://www.dahuawang.com/ztxw/zfgb/11438.htm.）

（四）活动后期的利润分配

利润总额的构成内容取决于收入与成本、费用支出的差额，主要涉及的项目包括节事活动的门票销售收入、产品销售及服务收入、工作人员费用、节事活动日常开支费用、活动推广费用等。利润是收入与支出相抵后的结果，其分配结果直接关系到活动利益相关主体的合法利益，进而会影响活动的长期、稳定发展。

通常，我们在收益—利润分配中应依照"依法分配、兼顾各方、投资收益成比例"的原则，规范利润分配渠道，统一利润分配方法，实现合理的利润分配。关于利润分配这一点，我们还需要了解到，由于我国节事活动发展的自身特点，许多活动都属于政府主导型，因此所得的利润可能并不是实际可见的利润，而是活动品牌形象的打造以及区域形象推广等无形的利润。

本章小结

活动策划是涉及活动目标、需求分析、战略规划和策略制定的系统过程，其结果是形成正确的决策和合理的工作安排。本章从活动目标的设定入手，强化创意在活动策划中的重要意义，在此基础上介绍活动策划书的主要内容及撰写技巧。

由于大型活动有严格的时间期限要求，这决定了进度计划在活动管理中的重要性。按照从计划到执行的逻辑，可以将活动的进度安排分为三个阶段，即活动前期策划阶段、活动期间执行阶段和活动结束总结阶段。进度安排（scheduling）的实质就是将活动项目的行动计划转换成一张运作时间表，该时间表可作为监控活动项目的基础，也可与计划和预算结合起来，构成活动管理的主要工具；常用的活动进度管理工具包括甘特图、关键路径法和计划评审技术。

活动的财务管理就是在节事活动中，主办方处理与赞助方等各相关单位的财务关系，并对活动的收支情况进行有效管理的过程，它涉及活动的筹资、投资、运营及利润分配的全过程。根据活动的时序，可以将活动的财务管理分为活动前期的财务预算及筹资管理、活动运营资金管理以及活动后期的利润分配管理等内容。

复习思考题

1. 活动策划的重要性主要体现在哪些方面？

2. 请充分发挥你的创意想法，策划一个关于十二星座的系列活动，并撰写相关的活动策划书。

3. 营销活动策划方案的写作应遵循哪些原则？

4. 按照活动策划的工作进度时序,为某公司的年会策划活动撰写工作安排计划书。

5. 常见的活动时间管理工具有哪些?

6. 试比较计划评审技术和关键路径法的异同。

引 申案例

“喜庆年 欢乐游”——滨州市 2010 年“好客山东贺年会”活动方案

一、指导思想

认真贯彻落实市委、市政府打造文化旅游品牌的指示精神,充分挖掘、整合各类文化旅游资源,高质量、高水平打造滨州整体旅游形象和文化旅游节庆品牌。在国际金融危机、甲流等不利因素继续冲击旅游市场的情况下,以旅游节庆活动的开展集聚人气、拉动内需,达到“以节造势、以势聚客,以客促发展”目的,营造出欢乐祥和的年节气氛,使旅游淡季不“淡”,从而推动我市旅游产业综合水平的不断完善提高。

二、组织机构

成立 2010“好客山东贺年会”活动领导小组,滨州市委常委、副市长孙承志同志任组长,市政府副秘书长高月华同志任副组长,宣传、旅游、文化、交通、传媒、劳动、建设等相关部门单位负责人为成员。领导小组下设办公室,李军同志兼任办公室主任,郭洪明、杨海霞同志任副主任,各县(区)旅游局长、市局各科室负责人为成员,办公室设在市局信息中心,负责制定总体方案,分解任务,落实责任。各项活动的具体承办单位和科室要明确分工和责任人,组织策划各项具体实施方案,抓好落实。活动实行“政府引导、市场运作、企业主体、以奖代补”的模式。

三、举办时间

2010 年 1 月 1 日至 2 月 28 日

四、主题口号

喜庆年,欢乐游

五、主要活动

(一) 活动启动仪式及大型文艺晚会

1.“好客山东贺年会”启动仪式

时间:2009 年 12 月 30 日晚

地点:山东电视台演播大厅

——在省旅游局、省电视台举办的全省元旦晚会上,滨州旅游形象大使赵娜(2009 国庆阅兵式女子民兵方队领队)面向全省观众推介滨州旅游,由此拉开活动序幕

2. 孙子文化旅游推介会

时间：2010 年 1 月 19 日晚 7：00

地点：滨州奥林匹克体育馆

3. "益之源"大型文艺晚会

时间：2010 年 1 月 18 日晚 7：30

地点：滨州奥林匹克体育馆

——市旅游局与有关部门共同主办，央视导演李子恒全程策划。扮演毛泽东、周恩来、邓小平的特型演员登台介绍滨州旅游发展概况。

责任分工：市局办公室负责邀请领导及启动仪式相关会务安排；规划科、信息中心负责启动仪式演出及宣传报道。

（二）2010（冠名单位）风情美食节（具体内容略）

1. 风情美食节开幕式及特色小吃展

2. 星级厨艺大赛

3. "贺年宴"评选

（三）（冠名单位）全市首届旅游商品创新设计大赛暨旅游商品展示（具体内容略）

1. 旅游商品创新设计大赛

2. 旅游商品展示

（四）文化系列活动（具体内容略）

1. 惠民县民间艺术会演擂台赛及颁奖仪式

2. 阳信县"梨乡民间文艺会演"

3. 邹平县第七届民俗文化艺术节

4. 2010 胡集书会

5. 丈八佛庙会及洪福园庙会

6. 大觉寺庙会

（五）旅游系列活动（具体内容略）

1. 588 元"孙子故里、生态滨州"全线（三日）游

2. 299 元迎新祈福（二日）游

3. 158 元孙子故里（一日，含三星住宿）游

（六）娱乐购物活动（具体内容略）

1. 欢乐嘉年华

2. 购物之旅

六、活动相关工作

（一）宣传

市局信息中心负责协调市内各主要媒体，对"贺年会"活动的宣传报道工作进行整体

设计,做好活动前期宣传、期间宣传和结束后的延伸宣传工作。滨城区旅游局、规划科、管理科负责在车站、市区参与活动企业、A级景区等重点场所张贴活动形象标识并设立宣传牌,营造欢乐的节日气氛。

(二)督导

1. 2009年12月26~27日,重点检查各参与企业活动形象标识是否张贴设立到位及现场气氛营造情况。

2. 2010年1月4~5日,重点检查企业各项优惠举措执行情况。

3. 对各项活动的组织策划与实施进行定期和不定期的督导检查。

(三)保障

1. "贺年会"活动领导小组办公室人员从市局各科室与滨城区旅游局抽调组成,负责活动日常事务处理。

2. 根据"政府引导、市场运作、企业主体、以奖代补"的机制,赛事评选类活动奖金由市局给予补助,其他经费市场运作自筹解决。

3. 各项活动的责任单位要按照活动领导小组的统一部署,各负其责,尽早出台保障措施和相关预案,保证活动的安全顺利举行。

(四)总结表彰

活动全面结束后,实行工作绩效评估机制,对在活动中表现突出的单位和个人给予奖励。各县、区局的组织参加情况列入年度业务考核目标体系。

(资料来源:http://city.sina.com.cn/j/2012-06-29/15044482.html/2012/12/12.)

案例分析题:

1. 滨州市2010年"好客山东贺年会"活动方案的目标是什么?

2. 请对这次活动的运作模式进行简要评价。

3. 滨州市2010年"好客山东贺年会"活动在内容上有哪些创意?

第六章

活 动 筹 备

引　言

　　《礼记·中庸》中说"凡事预则立,不预则废",意为不论做何种事,如果事先能够充分准备就容易获得成功,否则就会失败,这个道理在活动管理中表现得尤为突出。因为活动的过程是一次性的,活动一旦开始就是不可逆转的,也是不能重来的,领导、嘉宾、观众和媒体代表都在现场,出现任何一点小差错都可能让活动效果大打折扣。要避免任何常规性错误,特别是尽可能地避免活动执行过程中可能遇到的各类风险和突发事件,促使活动达到预期的效果,就必须认真做好活动的前期筹备工作。

学习要点

- 了解活动风险的常见影响因素;
- 理解在活动筹备阶段宣传推广工作的基本要求以及风险预测的重要性;
- 掌握活动筹备工作的主要内容、活动融资的方式、活动风险预测的方法以及与场地等供应商进行商务谈判的重点和技巧。

引入案例

一次药房促销活动的相关筹备工作

　　2013年9月,中秋节和国庆节这两个中华民族的传统节日日益临近,各行各业层浪逐高的促销活动开始将整个市场搅得沸沸扬扬。××市××大药房也跃跃欲试,计划拿出自己独家代理的两种主打产品——茸桂补肾口服液和好胃口参苓口服液开展促销活动。本次活动旨在通过打折、免费赠送、专家义诊、购药大抽奖等形式,吸引大量目标消费者,形成参与和购买热潮。同时,活动前后配合新闻炒作和广告,传播产品和服务理念,形成良好的口碑效应,以达到迅速占领市场的目的。

　　以下是这次促销活动的相关筹备工作,供各位读者参考:

一、信息发布

　　主要通过下列途径来发布这次促销活动的信息:

① 在《××广播电视报》报刊上发布活动信息,因为电视报的受众面是各家各户,而且其发行量有 4 万份,效果相对其他报纸媒介要好;

② 电视广告为飞字广告,内容以介绍活动为主,辅以简单的产品介绍或干脆不提产品的功能等内容;

③ 从 9 月 26 日至 10 月 6 日,在××市人民广播电台发布这次促销活动的广告;时间从早 8:00 至晚 9:00,每天滚动播放 10 次;

④ 在××大药房中心店门口挂一条横幅,内容为活动主题口号,时间为 9 月 25 日至 10 月 7 日;

⑤ 刊发可提高参与热情的人数信息,例如,"活动在 9:30 开始,请不要太早排队";

⑥ 注意要在广告边角上加上"活动解释权归××公司所有"等内容,以避免惹一些不必要的麻烦。

二、现场布置

活动现场布置得好,可以使活动进行得有条不紊,增加活动气势和氛围,吸引更多人参与。具体工作包括:

① 悬挂写有活动主题的横幅;

② 制作可突出产品形象和活动主题内容的大幅展板和背景板;

③ 印制了挂旗、桌牌、大幅海报和宣传单;

④ 设有咨询台、赠品及消费券发放台、销售台等。

在人员安排方面:

① 安排足够数量的服务人员,并佩戴工作卡或绶带,便于识别和引导服务;

② 现场要有秩序维持人员(安排集团公司保安协助);

③ 现场咨询人员、销售人员既要分工明确又要相互配合;

④ 应急人员(一般由领导担任,如遇到政府职能部门干涉等情况应及时公关处理)。

三、公关联络

提前到工商、城管等部门办理必要的审批手续。

(资料来源:http://www.koduo.com/jieri/zhongqiu/6804.html.)

第一节　场地考察与选择

活动场地是举办一次特殊活动的基础硬件之一,一个与活动匹配度高的场地无疑会让活动本身增色不少。选择什么样的活动场地要根据活动的性质、来宾构成、活动规模等因素来确定。例如,庄严、大气的活动场地与大型活动在形象和气势上会有着极好的映衬,而一个温馨、高雅的场地对一个小型交流活动的氛围营造会大有裨益。

一、对活动场地的要求

活动场地的条件是否完善直接影响到活动的组织和开展,而且不同的活动对场地布局也有特殊的要求。因此,为满足客户举办活动的要求,活动策划人员经常需要对多家场地进行综合比较,以便掌握更多的活动场地情况以及详细的场地设施及服务信息。策划人员在选择场地时,应重点考虑以下原则:

① 首先是场地的功能是否可以满足活动内容的要求,而且,交通、停车场、餐饮及灯光、音响等辅助功能应尽可能齐全;

② 场地的外观和环境氛围要符合活动的特点;

③ 场地的布局要适合活动的组织和管理,并与活动的规模相适应;

④ 出入要方便,位置要易找,特别是重要活动更要放在观众视线关注的位置;

⑤ 每个活动场地都要有自己独特的色彩计划,以区分不同的活动特色,同时各个部位尽可能采用非常经济的手段进行色彩规划;

⑥ 场地在处理火灾、断电等意外事故方面有必要的应对措施。

总之,活动选址时需要考虑的因素很多,但总体策略是以尽可能少的成本找到最适合客户与观众需要的场地。活动策划人员在选择场地时,必须综合考虑这一选择将给活动策划过程带来的复杂影响。除了基本功能,一般的活动场地仅仅要求装饰与主题一致,但对于特殊场地,舞台、灯光、音响、餐饮等都可能成为难题。在前期筹备和现场管理中,这个问题将更加棘手(王永嘉,2005)。

下面是一些特殊场地的例子,这些场地为不同主题的活动提供了极大的灵活性和可能性:

- 历史遗迹;
- 海边沙滩;
- 停车场;
- 主题公园;
- 创意园区;
- 教堂;
- 果园;
- 水族馆;
- 博物馆;
- 大学礼堂、学术报告厅和体育馆。

以青岛国际啤酒节每年举办的品酒活动为例,为了营造游客饮酒狂欢的热烈氛围,啤酒大棚采取开放式、露天式相结合的设计,在布局上力求多个啤酒大棚连在一起,不仅能够使游客感受到整个品酒活动的气氛,相互之间产生互动,而且形成了较大的规模效应。

第22届青岛国际啤酒节更是注重品酒大棚的规划和品位,啤酒城内科学布局建设了12个国际一流、风格各异的啤酒大棚。其中,最大的品酒大棚达到3 000平方米,最小的也达到1 200平方米。各大棚经营者在大棚形象上大做文章,各自引进本国原版设计理念,从主体构建到内外细节装饰无不精益求精,使品酒区的整体形象得到大幅度提升。

二、活动场地考察的内容

(一)初步选择场地

从大的范围来讲,根据活动的性质、规模及参与者的要求初步选择活动场地,要着重考虑活动所在地的地区特点及环境特点等因素。

1. 地区特点

首先要考虑活动举办地的地区特点是否和活动的主题相关联,如果条件允许,活动主题最好和地区特点有密切联系。例如,召开关于沙漠治理的会议,活动地点就不宜在东南沿海地区,而选择在具有沙漠地理特征的西北部地区可能更加合适。

2. 环境特点

其次,要考察当地的环境情况,包括自然环境和人文社会环境。例如,该地的天气与气候状况、治安状况以及经济状况是否良好,有无独特的历史、文化风情及自然风光的参观价值等。

(二)实地考察

对活动场地进行初步选择之后,下一步工作就是开展实地考察。亲临现场进行考察时应注意:一是会见能做决策的人,这样有利于以后解决可能出现的交易问题;二是以一个普通参与者的身份,考察场地的服务设施及服务水平能否满足活动要求;三是选定几家场地为备选,以便出现特殊情况时不会造成自己太被动。活动场地的实地考察主要包括以下内容:

1. 基础设施

硬件设施是选择活动地点必须要考察的内容,如活动场地的容量是否足够大,是否有活动所需要的各类器材,是否有齐备的照明、视听等现代化设施等。

2. 服务设施

活动地点的服务设施考察内容主要有:抵达场地是否有方便快捷的交通工具;是否有种类齐全的娱乐设施;停车场的位置与规模;场地本身或附近是否有商店;电梯、公共卫生间及其他公共区域是否干净整洁等。

3. 住宿

如果活动持续时间不止一天,还需要对活动场地或附近的住宿设施情况进行详细考察。考察的主要内容包括:客房数、房型、客房到活动场地的距离与方便性,上网设备,禁烟、入住、退房等相关规定,客房条件与安全设施等。

4. 餐饮

考察活动场地的餐饮服务能力非常重要,因为餐饮往往会影响参与者对活动的整体评价。考察的主要内容包括:公共区外观是否清洁;餐品的卫生状况;餐厅工作人员的态度是否热情,能否提供有效、快速的服务;餐饮价格是否合理,菜系类别,能否提供独特的茶点及与会者特殊要求的食物;是否具有举办主题宴会的能力等。

5. 场地工作人员

活动的组织重在服务,因此,活动场地的服务人员也是重要考察对象。主要内容有:现有服务人员是否需要因活动需要进行特殊培训指导;警卫人员与服务人员是否友好;接待处的人力是否足够;询问处是否全天有人值班;服务人员做事的效率如何等。

6. 安全

安全性是考察活动场地的重要内容,主要内容包括:室内活动场地是否设置了火灾报警系统,是否配备灭火器,是否公开了撤退程序;安全通道状况;安保能力等。

7. 费用

主要内容包括考察活动场地的各类收费标准及收费方式,工作日与周末的收费标准是否有所不同;是否可以提供免费使用的工作房间;是否需要缴纳订金、缴纳多少,是否可以刷卡结算等。

三、活动场地的选择标准

(一)选择活动场地的基本流程

活动场地是活动构成的主要部分之一,是吸引公众参与活动的重要原因。活动场地选择是否适当将直接影响活动参与人数的多少,特别是在以营销为目的的活动中,需着重考虑活动场地对营销效果的制约作用。

场地选择是否得当对一次活动的成败影响深远,因此,了解和掌握活动场地的选择过程对提高活动效果有着重要意义。概括而言,活动策划者在选择活动场地时有以下 7 个基本步骤需要考虑。

① 明确活动的性质;

② 确定活动形态;

③ 了解活动消费需求;

④ 考虑活动参与者的期望；

⑤ 拟定备选；

⑥ 开展实地考察；

⑦ 评估选择的正确性。如图 6-1 所示。

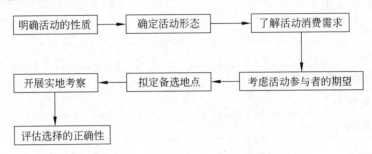

图 6-1 确定活动场地的步骤

（二）活动场地的选择标准

无论是公司年会、联欢会、新闻发布会、高峰论坛还是产品推介活动的策划执行，活动场地的选择都是重要的一环。作为活动服务公司这种专业机构，应该确立一套较为系统的活动场地选择标准。

一套严谨的活动场地选择规范和服务模式，通常都需要经过实地考察，依照专业活动场地的信息搜集标准逐项记录，并收录到专业的数据库中，场地数据信息的详细性甚至超过场地本身。然而，活动主办方自己去寻找场地时并不了解一个场地的软硬件设施对自身活动的可用性在什么地方，更何况，除了活动场地之外，还涉及其他诸如设备供应、流程控制等更加复杂的工作。因此，作为专业的活动服务机构，应该遵循"遵从客户战略导向、服务客户品牌建设"的服务理念，做到"先客户所想，先客户而动"，将所有工作做在前面，为客户提供更全面、更完善、更快速的优质服务。关于活动场地的选择标准，需从以下几个方面入手。

1. 一手的场地信息

通过"场地调查表"定期对各类新建场地进行考察，不失为系统了解活动场地信息的有效方式。依照前文所述，考察内容应包括场地的地理位置、场地风格、各类报价、会场的数量与造型、各类型场地面积、场地容纳人数、客房数量、菜系、会场现有灯光设备、视频设备、音响设备的使用情况、停车场车位的多少等，并进行详细记录。场地调查表的主要内容如表 6-1 所示。

表 6-1 活动场地调查的主要内容

考察人员：
考察时间：
考察地点：

考 察 项 目		考 察 说 明		
场地内信息	场地名称			
	场地地址			
	场地地理位置图			
	场地平面图			
	特别注意事项			
	场地尺寸			
	可用场地（面积、结构 & 高度）			
	地面构成			
	不可移地面建筑			
	密闭性			
	场地人流量			
	水/电情况			
	场内交通图			
	特别注意事项			
	场内总结			
场地周边相关信息	交通	车流高峰时段	公交站点	出租车
		注意事项：		
	停车场	位置	车位	费用
	加油站	名称		
		地址		
	宾馆	名称		
		地址		
		简介		

续表

场地周边相关信息	银行	名称		
		地址		
	餐厅(高/中/低)	名称		
		地址		
		菜系类型		
	商店/超市	名称		
		地址		
	机场/火车站/轮渡	机场信息	火车站信息	轮渡信息
	场外总结			
其他信息	场地性质			
	场地主管			
	联系人			
	联系方式			
	场地方要求			
图片说明	分场区域	展厅	车间	专访室
		照片说明	照片说明	照片说明
	场内交通	照片	照片	照片
		照片说明	照片说明	照片说明
	场外区域	照片	照片	照片
		照片说明	照片说明	照片说明
	周边相关	照片	照片	照片
		照片说明	照片说明	照片说明
各区域图片示意可不限文档篇幅,应该准备详实图片,以充分说明各区域情况。				

(资料来源:http://wenku.baidu.com/view/03726fc6d5bbfd0a795673bf.html,2012-08-09.)

2．良好的场地关系

通过项目合作与日常场地考察，可以积累大量的活动场地资料，以备全面满足客户的各种活动场地需求。与活动场地建立良好的合作关系，不但可以帮客户争取到最好的活动场地支持服务，也有利于为客户节省一定的场地租用费用。

3．个性化的场地供给

不同的活动形式和内容设计对场地有个性化的要求，而要找到真正合适的场地，需要在对活动形式、内容及流程充分了解和领会的前提下，借助手头资料的过滤筛选，得到最满意的答案。因此，策划人员应根据活动的具体特性，并结合不同需求及预算标准，向客户推荐最合适的场地，以满足客户的特定需求。

第二节   其他供应商的选择与谈判

在企业竞争日益加剧的今天，各活动策划机构越来越注重培育核心竞争力，非核心业务则大多采用服务外包的方式，由供应商来提供更专业的产品或服务。因此，在互利共赢的原则下，通过一定的谈判技巧选择优质的供应商并加强对供应商的质量控制，对活动的成功举办具有重要意义。一方面，供应商提供的产品和服务质量在很大程度上直接决定着活动的质量，影响着顾客对活动的满意程度；另一方面，服务外包意味着利润的外流，在与供应商的沟通过程中应掌握一定的谈判技巧以保证活动成本的最优化。

一、供应商的概念

所谓供应商，是指那些向买方提供产品或服务并收取相应货币作为报酬的实体，他们可以为企业生产或输出服务提供原材料、设备、工具及其他资源。供应商的类型可以是生产企业，也可以是流通企业。

活动策划机构与活动场地一般表现出分离状态，第一节中提到的活动场地往往就需通过相应的供应商来提供，当然，也有许多活动场地包括大型会展中心自身也策划和组织会展活动。除此之外，在活动执行过程中会涉及食宿、交通、灯光、音响、舞台、服装、道具、特技、视频录制及礼仪服务等，专业活动运营公司大都采取外包的模式。在大多数出现问题的活动中，通常都是因为对外部供应商的产品或服务考核、沟通及管理不到位，最终导致执行中的差错。

二、供应商的选择与评估

供应商选择与评估是一个重要的决策过程。活动运营方希望借助供应商达成什么目的；应遵循什么样的原则去选择供应商；如何评价和考核已选定的供应商；对于考核业绩较差的供应商采取什么样的措施等,这些都是在选择和管理供应商时要考虑的问题。

1. 活动供应商的选择标准

活动组织机构在选择供应商时,一般遵循以下几个标准。

(1) 产品(服务)质量合格

质量不合格的产品(服务)在投入使用过程中往往会影响活动运营的效果以及参与者甚至是社会公众的评价,这些最终都将会反映到活动的总成本中去;另一方面,产品(服务)质量过高对活动而言也并不意味着都是好事,若质量过高,远远超过了活动要求的质量,对于活动而言也是一种浪费。

因此,在活动服务采购中,对于质量的要求应符合活动运营的实际需要,要求过高或过低都是错误的。

(2) 总的采购成本低

根据供应商的报价单进行初步的成本分析是有效甄别供应商的方式之一。但成本不仅仅指采购价格,还包括产品或服务在使用过程中或生命周期结束前所发生的一切支出。价格最低的供应商不一定就是最合适的,倘若在产品质量、交货时间上达不到要求,或者由于地理位置过远而使运输费用增加等,都会使总成本增加。

(3) 交货及时

供应商能否按约定的交货期限和条件组织供货会直接影响活动项目的运作,因此,交货时间也是活动运营方选择供应商时应重点考虑的因素之一。

(4) 整体服务水平好

整体服务水平是指供应商内部各运营环节能够配合活动运作的态度和能力,譬如各种技术服务项目、方便订购的措施、为订购者节约费用的措施,包括安装调试服务、培训指导服务、维修服务等。

(5) 市场美誉度高

供应商的市场美誉度主要体现在履行合约的能力、在行业中的地位等方面,其中,对履行合约能力的考察主要有以下内容:一是确认供应商对采购项目、订单金额及数量是否感兴趣,订单数量大,供应商可能服务能力不足,而订单数量少,供应商可能缺乏兴趣;二是供应商处理订单的时间;三是供应商在需要采购的服务项目上是否具有核心能力;四是供应商是否具有自行研发产品的能力以及特色服务能力;五是供应商目前的服务能力和接单情况。

(6) 与供应商长期合作的可兼容性强

与供应商长期合作的可兼容性是指供应商与活动运营方之间的合作能力,主要表现在发展战略、企业文化、管理体制和信息平台等方面。

2. 活动供应商选择的步骤

活动供应商选择的工作流程与一般企业选择供应商的步骤基本相同。从活动组织机构的角度来讲,主要包括5个步骤:供应市场竞争分析;供应商初选;供应商考察及审定;询价和报价;合同条款谈判。

其中,采购人员应首先明确活动的需求,即弄清楚活动中的哪些服务或项目需要由第三方提供,在此基础上重点分析供应商市场环境和潜在供应商的基本信息。在询价与报价环节,询价的目的是从询价中获得最准确的价格信息,以便在报价过程中对设备、物品及人力资源服务等及时、正确地定价,从而保证准确控制投资额以及降低成本。在合同条款谈判阶段,多数情况下,交易双方要反复多次协商,进行各种意向性、协议性谈判,直到条件成熟,才进入合同签约阶段。

3. 活动供应商评价的方法

采购人员要根据具体情况,合理选用评价活动供应商的方法。常用的方法有以下几种:

(1) 主观经验法

• 直观判断法

直观判断法属于定性选择方法,即主要根据征询和调查所得的资料并结合项目经理或采购人员个人的分析判断,对合作伙伴进行分析、评价的一种方法,常用于选择活动的非主要服务供应商。这种方法主要是倾听和采纳有经验的采购人员或项目经理的意见,或者直接由他们凭经验做出判断。

• 招标评价法

当采购数量大、合作伙伴竞争激烈时,通常采用招标评价法来选择合适的供应商。活动供应商招标,是指活动主办机构或运营方(招标人)在一定范围内公开货物、工程或服务采购的条件和要求,邀请多家投标人参加投标,并按照规定程序从中选择交易对象的一种市场交易行为。

一个完整的招标采购过程,基本上可以分为投标、开标、评标、决标和签订合同5个阶段,在特殊的场合,招标的步骤和方式也可能有一些变化。

• 协商选择法

即由活动运营方先选出供应条件较为有利的几个供应商,同他们分别进行协商,再确定最合适的供应商。与招标法相比,协商法由于供需双方能充分协商,在物资质量、交货日期和服务水平等方面较有保证。

(2) 数学计算方法

• 采购成本比较法

对质量、交货期和服务水平都能满足要求的供应商,需要通过计算采购成本来进行比较分析。采购成本一般包括产品或服务售价、采购费用、运输费用等支出。

• 线性权重法

线性权重法是目前定量选择供应商时最常使用的方法,其基本原理是给每个选择标准分配一个权重,每个供应商的总评分为该供应商的各项标准得分和相应标准的权重的乘积之总和。

- 模糊综合评判法

在供应商评价指标体系中,有一些指标譬如员工素质、团队精神、全面质量管理水平等,很难用一个准确的数字来评价,此时借助于模糊数学可以很好地解决这一问题。

模糊综合评判法不仅简单明了,同时又比较好地解决了定性评价指标难以量化的困境,是一种比较适用的供应商评价与选择方法。这种综合评判法主要涉及 4 个要素:因素集 EJ、评语集 V、单因素评价矩阵 R、权重向量 W,具体操作可以参考有关专业书籍。

三、供应商谈判的重点与技巧

在与供应商开始谈判之前,作为活动筹备工作者,了解价格并不是唯一的考虑,更重要的是要先做些功课,仔细研究各目标供应商的特点及相关的服务品质。以下有 9 项协商谈判的重点,值得活动筹备人员在与供应商进行谈判时参考:

(1) 计划开始

准备一份准确、详细的需求计划(如果是公开招标,往往制定有完整的需求建议书,即 RFP),根据这个计划与供应商谈判。

(2) 做好功课

首先,了解相关供应商的经营方式,查看行业整体的报价区间,在此基础上为自己的购买定一个目标价格,但要注意留给供应商一定的利润空间;其次,对自己即将要购买的产品或服务做较为透彻的了解,以免在谈判中显得自己不懂行情,被供应商忽悠或者漫天要价。

(3) 表示热情与感谢

在与供应商沟通时,应表示出热情,感谢对方愿意为活动的运营提供服务。以较为大度的姿态面对各个供应商,使其感觉到为我们服务会很愉快。在轻松的环境中进行谈判,也较容易迎来供应商的坦诚与尊重。

(4) 利用谈判优势

始终要记住优势在买方这边。通过在谈判中不断地发问或提出要求,让供应商做较为详细的解释,这样,一来可以帮助了解各供应商的虚实,二来还可以弥补自己对相关产品或服务了解的缺失。

(5) 避免模糊不清的说法

明确的协商和谈判是避免双方合作失误的最佳方法。

(6) 清楚格式合同内容

许多供应商比如酒店、会展场馆等提供的都是标准制式合同,对于活动的需求可能不是特别重视,规定得也不是很明确,因此要根据我们活动的具体情况,做好相关方面的特别说明。

（7）清楚各项条款

许多合约的字体特别小，在签订合约之前，首先要仔细查看，避免存在不当条款，譬如取消服务的条款就可能定得很苛刻。

（8）明确权责

要求供应商明确彼此的权责，而且在没有双方同意的情况下，不可以更改合同。双方在协商过程中，权责与诚信都是基本要求。

（9）认真再确认

了解各种情形的可能性，并确认各个联络人及代理人的联络方式。

协商谈判一旦完成并签订合同，活动组织机构应当将承接服务的供应商视为一个团队，并依照合同内容，严格监督应该按时、按质完成的项目，丝毫不得马虎。另外，每家供应商都有不同的背景及工作模式，为了高质量完成活动的各项任务，应该在协商时尽力消除彼此之间的差异。

第三节　活动融资

如何为大型活动融资或者说如何建立商业化的运作模式是活动举办的关键环节。在讨论融资渠道之前，需要先分清融资渠道和收入来源这两个容易混淆的概念。融资是金融学上的概念，指筹措资金，并用来完成相关的项目，时间上处于项目的启动阶段；收入来源指的是所有能产生收入的方式，可能存在商业利益的交换，也可能没有，它贯穿整个项目的实施过程。本节将要探讨的就是可能的融资渠道。概括而言，常用的活动融资方式有以下 6 种：

一、政府财政资助

财政资助是主办单位最为直接和理想的经济来源，具有安全性、稳定性、可靠性等诸多优点。大型公众活动得到政府的财政资助是完全可以理解的，因为这些活动在带来经济效益和提供大量就业岗位的同时，也会带来巨大的社会效益，例如为所在城市赢得美誉度等。所以主办单位可以名正言顺地从政府那儿得到相应的补偿。

世界贸易组织（World Trade Organization，WTO）提出，财政资助的主要形式有6 种。

① 直接的资金转移，政府可以向主办者赠款、提供无息或低息贷款，甚至直接购买主办单位发行的股票。

② 潜在的资金转移，一般是由政府提供贷款担保。

③ 税收减免，政府放弃向主办单位征收或通过税收抵免的方式变相不征税。

④ 政府提供一般基础设施以外的商品和服务，比如向主办者提供较低价格的土地、场馆。

⑤ 政府指示其他机构向主办单位购买产品或服务。

⑥ 主办单位从政府那里得到某种形式的收入或价格支持。例如，政府向主办单位授予某个行业展览会的特许经营资格，以保证某个重要展览会的规模、声誉和经济效益。

二、企业及民间机构赞助

在国外，来自企业或民间机构的赞助是举办大型公众活动的主要经济来源之一，而国内则是名义上参与的较多，实际出资的少。要想寻求企业和民间机构的资金支持，首先，大型活动要和这些企业、民间机构拥有相同的宗旨、理念和目标；其次，主办方也要提供一定的方式满足赞助人在广告宣传等方面的特殊商业利益。最后，活动本身所具备的知名度、影响力也是决定性因素之一。

另外，基金会也可能成为大型活动的重要资金来源。例如，著名的爱丁堡国际艺术节采用以企业为主体的市场化运作模式。爱丁堡国际艺术节组委会作为爱丁堡国际艺术节的总代表，主要职责是联合各个节庆活动进行总体策划，保证艺术节在国际上的领先地位，以及与投资方及利益相关者进行战略磋商。在我国，各类官方、半官方、民间的基金会越来越多，大多数基金会都不以营利为目的，但每个基金会都有自己的宗旨和目标，活动主办方要以此为切入点，取得他们的支持。

另外，有实力的行业协会有时也会有一些经费为他们的会员提供服务，大型活动的主办方不妨和他们联系，很多时候既能争取一部分资金支持，又可以在组织工作中得到协会的帮助，可谓一举两得。

三、银行贷款

银行贷款主要分为两种：抵押贷款和信用贷款。对于大型活动而言，主办单位一般不像工厂企业那样拥有高额的固定资产，因此要得到抵押贷款基本不可能，除非是由政府主办的大型公众活动。

取得信用贷款的前提条件是寻找担保人，如果一时找不到合适的担保人，可行的办法是主办单位以未来可以预计的收入作抵押向银行申请贷款，如门票收入权、活动场地广告发布权（以相应合同为依据）等。通常，贷款银行可以要求主办单位在其行内设立专用账户，银行将贷款划入此账户，所有支出专款专用，由银行把关；同时，主办单位的相应收入也汇入此账户。银行通过这种办法监督资金的进出，以提高资金的安全性。

四、发行债券

普通的活动发行债券可能性不大，只有奥运会、世博会这样的活动才有机会。这类债券筹措到的资金往往会用于市政建设,其本质也是市政债券。根据现行的《预算法》,地方政府发行市政债券属于被禁之列,以大型公众活动的名义来为市政建设发债融资无疑是一个巧妙的设想。发行债券的关键是对收益的预计以及能否以地方财政作担保。

五、公司上市

和发行债券相比,通过股市融资无疑实际得多。上市的方式通常分为直接上市和间接上市两种。无论是定期的每年一届、两年一届的活动,还是短期的一次性活动,只要是有利润和高经济回报,就可以选择上市。现实的情况是许多上市公司在融资后找不到合适的投资项目,一些回报率高的活动无疑成为他们追逐的理想投资目标。利用这种方式,大型活动的主办者特别是世博会运营公司、展览公司等可以实现间接上市。

当然,对于规模较大和有稳定收入来源的主办单位来说,选择直接在主板或创业板上市也不失为明智之举,因为间接上市毕竟是以流失一部分利润为代价的。

六、补偿机制

对于投资规模大、短期难以收回资金而政府又不得不办的活动项目,可以考虑给予适当的补偿。比如,给予投资企业在活动举办地周围一定数量、一定期限的土地进行有较高收益的项目开发(如开发沿线商业、旅游、娱乐等文化体育产业);又比如,统筹两个经济效益不同而又有内在联系的活动。建立补偿机制的好处主要有两个方面:其一,能调动活动主办方的积极性,把抽象的社会效益变成实在的经济利益;其二,对整个社会具有示范效应,促使更多的公司或个人从事此类活动,从而达到繁荣地方经济的目的。

诚然,除了上述 6 种融资方式外,大型活动的主办者还可以根据活动的实际情况,想出符合自身需要的融资方式,如发行彩票、转让特许经营权、开发相关产品(邮品、礼品等)、冠名权等。

第四节　活动宣传推广

酒香也怕巷子深。对于"活动"这种特殊产品,其重要价值在于它的宣传推广效果,换句话说,活动的宣传推广效果是检验一项活动是否成功的重要指标。如果一个小型活动能抓住其中的某一点予以放大,进而达到广而告之的目的,应该是所有活动主办方和运营机构都想要达到的目的。

一、宣传推广策略的制定

一份有效的宣传推广计划是打造一次成功活动的基础,计划的核心就是找到与活动主题、项目等相匹配的受众。为了达到这个目标,活动就必须向客户传递一个核心的理念。为此,要做好市场分析、制订有针对性的推广计划等一系列工作。

1. 市场分析

即在制订宣传计划之前搜集、分析一切与活动有关的可用信息,以保证做出恰当的推广计划。为此,需要做好相关准备工作,例如,确立活动的愿景、任务及核心目标,考虑与活动及团队相关的优势、劣势、机会和威胁主要有哪些,制定/完善活动的流程及内容,确定活动最佳主办时间等。

随着分析的深入,还需要考虑如下更多的细节:

① 活动的观众分析,例如,谁会来,来自哪里,预计人数会有多少,重复和首次参与者的数量,过去时间里参与者的变化状况等。

② 目前的相关研究,譬如是否掌握并仔细核查了观众的详细信息,根据相关研究能得到什么结论,这些研究是最近的吗,还需要找出哪些其他信息等。

③ 先前的宣传活动及相关资源,譬如,过去用过哪些宣传方式,哪些可以进一步开发应用。

④ 可用的资源,比如预算有多少、员工配备、利益相关者的支持、完成计划的有效时间等。

⑤ 竞争者分析,例如,活动有其他竞争者吗,从竞争者那里你能学到什么。

⑥ 目标收入分析,包括因推广而得的门票收入、潜在收入有哪些及宣传推广对活动潜在收入的影响。

需要注意的是,在整个过程中,活动推广不是独立或一成不变的,它应随着活动的推进而做出灵活的改变。

2. 推广计划应该由谁来做

活动的规模与性质将决定由谁来参与推广计划的制订,以及最终将由谁来负责递交计划。对于一次小规模的活动而言,可能是某一个人全面负责计划的制定,而对于一项大规模的活动,可能需要一个富有专业技能的营销团队。

不论什么样的活动推广需求,责任都应有所明确。一份成熟的活动推广计划需要责任人与上级活动组织、资助者及其他合作伙伴进行交流,并寻求合适的建议。一些大的活动可能会受益于一个由各个合作伙伴组成的"活动推广策划小组",这个小组应该为活动营销人员提供实际支持和建议,并确保所有合作伙伴都完全同意相应的推广计划。

3. 资源分析

制订活动宣传推广计划时,首先要明确可用的资源,主要包括:资金——做出最低的推广预算;时间——因时制宜,在有限的时间内做恰当的事;人力——分工明确,确定相关负责人及可用外援。

4．确定目标市场

如果活动市场的需求是可识别的,那么通过市场分析大致可以确定活动可能会吸引到的客户类型。接下来,需要对这些客户群体进行深入了解,这意味着计划必须更加具体。在这一阶段,需要回答两个关键问题:

（1）目标市场是谁

可能包括以前的参与者;新兴客户;特定的兴趣团体;学校;特定的年龄、民族及社会经济体;家庭、夫妻、旅游者、潜在赞助商、媒体、利益相关者、相关俱乐部和组织、有影响力的人物等。

（2）目标市场在哪里

了解客户来源,是来自当地还是其他更大范围的区域。在了解了这些信息之后,可以建立客户信息档案,明确哪些是现有客户,该采取什么样的措施去维持并建立其忠诚度;哪些是潜在客户,该采取什么样的方式去争取。这一阶段的目的就是防止资源的浪费,要把宝贵的时间及有限的经费用在准客户身上。

5．制定宣传推广目标

一旦确定了构成目标市场的核心客户,就可以着手制订详细的宣传推广执行计划。为确保计划具有可操作性,需满足 SMART 条件。

① 具体性(specific)——目标是否具体。

② 可测性(measurable)——怎么衡量目标是否完成。

③ 可操作性(achievable)——是否有足够的人力、物力及财力支持。

④ 现实性(realistic)——不要高估任何目标,特别是收入目标。

⑤ 时限性(timebound)——能否在有限的时间内完成目标。

6．制定活动推广策略

确立了活动宣传推广的目标之后,接着要做的就是寻找实现目标的方法,也就是说开始制定策略。

（1）定位营销

活动的定位营销是一种向受众提供活动信息的方式,它将通过一些关键词或信息让客户知晓参加活动将会得到什么。每个活动都有它的亮点,比如活动的知名度、核心项目、特色及差异性、活动体验如专门针对某一区域或某一独特人群的活动等。

明确活动的核心优势,然后集中精力突出这一优势,定位营销才能得以有效开展。是要继续目前的定位,还是集中力量发挥其他优势,这是活动策划人员在活动推广过程中经常要审视的。

（2）组合营销

除有效的营销定位之外,活动内容、参与费用、便利性、促销力度等也是影响客户是否参与活动的主要因素。因此,在制定活动的推广策略时对这些因素都应有所考虑,即要制定最为有效的市场营销组合(marketing mix)。

 扩展阅读 6-1　活动宣传推广计划书(范例)

前言

- 活动名称,时间,地点
- 活动 LOGO
- 日程计划
- 制作人

活动介绍

- 活动概要,如日期、地点、时间、内容等

项目背景

- 利益相关者及合作伙伴
- 简述活动历程及宗旨

市场分析

- 市场调研与评估
- SWOT 分析
- 竞争者分析

目标受众

- 现有客户分析
- 潜在客户分析

推广目标

- 简述具体的目标及实现方式、完成时间、完成标准等

推广策略定位及关键点

- 描述活动定位
- 简述关键点

营销组合

- 简要说明活动的内容、费用、便利性及促销

推广方法与策略

- 简述推广方法,客户的来源与目的
- 审视相关条件(资金、人力及时间)是否能够保证活动的正常进行
- 推广意见与建议

二、制定宣传推广策略的方法

在活动宣传推广策划中有一种重要的方法论——借势造势。简单地说,就是寻找和创造机会,采取相应的行动,扩大战果,巩固发展大好形势。它的功用在于利用一切主客观条件为自己创造竞争中的有利形势。"势",我们可以把它理解为战机、形势、趋势和优势等。一个出色的活动管理专家懂得借势造势,突发的政治事件、公众关注的热点新闻等往往会带来相当可观的经济收益和社会效益。

从目前比较推崇的"制造新闻"的方法和技巧中,我们可以窥见活动宣传推广时借势造势的方法和技巧。

制造新闻又称"新闻事件"或"媒介事件",它是指组织以健康正当的手段,有意识地采取既对自己有利,又使公众受惠的行动,去引起新闻单位和各界人士的注意。为提高本组织的知名度与美誉度,某一组织在发生的真实事件的基础上,经过企划人员的推动挖掘和组织安排,筹划一系列具有新闻价值的事件或活动,以期获得宣传媒介的报道机会。制造新闻是一个企业或组织提高知名度和美誉度的有效手段,它不是哗众取宠、故弄玄虚,而必须以事实为依据,以新闻规范为指导,有益于社会和公众生活。

与此同时,制造新闻是一项创意性活动,没有固定的程式和方法,只能依靠企划人员的广博知识、丰富的想象力和实际经验去展开。通过系统分析大量的宣传推广案例,仍然可以找出一些带有普遍性的方法和技巧,主要包括:围绕社会热点、时尚元素等策划新闻;利用新颖的形式包装新闻;有意识地把名人与企业组织联系起来,并以此制造新闻;与新闻机构联办活动,增加亮相机会;新闻炒作不能违背社会公德,否则可能将企业和品牌带入一场危机。

三、活动宣传推广策划的要求

特殊活动具有较强的策划色彩和设计色彩,是企业或组织配合公共关系宣传需要而人为设计出的一种"程序",就像一部好莱坞的大戏,有主题,有情节,有开关序曲,有高潮安排,有结束办法,表现出较浓的程序气息和谋略色彩。具体而言,活动的宣传推广策划应注意以下 10 个基本要求。

1. 主题突出

主题是活动策划的灵魂,也是吸引公众的根本。一般来说,策划活动时可以从以下几个方面进行主题定位:社会主题文化(如奥运体育文化)、社会节日文化、人文精神文化、时尚文化、品牌文化、商品文化等。例如,南宁国际民歌艺术节主推少数民族品牌,德国慕尼黑啤酒节则紧紧围绕核心进行横向、纵向的拓展。

2. 娱乐的表现形式

策划活动时应该重视活动娱乐气氛的设计,以引导公众出于娱乐和好奇而积极参与活动。如果能根据公众的心理特点,策划出符合其心理需求的活动,娱乐色彩比较强,公众就会踊跃参加,活动就能真正发挥巨大的影响作用。例如,蒙牛"城市之间"大型体育互动活动、可口可乐大篷车全国走秀活动等。

3. 文化厚重

现代公众是高度重视文化享受的,文化性心理需要比较强。很多时候,公众参与活动的动机并不是为了购买商品,而是寻找一种感性化、大众化的文化休闲机会。他们要求活动具有一定的文化品位。因此,策划活动时,应该讲究文化性,从主题思想、活动形式到现场气氛、赠送礼品设计都应该突出文化色彩,给公众以文化美的享受,借助文化机制来吸引公众。例如,宝马中国的环保之旅。

4. 奖励

公众参与社会活动有时存在一定的惰性,需要活动组织者给予刺激,才能激发出参与活动的愿望。刺激公众的途径很多,最常用的是利益刺激。在活动中,可以设置比较有吸引力的奖品、奖金,引导广大公众出于获利而积极参与到活动中来。例如,中国电信"我的e家"有奖征文、展览会现场的观众抽奖等。

5. 情节设计

活动作为一种程序性项目,应该富有情节性。情节的设计与安排要符合主题思想、活动品位和促销宣传的需要,同时还要有趣味性、高潮性和煽情性,使活动组织井然有序,形式生动活泼,以欢快的现场气氛和富有感染力的情节稳住到会公众。例如,南岳衡山心愿之旅——禅修、生态体验大本营。

6. 情感体验

在活动运营中,公众的参与有两个层次:第一层次是形式参与,即人到了活动现场,能感受到现场气氛,但是心理活动还没有到位,没有对活动产生相应的心理认同。第二层次是心理参与,也就是说,公众不仅到达现场,而且还为之高兴,产生出愉快的亲身体验和心理思维,自觉关心活动。

7. 时间

举办活动的时机选择要恰当,要符合公众的心理规律。例如,宣传企业形象、品牌形象和商品形象的主题活动,一般安排在节日、假日或者是商品消费的热点期。

8. 诉求简单明了

活动的直接目的是吸引大量公众来认知企业或组织形象、品牌形象和商品形象,谋求的是轰动效应。因此,对公众的要求应该简单化,从公众的参与条件到活动项目的具体操作,都应力求简单。

9. 活动的周期性

企业如果能定期举办具有内在联系的公共关系专题活动,活动与活动之间在主题上具有呼应性,在形式上具有配合性,表现出相对稳定性,就可以创造出公共关系活动的规模效应,强化企业的市场辐射力。例如,婚纱摄影机构定期、定点的咨询、展示活动,美容美发机构走进社区免费服务等。

10. 氛围营造

在气氛的营造方面,要运用大手笔艺术的表现形式,选用鲜明的色彩,制作、悬挂多种充满欢乐气息的巨幅宣传作品,使活动现场洋溢出祥和、欢快、喜庆的气氛,给公众以愉快的享受。例如,雪碧音乐排行榜——清凉一夏系列活动。

四、活动的宣传推广形式

活动的宣传推广大体可分为三个阶段:前期造势、活动期间宣传和后续报道。一个活动的执行时间通常不会太长,在活动举办过程中,会因本身的主题、影响力及规模等吸引一些媒体的常态报道,但如果放任自流,不加以管理和引导,这些报道就会流于形式,归为社会新闻一类,占据电视报道的一个小时段或报纸版面的一角,这样的宣传如过眼烟云,影响十分有限。

活动的宣传形式主要有以下几种,在实际工作中往往需要组合运用:

1. 新闻发布会

活动主要以新闻发布会的形式与媒体建立起信息互动。为此,活动还需要建立起新闻发言人制度。

2. 专题

活动专题是活动信息的集锦,通常可以采用推出活动官方网站或在大型门户网站设置专题及活动会刊等形式。

3. 路演

路演是宣传推广的一种重要形式。《超级女声》的拉票晚会就是一个很好的例证,不但起到了宣传作用,也实现了与粉丝的互动。

4. 广告

任何一个活动都需要适当投放部分广告,以扩大活动的影响力,让更多人了解活动的具体情况。广告媒体主要包括电视广告、户外广告及 DM 宣传单、印刷品、平面媒体广告等,活动组织者应根据广告目标和活动的具体情况合理选择媒体。

扩展阅读 6-2　各类媒体及宣传功能分析

谈到宣传推广，就离不开相应的媒介。然而，当活动日益被作为一种新的媒介（如经常提到的活动营销）而加以应用的时候，我们如何来对活动进行推销呢？与其说推销活动，不如说一个活动的传播过程就是一个跨界整合媒体的过程。因此，了解不同媒体的差异性及其面对的目标受众群体，有助于我们娴熟地应用这些媒体的功能，以满足活动的特定需求。

一、电视

强势媒体，线性传播，拥有最大范围的受众，已经成为现代人群主流生活中不可缺少的文化休闲方式；电视台众多，多数优势资源控制在有影响力的少数几家电视台，投放价格高。

宣传功能分析：大量以女性群体为消费对象的商品广告占据电视传统广告的大片山河。一则广告的日播数量与传统效果并非简单的正比关系：欠不足，满招损。播少了，不能给观众留下深刻印象；播多了，会产生审美疲劳的负面效果。

二、广播

伴随性媒体，线性传播，主要目标受众为车载人群和校园学生，投放价格较低。

宣传功能分析：广播收听时间的不确定性以及观众群体相对稳定的特点，以有车一族或大学生群体为目标的大量宣传投放往往能事半功倍。例如，自驾车旅游、车辆销售与维护、娱乐休闲、招生就业等。

三、报纸

阅读性媒体，受众面较广，传播影响时效较强。

宣传功能分析：信息量大、受众面广的宣传需求通常会选择报纸作为首要媒介，因为它适宜反复阅读、慢慢品味。例如，各大家电卖场、超市促销信息，楼盘信息以及商业品牌形象广告等。

四、期刊、杂志

阅读性媒体，以半月刊、月刊居多，时效性较弱；拥有较为固定且收入水准较高的目标受众；依据内容不同，杂志消费对象群体化、类型趋同化。

宣传功能分析：媒体特点与报纸类似，适宜投放大信息量的宣传内容，宣传推广对象指向性强。例如，化妆品、汽车、酒店、楼盘等多喜爱此类媒体。

五、户外广告

辅加性媒体，定点传播，多分布于人流量较大位置。

宣传功能分析：覆盖人群广，因受观赏条件的制约，宣传品通常文字简练，传递信息清晰明了。

六、网络

最便捷的宣传平台，可细分为门户网站、行业网站、论坛、社区、博客等。

宣传功能分析：不受时空传播的限制；拥有相当数量的受众群体；互动性较强，聚众效应明显。

七、分众传媒、框架媒体

写字楼、电梯间、店铺内无处不在的影响力媒体。

宣传功能分析：布点密集，其传播功能与宣传推广品牌知晓度的运用方面十分匹配。

八、手机平台、3G平台

拥有点对点的传播特点，到达率高，资费便宜。

宣传功能分析：目标范围广阔，适合大众消费类项目广告，对锁定细分目标群体效果较差。

（资料来源：王伟，浮石. 活动创造价值——活动运营实操手册［M］. 长沙：湖南科学技术出版社，2009.（有改动））

第五节　邀请参加者

活动观众邀请不同于一般的宾客邀请，不论是初次邀请还是多次邀请，都要本着实事求是、讲求效益的宗旨，不可为邀请而邀请，也不可无视自己的财力、物力随意邀请。邀请可以是计划性的，也可以是临时性的。前者往往是按照本地区、本单位的工作计划进行具体落实；后者则可能是因为发生了某些问题，需请对方前来协商或做技术指导；或对方有参与意向，邀请对方前来观摩等。

一、活动邀请的几种形式

在一般情况下，邀请有正式和非正式之分。正式的邀请既讲究礼仪，又要设法使被邀请者记住，故多采用书面形式，常用的有请柬邀请、书信邀请、传真邀请等，它适用于正式的商务交往中。例如，给某位著名人士寄发请柬和由活动组委会主席亲笔签名的邀请函。非正式的邀请通常以口头形式来表现，显得相对随便一些，常用的形式有当面邀请、托人邀请以及打电话邀请等，多适用于商界人士之间的非正式接触。

1．正式邀请

（1）请柬邀请

在正式邀请的诸形式之中，档次最高也最为商界人士所常用的当属请柬邀请。凡精心安排和组织的大型活动与仪式，如宴会、舞会、纪念会、庆祝会、发布会、开业仪式等，只有发请柬邀请嘉宾，才会被人视之为与其身份相称。

（2）书信邀请

这种邀请方式往往表现为以个人名义的邀请，邀请对象呈现出捉摸不定的状态，需以亲笔书信探其参与意愿，力求对方能够参加某项活动。例如，某公司董事长亲笔书信邀请行业领军人物莅临某项活动，书信中表露出活动的意义及邀请对方参加的意愿。

（3）传真邀请

在正式邀请中，这种方式用得相对较少。一般来说，这种方式不适宜对嘉宾或者媒体的邀请，常用于邀请观众参与活动，且大多表现为邀请不太熟悉的潜在观众。

2．非正式邀请

（1）当面邀请

这种方式比较自然，常用于互相比较熟悉的亲朋同事之间。这种方式不但可以让被邀请者了解活动的目的，而且当时就可以知道被邀请者是否有空和乐意接受。

（2）电话邀请

这种方式比较灵活，不论什么时候，有合适的时间就可以邀请客人。采用这种方式既可以节省亲自去邀请的时间，也可以马上知道对方的意见。

二、成功邀请的三个原则

邀请是活动举行的一个常规行为，发出邀请是第一个步骤，恰当的邀请可以为活动的顺利举办奠定基础。为此，应该遵循以下三个原则：

1．选择合适的对象

邀请对象的选择必须根据活动的目的而定。邀请对象自然是能给活动带来帮助的人，但有时也需要一些其他人士作陪。如果遇到这种情况，就应当精心选择邀请对象，根据活动的性质、需要及规模等，遵循"先主要后次要、先亲近后疏远"的原则来划定邀请范围，然后依次确定邀请名单。此外，还要适当考虑邀请对象的学识、年龄、地位、性格的差异和他们相互间的关系等，以防邀请了不合适的人，从而破坏了邀请对象间的和谐关系，给活动带来不必要的麻烦。

2．采取恰当的方式

采取何种方式邀请要具体问题具体分析，根据活动的性质和对象而定。政府官员、专家学者、老板等大多工作忙、时间紧，对他们最好提前相约，以便他们调整工作、时间安排；

闲暇时间多、工作容易调度的人早约定自然更好,而即使临事而请,一般也能随请随到;对某团体的要人,公开邀请,甚至借助传播媒介,既能体现公正无私、光明磊落,又利于引起关注,以促进宣传、扩大影响;而邀请出席"密谈"类活动时则应悄悄进行,以便避开旁人的视线,保证某些活动的隐蔽性。

3. 注意"行""明""便""诚"

"行"即邀请的可行性。例如,某房产公司楼盘开盘进行剪彩活动,非要请某位副市长亲临,以壮场面、做宣传,谁料久请不到,一拖再拖,最终也没请来,白浪费了时间。所以邀请要量力而行,既不强人所难,也不为自己所不能为。

"明"就是明确、明白。邀请前一定要明确活动的时间、地点、内容、邀请对象等,以便心中有数。同时还需要将上述事项向邀请对象传达明白,以利其接受邀请,担负相应的角色并准时赴约。

"便"就是尽可能地为邀请对象着想,为其提供来往交通等方面的便利。例如,某公司想解决一个技术难题,办了一场研讨会,李教授在业界的威望很高,期待他能够亲临。可李教授年事已高,行动不便,原本打算拒绝,没想到该公司竟派了专车接送且专人护理,李教授颇为感动,于是改变了主意。这样做,与人方便,与己方便,利人又利己。

"诚"就是真诚相约,不虚情假意,不违约、不失信。例如,某次活动的举办者曾邀请几位业界朋友到活动现场指导,朋友信以为真,谁知他却是虚意敷衍,让朋友在活动现场找不到适合自己的位置。

总之,邀请不可只凭自己的主观意志,而无视对方的意愿,可通过各种途径或在合适的场合向对方表达邀请愿望。一般而言,大型活动的邀请不是随意行为,亦非仅仅是出于礼貌客套。因此,发邀请者必须慎重,受邀请者也要认真考虑。邀请不论是口头或是书面,都应郑重其事,才有可能发展今后的交往。

三、邀请一般参加者

邀请一般参加者是活动筹备过程中的一项重要工作,参与者的多少和质量的高低直接关系到活动的成败。一般来说,活动参加者的邀请与组织需从以下两个方面展开。

1. 参加者邀请渠道

一般参加者出席活动的主要动因包括节目吸引,猎奇心理;寻找合作伙伴;了解行业动态、进行技术交流等。因此,活动能吸引到多少参加者直接影响到活动的规模和影响力。通常情况下,活动组织机构通过以下几个渠道进行一般参加者的邀请与组织。

（1）行业协会

随着市场经济的发展,行业协会在本行业的权威性和影响力日益突显出来。在实际筹备过程中,活动机构往往注重发挥行业协会的核心力作用,而忽略了其组织一般参加者的功能。其实,行业协会可以通过专门召开会议、发文或在内部刊物上刊发消息等方式,组织活动参与人员,这些手段不仅直接、而且针对性强、影响力大。

（2）参与者数据库

参与者数据库是成功举办一个大型活动必不可少的。在活动开幕前一定时间内,活动组织机构要安排一定的人员向目标观众邮寄活动邀请函、入场券等宣传资料,邀请他们届时到达活动现场,并安排专人分区域与主要观众进行联络,做好参与者的组织工作。

（3）广告宣传

活动的宣传推广要始终贯穿活动的整个组织过程,在活动筹备的不同阶段,广告宣传应该选择不同媒体、不同的信息发布形式,并且要突出重点。这样,活动参与者的邀请才能做到有的放矢,进而保证活动参与者的质量。

（4）同类活动

目前,在不同的地区都会有相同题材或类似题材的活动举行,许多活动组织机构已经开始参加其他同题材的活动,利用其他活动来宣传、招徕以及邀请参加者。当然,要吸引更多参加者,首要任务是提高活动质量、形成品牌效应,以吸引更多的参与者,其他措施和手段都是暂时的、辅助性的。

（5）其他活动

目前,许多活动组织机构都会在活动期间组织一些相应的配套活动来吸引更多的参与者,以丰富观众参与活动的内容,提高他们的参与度。

（6）国外相关组织

如果活动的定位是国际性的,活动举办机构就要与国外相关组织、协会和俱乐部等有关机构建立良好的合作关系。除此之外,还要在国际性的主要专业媒体及门户网站上发布活动消息及广告,并重点推荐,增强活动的国际影响力,吸引专业人士。

2. 邀请活动一般参加者的方式

（1）媒体宣传邀请

不论是品牌活动,还是一般普通活动,不管是国际性活动,还是区域性活动,通过媒体宣传邀请参与者几乎是每个活动都必须采取的一种方式。发布活动信息所采用的媒体主要包括电视、广播、报纸、专业杂志、网络等,形式主要有新闻报道、组织访谈、刊登广告或软性广告等。

（2）直接发函

直接发函就是根据数据库的客户资料,直接向他们邮寄活动的各种资料,主要有邀请函、请柬、入场券、活动快讯等。通过邮寄相关资料让客户了解更多的活动信息,增强他们参加的欲望。活动组织机构除了安排一定人员承担这项工作外,还可委托专门的公司提供协助。

（3）内部通告

很多行业协会都有自己的内部刊物,其发行对象主要是会员企业,在这些内部刊物上刊发消息具有更强的目的性和针对性。许多活动主办机构往往重视这些刊物的影响作用,而忽略了它们的参与者邀请作用。在活动组织阶段,应该充分利用这些刊物,合理安排时间,突出重点,分层次多次刊载相关信息,使更多的专业人员进一步了解活动内容与信息,增强他们参与有关活动的积极性。

（4）电话与传真

以电话方式邀请观众主要是将活动的相关资料邮寄给目标参加者一段时间后,针对一些重点对象进行追踪邀请。以传真方式邀请参加者只是对资料邮寄方式的一种补充,因为邀请参加者的数量比较多,传真邀请参加者的成本会比较高,不宜作为邀请观众的主要手段。

此外,还有许多活动以电子邮件和手机短信等方式来邀请参加者,这是近几年随着数字通信和网络的不断普及而出现的一种新型的活动宣传方式,具有便捷和成本低廉等特点,但其目的性与针对性不强,一般只能作为邀请观众的辅助手段。

（5）派送邀请函、请柬与入场券

派发邀请函、请柬与入场券等资料是许多活动邀请参加者的一种常用方法。除了有目的地向相关客户邮寄上述资料外,还常常会在同题材活动现场或人群集聚地区派专门人员派发。这种形式虽然目的性和针对性不是太强,但对活动仍有一定的宣传作用,而且成本也比较低,所以一些中小型活动经常会采取这种形式。

（6）路牌广告与张贴画

一般来说,路牌广告的租用有一定期限,只在招商阶段租用路牌进行广告宣传不太可能,其成本也比较高。另外,许多活动也会印制一定数量的张贴画(海报)张贴在人群集聚场所比较引人注目的地方,以达到宣传的效果。

四、邀请赞助商代表

邀请赞助商代表参加活动往往是活动主办方对赞助商的重要回报方式,为了突出冠名赞助商的地位,往往还会邀请其领导为活动致辞或做相关发言。因此,对赞助商代表的邀请与接待准备是活动筹备人员不容忽视的工作内容。另外,工作人员的服务水平直接影响着活动主办方与赞助商的合作关系。

例如,赞助商接待权益是2008年北京奥运会组委会给予赞助商的重要回报方式。奥运赞助商接待项目为大约5万余赞助商贵宾来京观赛提供全方位服务,北京奥组委相关部门负责人会向赞助商代表介绍市场开发、票务、住宿、注册、交通、安保、机场抵离、入境签证及贵宾接待、货物出入关、形象景观和文化广场、观众服务、收费卡、赛时无线电频率申请、奥林匹克接待中心、合作伙伴现场展示、户外广告控制和摄影服务等工作情况。

五、邀请演讲嘉宾

在公司举行大、中型活动期间,邀请一些上级主管部门的领导和社会名流或是一些对企业生存和发展有重要意义的单位领导出席是举行业务恳谈、洽谈会时可行的公关策略。这既可以向外界展示企业实力,也可以在一定程度上扩大企业的知名度,从而更有利于今后业务的发展。在邀请演讲嘉宾时应做到以下事项。

1．确定受邀嘉宾的名单

演讲嘉宾名单应由活动主办方召开会议研究决定,然后由会议筹备组负责邀请,必要时需公司领导出面。邀请的嘉宾人数不宜过多,名人效应不一定能带来经济效益,有时反而会给公司增加不必要的开支。

2．制作请柬或邀请函

请柬或邀请函制作要求精美别致,譬如套封皮、系彩色丝线、盖章或由公司领导亲笔签名等,要一丝不苟地完成。

3．注意邀请礼节

在正式发请柬或邀请信(函)前可以通过电话沟通,得到对方允诺后再发,这样既可以节约成本,也显得彬彬有礼。如有可能,应尽量了解受邀嘉宾的背景,处理好不同嘉宾之间的关系,避免某些尴尬场面的发生。

4．随时保持联系

在活动开始前,应与嘉宾保持联系并确认好接送的时间和地点。

5．提供专人管家式服务

嘉宾莅临时,应安排专人负责接站、迎接工作,在整个会议过程中也应该有专人为之服务,在食宿方面给予特殊的礼遇。

六、邀请媒体

企业举办各种活动,除了带有保密性质的活动外,一般都希望活动相关信息能够迅速传播到尽可能多的人,以扩大活动影响,这对企业的发展是非常有益的。平面或立体媒体基本上可以满足企业的这种愿望,但由于媒体众多、层次不一,不同媒体对信息报道的质量、可信度和报道角度均有所不同,因此活动的组织者在选择媒体时,应对媒体做出理性且经济的挑选。

选择媒体时应了解媒体的报道习惯。不同媒体对信息的报道有所侧重,如《人民日报》《光明日报》、中央电视台等这类媒体,影响大、受众多,侧重报道重大时政信息或与国计民生密切联系的事项,所办广告栏目目的明确,但价位较高。另一种是都市晚报类或地方电台、电视台等媒体,侧重报道生活、文体方面的信息,有一定的受众群,可以将广告形式做出不同的变通,如以新闻报道形式做广告,其价位中等。还有一种就是一些经济、资讯类媒体,报道的信息多种多样,有时可信度遭人质疑,但广告价位相对较低。

在考虑邀请新闻界人士时,必须有所选择、有所侧重。

1．决定是否邀请

是否邀请新闻界人士参加,首先要看有无必要性。即使存在一定的必要性,也要多加论证,要保证参加活动的媒体少而精,若是没有必要邀请新闻界人士,也就不存在邀请媒体的问题了。

2．邀请哪些媒体

决定邀请媒体之后,邀请哪些方面的新闻界人士与会就显得重要起来。新闻媒体大体上分为电视、报纸、广播、杂志、网络 5 种,它们各有长短,只有了解了各种新闻媒体的主要优缺点,并在具体邀请时加以考虑,才不至于走弯路。

3．有所侧重地邀请

邀请新闻界人士时必须有所侧重。一般规则是,宣布某一消息时,尤其是为了扩大影响和提高本单位的知名度时,邀请新闻单位通常多多益善;而在说明某一活动或解释某一事件时,特别是当本单位处于守势时,邀请新闻单位的面则不宜过于宽泛。

不论是邀请一家还是数家新闻单位参加活动,主办单位都要尽可能地优先邀请那些影响广泛、报道公正、口碑良好的新闻单位。此外,还应根据活动需要,确定是邀请全国性新闻单位、地方性新闻单位、行业性新闻单位同时到场,还是只邀请其中的某一部分。例如,拟邀请国外新闻单位到会,除了要看有无实际需要之外,还需遵守有关的外事纪律,并且要事先报批。

4．协调好双方的关系

应当协调好主办单位与新闻界人士的相互关系,主办单位如欲取得活动的成功,就必须求得对方的配合,并与之协调好相互关系。

5．注意事项

与新闻界人士打交道时,活动组织者应注意以下事项:

① 要把新闻界人士当作真正的朋友,要尊重友好,更要坦诚相待。

② 要对所有到达现场的新闻界人士一视同仁,不要有亲有疏、厚此薄彼。

③ 要尽可能地向新闻界人士提供他们所需要的信息。要注重信息的准确性、真实性与时效性,不要弄虚作假、爆炒旧闻。

④ 要尊重新闻界人士的自我判断,不要指望拉拢、收买对方,更不要打算去左右对方。

⑤ 要与新闻界人士保持联系。要注意经常与对方互通信息,常来常往,争取建立双方良好的合作关系。

第六节 活动风险预测

风险的产生起源于现实世界的不确定性以及人类对事物认识的局限性。小到一个街道的宣传活动,大到奥运会、世博会的举办,有人聚集,有互动参与,有舞台表演,就一定会面临着或大或小的活动风险。活动管理过程中会遇到的风险有很多种,但可以归纳为两大类,一类是在活动执行过程中可能遇到的风险,如自然风险、技术设备风险、安全风险、演员风险等;另一类是隐性风险,如法律政策风险、政治风险、商业风险以及市场风险,还有来自于活动组织者自身的运营风险。

一、风险的识别

举办活动存在着方方面面的风险,但有些风险是可以在活动前期的筹备工作中鉴别出来并予以规避的。

1. 风险识别所需的信息

风险因素识别的第一步就是获得尽量多的关于活动相关方的安全信息,包括收集背景信息和情报,能够进行场所管理和风险评估,以建立和修正计划,需要搜集的信息主要包括以下内容。

(1) 人群的情况

人群的情况包括三个方面,第一,可能到来的人数;第二,可能到来的人群类型及可能的行为;第三,人群对场所或者活动的熟悉程度。

(2) 场所及设备设施的信息

包括活动举办场所的出入口,紧急出口的位置;公用设施的位置以及场所中不同功能区的布局;导向标识系统的设置情况等。

(3) 周边环境信息

周边环境的地理特征(附近交通场所,停车场的位置,附近主要道路及其去向,附近单位的入口等);活动中安排的交通方式及时间表;临近场所中的情况;可能引起场所中人群滞留的道路状况等。

(4) 活动管理相关信息

包括活动运营方的经验、资格、活动安全工作方案,活动安保人员的配置、活动的管理制度及应急措施等基本情况。

2. 活动风险的影响因素分析

现代安全管理理论认为,事故的直接原因是人的不安全行为和物的不安全状态,间接原因是管理的缺陷所导致的。活动的风险因素有很多,其中,有些因素是独立的,有些是相互联系或相互制约的,这些因素对活动的影响程度也各不相同。下文将从活动的执行因素和活动的隐性因素两个方面对活动的风险因素进行分析。

(1) 活动执行因素分析

• 活动本身的特性

活动本身的特性包括活动的类型、规模、时间、地点、周期、性质等。例如,竞技性体育赛事往往具有较强的对抗性,可能造成竞技人员的人身伤害。

• 自然与社会环境因素

活动的举办势必受到周边环境的影响。首先,来自于自然环境,主要是指天气和气候等自然条件对活动的影响;其次,来自于社会环境,主要是指流行性疾病、工业危险源、特殊事件、交通、周边人群密集度等对活动的影响。例如,2003 年的“非典”造成了人员和财产的巨大损失,引起社会的恐慌,原定在中国举办的女足世界杯被迫易地。

• 设施设备因素

主要指活动现场的设施设备故障可能给整个活动带来的影响。不管是室内还是室外活动,其场地规划布局特别是疏散通道、活动区域、停车场的布局非常重要,不少活动发生事故就是因为整体规划布局不合理造成的。

• 管理因素

管理中的风险及有害因素一般较难发现,也难以及时规避。管理中的安全因素可以从管理组织机构、管理制度、事故应急救援预案、特种作业人员培训、日常安全管理等方面进行识别,例如,主办方对活动保安及工作人员进行系统的培训等。

(2) 活动隐性因素分析

特殊活动特别是大型活动的运营其实具有高风险,所关联的隐性因素很多,下面就政策风险、政治风险、商业风险及市场风险做简单说明。

政策风险是指活动运营的相关管理部门对大型活动举办的要求和管理方法,譬如2007 年国务院第 190 次常务会议通过的《大型群众性活动安全管理条例》等,如果对这些政策法规不了解的话,一旦出现政策上的错误,很有可能会导致公司的相关执照被吊销之类的严重后果。

政治风险主要指对参与人员特别是涉外人士的管理风险,如涉外艺人的演出资质、涉外公司营业许可、具有争议的涉外人员等,需要保证的是所做的活动具有合法性。

商业风险和市场风险是指在活动运营过程中,可能由于一些战略决策上的失误或者一些外在因素的影响,而遭到经济利益上的损失。比如,2008 年北京奥运会当时就面临很大的商业风险,大型体育设施和场馆的建设导致奥运会的运营成本过高,这些场馆如果在赛后不具备商业上的可操作性和持续的盈利功能,将成为管理费用的无底洞,从而造成巨大的资源浪费。

3. 识别风险的主要方法

对活动中存在的隐患能做到先知先觉是需要一些技巧、经验和知识的,以下方法可以帮助活动组织者更好地识别风险:

(1) 分解法

把活动运营的各项工作逐一分解,并依照它们的性质和特点进行归类管理,将极大地帮助对风险的识别。

(2) 测试法

做测试性的活动,尤其是在奥运会等大型赛事的运营中,经常会采用在主要赛事之前试运行一些小型比赛活动的方法,来测试举办比赛的场地、设备、运营和其他资源等,这将有利于提早发现问题,防微杜渐。

例如,按照国际奥委会要求和北京的申办承诺,在举办 2008 年夏季奥运会(包括残奥会)前,在赛时正式使用的各场馆都要举办一次体育赛事,以对场馆设施、技术系统、计划方案、运行规范和保障能力等进行测试和检验。从 2006 年 8 月至 2008 年 6 月,在奥运场馆陆续举办了 44 项"好运北京"体育赛事。其中,2006 年二项,包括第 11 届世界女子垒球锦标赛和 2006 年青岛国际帆船赛;2007 年 26 项,有 23 项在北京举办,其中一项是残奥会项目比赛,另外三项在京外城市举办;2008 年举办 16 项赛事,全部在北京举办,其中一项是残奥会项目比赛。这些比赛作为"好运北京"体育赛事的系列赛事,都以"好运北京"(Good Luck Beijing)四个字命名。

(3) 推理法

首先找到如果风险一旦发生所可能产生的后果,然后倒推,寻找可能引起这一风险的原因。比如,在一次户外流行音乐会中,可能会引发骚乱,这是个很可怕的后果,我们可以借助推理法找到可能导致这一后果的种种原因,从而在现实操作中进行规避。

(4) 假设法

活动管理团队和某些利益相关者一起对可能出现的问题进行假设和模拟决策,也是一种非常有效的鉴别和防范风险的方法。

(5) 咨询法

指活动的管理团队咨询各个活动供应商以及专家顾问团队,请他们一起来分析和制定活动中防范风险的方案。

二、风险的预测预警

1. 风险预测预警的主要内容

活动的主办者在举办活动前应该进行风险预测预警,其主要内容如下。

(1) 人群容量

包括对活动参加人员的数量、人群年龄结构、观众情绪等因素的预测,分析这些因素对活动安全的影响。要保证一个大型活动的安全性，就需要预测参加本次活动的人群类型、特征，分析其心理行为特征，然后根据活动场地的实际情况，预警人员的最大安全容量。

（2）周边环境

包括对场地开放程度、周边地理环境、交通环境、污染状况等因素进行分析，并制定科学的预测预警措施。对于活动公司来说，当这些环境因素存在风险时，反应及处理措施是否适当会影响到活动运营公司的品牌。

（3）设备设施安全

包括安全通道、消防设施、各种指示标识以及水、电、气、热等重点部位当前的安全状况。比如，对大型活动火灾的预测需要预警用电、用气安全，以预警活动的火灾负荷，并预警消防设施的完整性。

（4）自然灾害及二次影响

包括预测天气等自然灾害对活动正常进行及安全可能造成的影响，需要特别关注的是由于自然灾害的二次影响。以对某一活动的大风灾害预测为例，就要分析大风可能对这些活动场所带来较大的危害，比如广告牌的设立是否安全、是否有悬挂物等，从而据此预警这些重点区域。

（5）恐怖事件

预测大型活动现场可能发生的爆炸、枪击、投毒等突发恐怖事件，预警恐怖分子可能实施恐怖的方式，另外，对活动场地的关键部位的安全性预测预警也很重要。例如，对易造成恐慌的小化学品的预警等。

（6）新增危险因素

包括临时搭建设施、展品的贵重程度等因素。例如，如果预测到活动中可能会有建筑坍塌事件，就要预警临建设施的安全性，并制定相应的应急预案。

（7）当期大环境

活动特别是大型活动除了要考虑本身环境安全的预测预警，还要考虑在当期大环境下的安全性。例如，在"黄金周"期间举办的大型活动，就要预测整个"黄金周"的各种因素可能对活动安全的影响，并根据预测结果做出合理的预警。

2．活动预测预警系统

建立活动预测预警系统的实质就是通过辨识活动中可能导致各类突发事件发生的危险有害因素，为活动制定科学的预测预警实施方案。

具体方式是：通过搜集活动相关方情况、分析活动当期社会环境状况、调查活动期间的各类风险控制情况等，运用风险预测和评估方法，预测活动的风险，从而将所有可能出现或可能导致事故发生的危险状态辨识出来，然而进行评价并标明一定的等级；在日常工作中时刻监控这些危险状态的出现，一旦出现立即报告，并将预警结果展示出来，进而采取相应的预警措施进行控制。根据事先预警功能的要求,大型群众性活动预警管理系统的主要单元有以下几方面,如图 6-2 所示。

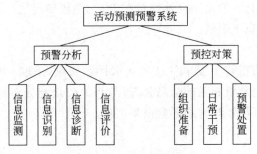

图 6-2 活动预测预警系统

(1)活动预警分析

活动预警分析是对各种活动举办过程中的突发事件征兆进行识别、判断、评价与及时警示的管理活动,包括监测、识别、诊断和评价 4 个阶段。

① 监测

监测是针对活动举办场地、人的行为、内外部环境状况和安全管理的过程监测与信息处理。通过对大量监测信息的整理、分类、存储和传播,建立系统共享的信息档案,并将监测信息及时准确地输入识别环节。

② 识别

识别是运用预警指标体系对监测信息进行分析,以识别活动中各种突发事件的征兆和事故诱因。

③ 诊断

对活动中处于警戒和危机状态的预警指标进行判定,分析各种引发突发事件的成因、过程和趋势,并采用线性回归法、主观概率法等方法预测其发展趋势,指明引发突发事件的因素。

④ 评价

评价是对活动突发事件不良后果进行风险评价,其结论是提出预控对策的基础。

(2)活动预控对策

活动预控是对活动中突发事件征兆的不良趋势进行矫正、预防和控制的管理活动,包括组织准备、日常干预和预警处置三个阶段。

① 组织准备

指在活动筹备阶段制定开展预警管理工作的有关制度、标准和规章,其任务:一是确定活动突发事件预警管理的组织构成、职能分配及运行方式;二是为预警状态下的管理提供组织训练和对策准备,建立预警对策库,为预控对策提供有保证的组织环境。

② 日常干预

即对活动突发事件的诱因进行实时监控和干预的管理活动。其任务：一是预先控制突发事件征兆的不良趋势，使之向良性趋势扩展；二是模拟可能发生的危机状态，并提出相应的对策方案，以防患于未然。

③ 预警处置

指当日常监控无法扭转突发事件征兆向劣性扩展时，采取一种"例外"性质的管理。在预警处置中应注意与危机相关的信息公开，与相关公众充分沟通；积极开展应急处理；在事件处理之后积极开展系统性的形象恢复工作。

三、活动风险评估

有效的风险评估可以界定风险并对风险进行排序，从而为减轻风险提供一套科学系统的方法（Covello，1993）。根据澳大利亚/新西兰风险管理标准（risk management，AS/NZS4360：2004）等文件和标准，风险评估的基本流程包括计划和准备、风险识别、风险承受能力与控制能力分析、风险可能性评估、风险后果评估、风险等级确定、对策建议、反馈与更新 8 个环节（图 6-3）。

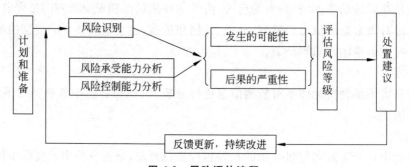

图 6-3　风险评估流程

活动风险评估的目的是识别活动中可能导致各类突发事件发生的有害因素，评估各类突发事件发生的概率、可能造成的影响及风险水平，并提出对策建议，从而针对活动可能出现的风险制定防范措施和为管理决策提供科学依据。风险评估过程可以采取多种形式，这取决于风险种类和所牵涉的系统以及风险发生的环境。

对于活动项目管理者，风险管理是最重要的关注点之一。活动能办得相当出色，但也能成为糟糕的败笔。对于一个活动项目经理，如果他举办的活动以失败而告终，是一种极大的灾难。在活动中如果出现受伤或活动项目遇到财政上的失误，情况更是如此。因此，在活动的初期阶段应该集思广益，以探讨所有可能与活动有关的风险因素，并按其风险程度分类定级。

四、活动应急预案与应急处理策略

1. 制定应急预案的作用

针对不同情况制定有效的应急预案,不仅可以指导应急行动按计划快速、有序、高效地进行,还可以指导应急人员的日常培训。建立完善、合理、系统的应急预案是为有效应对突发事件打下基础,其作用表现在以下几个方面。

(1)消除隐患

这是应急预案的第一大功能。对于突发事件而言,永远是"防范胜于救援",如果能把突发事件消灭在萌芽状态,就是最理想的处置效果。

(2)提供依据

当突发事件爆发时,可以根据此时此地的风险情况、资源状况,快速生成有效的处置方案。同时,利用历史经验,有利于发现突发事件自身的规律以及处置的内在机理,从而进一步促使预案更加完善和合理,提高应急管理的能力,而不是简单重复历史经验。

(3)及时出动

活动中的突发事件往往是防不胜防的,一旦发生就必须及时采取有效的措施。通过制定应急预案做到未雨绸缪,能提高活动执行人员应对危机的反应速度。

(4)动态调整

突发事件复杂多变的特性决定了其处置过程也应该是动态变化的,但是在紧急状况下,动态决策不能依靠传统的"拍脑袋"的方法,而是应该有科学、合理的决策支持体系,这就要依靠动态调整预案为其提供决策依据。

2. 应急预案的编制

应急预案不仅包括对风险的预测、识别和评价,人力、物品和工具等资源的准备,还包括建立合理的应急组织,设计行动战术,风险发生后的清除、整理和恢复等工作。编制应急预案包括以下三个基本步骤。

(1)评审已有的应急预案

在修改或制定一个新的预案之前,对已有的预案进行回顾是很有必要的,包括对以往类似活动或相关活动的预案和程序进行回顾。

(2)应急预案内容的确定

应急预案的关键部分应该包括对紧急情况管理提出总的看法,简述潜在的风险情况,预防程序、准备程序、行动程序的编排,紧急情况后的恢复操作等。

(3)应急预案编写

起草应急预案应该是一个合作、协调的过程。确定专门的目标和阶段,制定任务表格并具体注明编写人、执行时间。如果不止一个人来起草预案,编写应该分工明确,制定一个时间表并保证有充分的时间来完成编写任务。

3. 应急培训与演练

一个完整的活动应急预案应该规定紧急时刻该做什么,谁来做和怎么做,使活动执行人员特别是现场工作人员明白自己的职责并掌握相应的技能。为达到这个目的,就必须对相关人员进行有效的培训,并模拟若干场景或参与同类型实际活动进行演练。"预防为主"是工业安全生产的原则,更是活动正常运营的必要条件,"未雨绸缪、有备无患"应是活动组织者时刻谨记的不变法则。

本章小结

凡事预则立,不预则废。活动管理的大量工作都是在筹备期间完成的,主要内容包括宣传推广、供应商选择与谈判、活动融资、参与者邀请以及活动风险预测等。供应商选择与评估是活动管理的一项重要决策,本章第一节详细论述了对活动场地的要求分析、活动场地考察的主要内容及选择标准,第二节详细介绍了其他活动供应商的选择标准、评估方法及谈判技巧。

第三节从融资渠道和收入来源的概念辨析入手,介绍了政府财政支持、企业及民间机构赞助等 6 种活动融资的常用方法。一份有效的宣传推广计划是打造一次成功活动的基础,计划的核心就是找到与活动主题、项目等相匹配的受众。本章第四节具体讲述了活动宣传推广计划制定的流程、方法和基本要求。第五节针对一般参加者、赞助商代表、演讲嘉宾和媒体记者等不同受众,介绍了活动邀请的主要内容与常用方法。

第六节详细论述了活动风险预测的工作内容、流程及方法,包括风险的识别、风险的预测预警、风险的评估以及应急预案的制定与实施。有关活动风险管理的具体方法将在第七章讲述。

复习思考题

1. 活动场地考察的主要内容有哪些?
2. 请简述活动供应商的选择标准以及与供应商谈判的技巧。
3. 活动融资的常用途径有哪些?
4. 活动宣传推广的基本要求有哪些?
5. 活动邀请的方式有哪些?面对不同的邀请对象需注意的问题是什么?
6. 活动风险识别所需的信息有哪些?活动风险预测预警的主要内容是什么?
7. 简析活动风险的常见影响因素。

引 申案例

从活动的视角看《中国好声音》

《中国好声音——The Voice of China》（图 6-4），是由浙江卫视联合星空传媒旗下灿星制作强力打造的大型励志专业音乐评论节目，它源于荷兰节目 *The Voice of Holland*，于 2012 年 7 月 13 日正式在浙江卫视播出。《中国好声音》不仅仅是一个优秀的选秀节目，更是中国电视历史上真正意义的首次制播分离。刘欢、那英、庾澄庆、杨坤 4 位著名歌手将作为明星导师言传身教，为中国乐坛的发展提供一批怀揣梦想、具有天赋才华的音乐人，树立中国电视音乐节目的新标杆。

图 6-4　《中国好声音》宣传海报

一、活动立项

这是一个真人秀节目，关注小人物的大梦想。这一点与之前很多的节目类似，然而不同的是，《中国好声音》则更加纯粹，它只关注音乐。为此，在节目中，导师们反复强调"只凭声音做出判断"，这无形中也增加了节目的公平性，使得小人物大梦想这一贴近观众的亮点更为突出。

二、活动编排

首季《中国好声音——The Voice of China》的制作及播出历时三个半月，最终在浙江卫视播出的节目中包含"导师盲选""导师抉择""导师对战""年度盛典"4 个阶段。

第一阶段"导师盲选"的新意在于：在最初的学员选拔阶段，明星导师背对学员，仅选择声音，不受其他任何因素的干扰。如有导师在学员演唱时按下选择按钮，则标志着学员被该位导师纳入旗下。这一环节在考验学员唱功的同时，更是多位明星导师决判力的大比拼,当有多位导师同时选择同一学员时,选择权便握在了学员自己手中,此时导师间的"你争我夺"将是非常有趣的看点。当然,即便在这一阶段没有被导师选中也完全不用着急,学员可以继续在训练营继续接受培训,等待下一次机遇。

第二阶段"导师抉择",在 4 位明星导师选出自己的门下弟子后,将会专门培训所有学员的音乐才艺。最终,4 位明星导师旗下的弟子将会同台演出。谁能成为优秀学员,就得看在导师门下学习的时间里,谁的潜力能够得到充分的挖掘。

第三阶段的"导师对战"是对 4 位明星导师"教学能力"的一次考验。经过相同时间的培训,谁的学生发挥得更好,也得以在舞台上见分晓。

第四阶段"年度盛典",《中国好声音》节目所有导师和学员的一次大型演唱会,在这场盛典中,这一季明星导师培养出来的学生,将会首次面对大舞台演出的考验,他们的音乐才华也将接受所有观众的共同检验。

三、活动融资

在寻觅冠名商的过程中,浙江卫视在很多以往的大客户面前都碰了壁,原因在于《中国好声音》项目本身前景的不确定性以及高额费用所带来的高风险。浙江卫视看重的是投资商的支票,而赞助商看重的是节目所带来的可能的巨大影响和品牌传播价值。

融资过程其实也是一个自身利益与投资方利益博弈的过程,如何进行推广、传播,如何将各方的利益最大化。灿星制作需要通过良好的节目保障自身收益,浙江卫视需要借好节目提高收视率,版权方需要监督品牌节目以保证又一个成功的范例,而赞助方(如加多宝)则需要借助好节目来实现品牌植入与品牌传播,扩大品牌影响。

四、核心竞争力

优质的生产线——灿星制作,强大的经销商——浙江卫视,富有的投资商——加多宝,当这一切都具备的时候,灿星制作迅速开动了产品生产的过程。为此,他们请来了 4个知名的产品经理人——刘欢、那英、庾澄庆、杨坤,4 个知名的音乐人。而这一切完全符合了版权方的要求,三男一女,内地顶尖音乐人,同时他们又各具特色,刘欢——学院派,那英——综艺冷面孔,庾澄庆——优秀主持人,杨坤——草根北漂,分别代表了资深、分量、严谨和靠谱。

对于《中国好声音》,无论是灿星制作,还是四大名导,他们通过宣传片,通过不断的口水仗,反复地强调"声音才是评判的唯一标准",从而深入人心,成为节目立意的根本所在。

五、活动营销

做强节目品质、做大节目影响、做好节目推广、做足节目互动——这是《中国好声音》整合营销传播的核心,而对浙江卫视来说,做大节目影响、做好节目推广、做足节目互动则成为其角色范围内的重中之重。为了实现这个上述目标,浙江卫视可谓是煞费苦心,加大了宣传片的编排力度,力求在最短的时间内将节目影响做上去。

　　为了做好节目宣传，做大节目影响，浙江卫视除了利用自身平台加大宣传片的频次与力度，还通过与各大视频网站、微博网站以资源互换的形式，整合各自资源。正是集合了各大视频网站的能量，《中国好声音》瞬间爆发，成为街头巷尾热议的话题。《中国好声音》借助各大视频网站扩大了节目影响，吸引了观众，而各大视频网站也通过《中国好声音》将流量转化为了实实在在的广告客户，更难得的是视频网站也以此为契机借助传统电视传播自身品牌。在线下，加多宝把所有的线下功力全部用在了《中国好声音》上。

　　《中国好声音》是一档初获成功的节目，"好声音"是一项可以预见未来的项目，成功的模式、细致的策划、完美的整合、到位的执行，这些共同塑造了一个火爆的传奇。

　　案例分析题：

　　1. 请分析《中国好声音》节目能取得巨大成功的主要原因。

　　2. 在节目编排上，《中国好声音》的最大亮点是什么？

　　3. 结合《中国好声音》，谈谈你对活动宣传推广的认识。

第七章

活动现场管理

引　言

　　对于活动而言,现场管理犹如足球赛场上的临门一脚。所谓活动的现场管理,是指用科学的管理制度、标准和方法,对活动现场各要素包括人力、设施设备、物品等进行合理有效的计划、组织、协调、控制和检测,使其达到良好的组合状态的管理过程。活动现场管理、控制和协调的内容十分庞杂、事无巨细,如果处理不当,任何一件小事都有可能引发重大问题。因此,活动现场管理人员对活动相关事宜要全盘了解,对所有的工作安排和细节设置都必须果断、英明地做出决策。

学习要点

- 了解活动风险管理的主要内容与流程;
- 理解活动现场管理工作的重要意义以及基本方法;
- 掌握活动风险管理的控制方法、活动现场布置和活动撤离管理的具体操作、活动餐饮与酒店服务的常用模式。

引入案例

活动现场管理的常见问题

　　一般而言,在活动的现场执行过程中最容易出现三个问题:一是活动前期准备不足造成现场工作的漏缺;二是活动现场分工不明确导致管理混乱;三是对现场突发事件的处理缺乏一定的准备和技巧。

一、活动准备不足

　　海南省第三届人才劳动力交流会因为进不了现场招人,某企业到了现场根本找不到车位停车,费了老大的劲停好车后还是没办法进入市场内招人。现场混乱的秩序,拥挤的人群让林先生没有了招人的心情。现场疏通交通的一名交警也表示,这里的道路太窄,停车位又少,在这里举办大型的招聘会很容易造成交通堵塞,同时也易发生事故。

　　　　　　　　(资料来源:http://blog.ce.cn/html/39/550239-1344182.html.)

二、现场管理混乱

作为釜山电影节参展电影，影片 M 的新闻发布会计划在釜山海云台某宾馆举行。本次新闻发布会也是电影节的正式活动之一。不过，因为电影节组委会的粗心安排，举行发布会的房间宽度只有 5 米左右，来到现场的 200 多名记者一致要求主办方临时更换地点。最后在主办方的协调下，采用了摄影记者们先拍照后退场、给摄像记者们留出空位的办法，这样一来，发布会比原定的时间晚了 30 分钟才得以举行。李明世导演和著名影星姜东元的出现引发了现场的混乱，大部分外国记者都表示无法理解。最后，釜山电影节金东浩委员长向现场媒体道歉称："因为组委会的失误，今天给各位带来了诸多不便，在这里我向大家表示歉意。"

（资料来源：http：//ent. sina. com. cn/m/p/2007-10-07/16541740488. shtml. ）

三、突发事件处理不好

2007 年，北美峰会在加拿大魁北克的蒙特贝罗开幕，美国总统布什、墨西哥总统卡尔德隆和加拿大总理哈珀参加了此次峰会。据悉，三国领导人集中讨论全球竞争力、食品和产品安全、可持续能源、能源管理和地区安全等五方面的问题。会议引来了数千名来自美国和加拿大的示威民众，约 5 000 名警察在会场外待命，最后，防暴警察被迫释放催泪瓦斯将示威民众驱散，现场一度十分混乱。警方称，有 4 人被逮捕，另外约有 20 名示威民众和警察受伤。

（资料来源：http：//news. xinhuanet. com/newscenter/2007-08/21/content_6574717. html. ）

从上述三个小案例中我们可以看到，风险管理是活动现场管理的关键。即使是事先经过周密准备的活动，在现场执行过程中也可能会遇到各种各样的问题。如何有效识别和应对活动中可能存在的风险以及提高服务水平，是活动现场管理的主要内容。

第一节　活动现场管理的基本方法

长期以来，现场管理一直是令活动组织者头疼的问题，因为尽管前期已经做了大量准备，仍然有可能在现场发生一些意想不到的事情。随着活动产业的日益成熟，人们开始意识到，活动现场管理计划能否顺利进行与前期的组织设计、任务分工和风险防范以及现场的统一组织、分工协作及事故处理有很大关系。虽然活动现场管理的内容十分庞杂，但仍然是有规律可循的。要做好现场管理工作，活动主办方需要掌握以下基本方法。

一、做好关键角色管理

所谓角色管理，其实质类似于活动现场管理的工作分解结构（work breakdown structure，WBS），即根据参与活动人员的身份把现场管理工作分为若干方面，活动主办方安排专人来负责每一方面的工作，并有项目负责人来统一管理各方面的负责人，以协调和控制整个现场工作。

角色管理的前提是对参与活动的全体人员进行科学的角色划分。例如,一次演出活动的主要参与人员大致可分为 6 大类,即活动组织方、场馆方、演员/主持人/选手等、舞台/灯光/音响管理公司等供应商、嘉宾/观众以及媒体记者。其中,活动组织方包括活动的主办方、承办方和协办方等参与活动策划和运作的所有单位和个人。不管是在活动流程安排上,还是在各类事务的具体处理过程中,各组织方都需要紧密合作,因此对他们的管理和协调非常重要。

概括而言,每种角色的管理人员主要负责以下工作。

① 监督和控制各种角色人员的到场和准备情况,例如,舞台灯光音响是否已经安装调试完毕,演员是否就位,媒体记者的接待是否已安排妥当等;

② 负责各角色人员之间的信息沟通;

③ 负责解决所负责角色群体提出的各种要求和出现的各种问题;

④ 及时向项目负责人或现场管理总指挥报告工作进展情况;

⑤ 处理现场出现的其他相关事务。

扩展阅读 7-1　展览公司运营部的现场管理任务

- 为展商提供技术服务(展台搭建、展品运输、现场需求等)。
- 与供应商高效合作,为观众提供各项优质服务。
- 协调各部门运作,落实大会的各项运营安排:
  - ◆ 大会设计、展期设施运行及广告安排;
  - ◆ 观众登记系统的相关技术支持;
  - ◆ 研讨会及各项大会活动的安排与技术支持;
  - ◆ 临时工作人员的管理与安排;
  - ◆ 班车与现场交通的管理协调;
  - ◆ 大会物流的管理与协调;
  - ◆ 协调各项现场餐饮服务及安排;
  - ◆ 与同期展会主办方的现场协调。
- 布展及撤展期间的管理:
  - ◆ 搭建商的登记;
  - ◆ 现场搭建安全的监督;
  - ◆ 撤馆通知及落实。
- 展后各种账务及现场费用的计算及核对。

(资料来源:王春雷,陈震. 展览项目管理:从调研到评估. 北京:中国旅游出版社,2012.)

二、重视工作人员培训

高素质的现场工作人员是实行角色管理的前提和基础。要达到"一个萝卜一个坑"的管理效果,活动主办方必须高度重视现场工作人员的培训。培训是为了使员工获得从事某一项工作所必需的专业技能或知识,或者改进已有的工作技能,它与雇员、志愿者的行为方式及工作绩效有关。现场工作人员安排与培训是活动人力资源管理的一部分,它不应当仅仅被看作是一项孤立的工作,而是在现场管理的任务、目的和决策中占据主导地位。

在进行培训前需要进行需求分析,根据需求来制定培训方案,要有的放矢,不能单纯地为了培训而培训。现场工作人员的培训涉及制定指导性策略和目的、确定所需要的工作人员数量、进行工作分析以及做出具体的工作描述和工作规范等内容。其中,工作描述是工作分析的结果,即明确为何会存在这个岗位,负责该项工作的人要做些什么,以及这项工作是在何种情况下进行的(Stone,1998),具体包括如下信息。

① 职位的名称和需要承担的工作任务,例如,道路指引、泊车监督等;

② 职位的主要目的;

③ 与职位相关的薪水、酬劳和奖金,或者免费膳食、免费门票等其他回报;

④ 与某一岗位相关的主要工作任务,如场地的搭建与拆卸、安全保卫、泊车指引、舞台演出、垃圾处理等;

⑤ 与活动现场其他职位之间的关系;

⑥ 职位所需的知识、技能、经验、资格和态度等;

⑦ 该职位绩效评估的标准。

三、与供应商紧密沟通

在活动项目管理中选择好的供应商是非常重要的,因为活动组织方不可能有时间和精力提供活动中的所有服务,因而必然会将一些甚至绝大部分服务外包,现场服务和管理更是如此。一方面,在活动策划和筹备过程中,肯定有大量的供应商请求参与到活动中来,这时候主办方要制定公开严格的资质审查标准,择优录取符合条件的供应商;另一方面,主办方也要积极争取一些有影响力和活动管理经验的供应商加盟。

大型活动的服务内容包罗万象,所涉及的供应商包括广告代理商、视听设备供应商、灯光供应商、保安公司、交通运输公司、场馆管理方、保险经纪、酒店、翻译公司、医疗卫生部门、广告印刷商、搭建公司等。

正因为如此,组织一次活动需要与许多组织和个人签订不同的协议,包括投资公司、赞助商、场馆、供应商、演员、员工和志愿者等。签订协议的目的是确保每家供应商都能准确理解活动主办方的具体要求。这些协议的形式也很广泛,从十分正式的合同到供应商的采购订单(EventScotland,2006)。

四、制定风险管理预案

　　大型活动的覆盖面广,所涉及的行业众多(如广告、工程、运输、餐饮等),且每一个环节关联性强,其中任何一个流程都可能出现意外风险。例如,特殊的活动环境、活动现场人口密度大、流动性强及狂欢的活动现场气氛,这些都是存在潜在风险的地方。这就要求活动管理者加强风险防范管理,全方位洞察每个细节可能遇到的风险,并制订周密的应急计划。与美国、德国等发达国家相比,我国的活动风险管理水平比较滞后。如何进行有效的风险管理,建立符合活动产业特色的保障机制,对于我国的活动组织者及保险公司等风险经营部门来说是一个全新的议题。

 扩展阅读7-2　卖场促销活动中的现场管理工作

一、卖场氛围营造

　　在开展大型促销活动之前,必须要有正规的 POP(point of purchase,意为"卖点广告")将促销内容宣传出去。通常的做法有店铺内的 A3POP、高架 POP、店铺门口POP、条幅、在该商圈主要位置设置店铺品牌海报等。另外,店铺内部必须要有明亮的灯光和轻快的音乐。

二、销售过程目标跟进

　　在促销过程中跟进目标,并不是单单指"我们离目标还有多少距离,需要加油了",最重要的是让员工知道我们要完成这个目标的方法,要直接告诉员工我们要做些什么事情才能完成这个目标。

三、收银台管理

　　促销活动期间,由于店铺内顾客太多,店铺的宝库——收银台成为最危险、最重要的地方,建议收银台由专人负责管理,寸步也不允许离开。

四、营业前工作安排

　　每天营业前必须开会安排好人员,谁负责前场、谁负责后场、谁负责试衣间、谁负责收银、中场休息的时候谁负责补货,旺场的时候谁该做什么等必须做到井然有序,不能让员工出现混乱的局面。

五、营业中的人员分配

　　大型促销活动期间,卖场一定要有人气。通常情况是上午低于下午和晚上,我们需要做的就是让上午也能有下午或晚上的人气。建议将店铺人员一分为二,其中,"迎宾组"要完成的工作是要让经过店铺的人有兴趣进店,以此提高店铺人气,"销售组"需要做的是"永不放弃"的精神,让进店的大部分人都能成交。

六、营业后的总结会议

每天营业结束过后,老板或者店长必须要组织员工开会,总结当天工作的不足和成功之处以及目标达成情况,并可以列举典型事例说明谁做了什么工作、说了什么话,和所有同事分享,以达到警示和表率的作用。

(资料来源:http://www.jszhubao.org/infodetail.asp?id=608.)

第二节 活动风险管理

自然灾害、意外事故、市场变化以及其他未知风险的发生都会影响活动的正常举办,因而对活动风险的识别、分析、评估、协商、管理与监控显得尤为重要。目前,国内学术界对活动风险的研究较少,对活动风险的概念及活动风险的类型等还缺乏统一的认识,与之相对应,对活动风险管理的措施也缺乏系统的梳理和总结。

一、活动风险的定义与分类

活动的风险是指在活动举办过程中可能出现的意外事件或因素,这些意外会导致活动的预期收益与实际收益发生背离的情形。风险具有客观性和必然性、偶然性和不定性、可变性等特点。根据不同的标准,可以将活动风险划分为不同的类型。

(一)基本风险与特定风险

1. 基本风险

主要指影响整个社会或社会主要部门的风险,如经济、政治、制度或地震、洪水等巨大自然灾害所产生的不定因素。这些因素在原因和后果上都不是人力所能控制的。

2. 特定风险

主要指其发生只影响整个活动的风险,活动主办方或个人可以采取某些相应措施加以控制。

两者的主要区别在于基本风险造成的损失是由全社会共同来承担,而特定风险则由活动主办方自行处理。

(二)自然风险与人为风险

1. 自然风险

自然风险是指由于自然力的不规则变化导致各种物理化学现象而引起的物质毁损和

人员伤亡,如风暴、地震和洪水等。

2．人为风险

人为风险是由于人们的行为及各种政治活动和经济活动导致的风险。人为风险又分为以下几类:①行为风险,是指由于个人或团体的过失、行为不当和故意行为所造成的风险,如盗窃、抢劫、玩忽职守和故意破坏等;②经济风险,是指在活动举办过程中,由于组织管理不善、市场预测失误、价格波动较大、消费需求变化等因素引起的经济损失的风险,同时,也包括由于通货膨胀、外汇行市的涨落而发生的经济损失;③政治风险,是指由于政局的不稳定、政权的更替、政策的变化、战争、罢工、恐怖主义等引起的各种风险;④技术风险,是指由于科学技术发展的副作用而带来的种种风险,如各种化学污染物质、核物质所带来的风险。

近年来,由于我国活动举办的类型不断丰富,举办规模逐步扩大,活动风险管理的难度不断增大。此外,随着技术的不断进步,活动举办方式的日新月异,也带来了各种新型的风险。

（三）宏观风险和微观风险

1．宏观风险

主要是对活动举办地而言的。良好的硬件基础设施、配套的政策法规支持以及优越的经济、社会与文化环境等是一个城市举办大型活动必不可少的先决条件,这些条件的不足可能会使活动的举办面临风险。相对于活动举办方而言,这是一种宏观风险。

2．微观风险

主要是对活动举办方而言的。如果活动举办机构是具有独立法人地位的企业,活动则是一种特殊形式的服务性产品。例如,展览会对于参展企业而言是一种很好的整合营销方式。因此,对于活动举办机构而言,微观风险在于其逐利性,在这一点上,活动举办机构所面临的微观风险与其他企业相比并无本质差异。

（四）经济风险和社会风险

1．经济风险

是指投入产出方面的盈亏风险。无论是对于活动举办地,还是对于直接承办活动的企业而言,都面临投入与产出的问题,因而都存在经济风险。经济风险还可以进一步划分为宏观经济风险和微观经济风险,其中,微观经济风险一般只涉及一家或少数几家企业或机构,收支项目较为明晰和易于计算;而宏观经济风险涉及的投入产出主体不再是一个或几个,而是包含了政府和其他多个与本次活动举办相关的企业,因而对其盈亏情况及风险大小的量化分析较复杂。

2．社会风险

是指除经济风险之外的其他风险的统称。举办活动不仅能带动相关产业的发展，推动地方经济的增长，还能扩大就业，提升市民素质，提高区域的知名度与美誉度等。而其负面影响也不容忽视，例如，举办活动可能给当地带来诸如价格上涨、交通紧张、过度商业化和冲击居民日常生活等消极影响。

对大型活动而言，风险管理既是一门科学又是一门艺术。一方面，它需要活动管理者具备识别和衡量风险的相关知识以及掌握应对这些风险的方法；另一方面，它在很大程度上依赖于风险管理者的直觉判断。活动风险管理无论是对于活动主办单位，还是对活动参与者或观众，都有十分重要的意义。

二、活动风险管理流程

活动风险管理流程可以分为三个阶段，即风险识别与分析、风险评估以及风险防范与控制，目的是尽可能降低风险给活动带来的损失。

（一）风险识别与分析

作为风险管理的起点，风险识别（risk identification）就是对活动举办过程中可能发生的各种风险进行系统的归类和全面的分析，以确定风险的来源，并查明何种风险可能影响到活动的正常举办，并将这些风险的特性整理成文档，以揭示潜在的风险及其性质。风险识别的一般过程如图 7-1 所示。

图 7-1　风险识别流程

1．常用的风险识别表格

（1）潜在损失一览表

潜在损失一览表，也称风险损失清单，是指将各种潜在损失分类，并按其可能成因项目进行排列所成的表格。潜在损失一览表罗列了在举办活动时可能面临的各种常见的潜在损失，具有普适性。企业的风险管理者可以从本企业的实际情况出发，对照一览表中的项目一一进行风险识别。在美国，潜在损失一览表由各保险公司、保险出版社、美国管理协会及风险与保险管理协会等组织公布。

表 7-1 为美国风险管理与保险协会在 1977 年共同制定的风险损失一览表。该表列出了人们已经识别的各类潜在损失。这些损失分成三大类，每类又分成若干小类，并列出了可能存在的风险因素，以帮助识别潜在损失及其成因。潜在损失一览表主要限于可保风险，因而风险管理者还必需考虑那些未包括在一览表中的潜在损失，即那些由于企业自

身的特殊性而面临的风险。因此,活动主办机构需要在具有普适性的潜在损失一览表的基础上,根据活动实际情况建立综合性的潜在损失一览表,将一般性和特殊性结合起来,以保证风险识别工作更有成效。

表 7-1   潜在损失一览表

A. 直接损失风险	(15) 邮箱或管道破裂
1. 无法控制和预测的损失	(16) 烟损、污点
(1) 电力中断:闪电、烧毁及各种损失	(17) 物体溢出、漏出
(2) 物体下落:飞机失事、陨石、树	(18) 电梯升降故障
(3) 地壳运动:火山、地震、滑坡	(19) 交通事故:翻车、碰撞
(4) 声音及振动波:喷气机、振动	(20) 无意识过错
(5) 战争、暴力、武装冲突及恐怖行动	(21) 故意破坏与恶作剧
(6) 水损:洪灾、水位提高、管道破裂等	(22) 欺骗、伪造、偷窃抢劫
(7) 冰、雪损害	B. 间接损失或因果损失
(8) 风暴:台风、飓风、龙卷风、冰雹	1. 所有直接损失的影响:供给、顾客财产、人身或财产转移、雇员
(9) 土地下沉、倒塌、腐蚀	2. 附加费用增加
2. 可控制和预测的损失	3. 资产集中损失
(1) 玻璃或其他易碎物品的破裂	4. 样式、品位和需求的变化
(2) 毁坏:工厂设施的毁坏	5. 破产
(3) 起飞或降落时的碰撞:飞机碰撞、船舶碰撞	6. 营业中断损失
(4) 污染:流体、固体、气体放射污染	7. 经济波动:通货膨胀、汇率波动危机与萧条
(5) 腐蚀	8. 流行病、疾病、瘟疫
(6) 雇员疏忽或大意	9. 技术革命:折旧费增加
(7) 爆炸事故	10. 版权侵权
(8) 环境控制失败所致损失:气候、温度气压	11. 管理失误:市场、价格、产品投资等
(9) 咬伤:动物或昆虫等	C. 责任损失
(10) 火损	1. 航空损失
(11) 建筑物损失:倒塌	2. 运动责任
(12) 国际性的毁坏	3. 出版商责任
(13) 航海风险	4. 汽车责任
(14) 物体变化所致损失:收缩、整体变色、变质、膨胀	5. 契约责任

(资料来源:美国风险管理与保险协会,1977 年)

(2) 风险分析调查表

风险分析调查表是在保险公司专业人员及有关机构针对企业可能遭遇的风险进行调查与分析的基础上编制的。其特点是搜集特定企业在何种情况、何种程度上会蒙受何种潜在损失的有关信息,列出一系列与风险因素及潜在损失有关的项目,并以报告书的形式供企业风险管理者参考,以提醒风险管理者注意可能蒙受的损失。对于一次活动而言,风险分析调查如表 7-2 所示。

表 7-2　活动风险分析调查表

阶　段	任　务
举办前的风险	1. 确定活动组织方案 2. 活动主办与承办单位之间的协调与分工等 3. 活动的规模、场地器材设备、举办时的天气环境 4. 与赞助商、广告商等招标工作 5. 组织机构 6. 票务工作 7. 市场开发
举办中的风险	1. 开幕式(组织人员进场、音响设备、医疗急救、电讯、安全警卫、交通管理等) 2. 活动项目与服务过程 3. 人员管理(参展商、与会人员、观众等) 4. 后勤管理 5. 闭幕式
举办后的风险	1. 归还活动场地、器材及设备等 2. 活动财务结算等 3. 移交相关的文档资料 4. 风险管理的评估

（3）保单对照分析表

保单对照分析表是由保险公司将现有的各种保单与风险分析调查表结合、以问卷形式出现的一种表格。活动风险管理者应以此表为依据，将已有的保单与之对照分析，从而发现活动主办机构面临的风险。表 7-3 是某大型展览会的保单。

表 7-3　某展览会综合保险单（正　本）

保险单号码：

鉴于投保人填写并递交了投保单，并同意按约定交纳保险费，本保险人依照承保险种及其对应条款和特别约定，承担保险责任。

货币单位：人民币元

被保险人：	联系人：	电话：
被保险人地址及邮编：	□□□□□□	
保险财产地址：		邮编：
营业性质及经营范围		
经营面积/平方米		

续表

展览会财产损失保险投保标的明细表

保险标的名称	保险金额确定方式	保险金额/元	费率	保险费/元	每次事故免赔额（率）
房屋建筑、装潢及附属设施					
机械设备					
电子电气设备					
自动化装置					
保险金额合计:					
财产损失险保险费:（大写）			（小写）		
财产损失险附加险	保险金额/赔偿限额	费率	保险费		免赔额（率）
盗窃、抢劫保险					

第三者责任险明细表

累计赔偿限额			
其中,每次事故财产赔偿限额		免赔额	
每次事故人身赔偿限额			
每次事故每人赔偿限额			
第三者责任险保险费率			
第三者责任险保险费:（大写）		（小写）	
保险费合计:（大写）		（小写）	

保险期限自　　年　月　日零时起至　　年　月　日二十四时止

明示告知:	签单地址:
1. 收到本保险单后请即核对,填写内容如与投保事实不符,立即通知本保险人采用保险批单更改,其他方式更改无效;	邮政编码:
2. 详细阅读所附保险条款,特别是有关责任免除和被保险人义务的部分;	联系电话:　　　　　　（保险人盖章）
3. 发生保险事故后,应按条款约定及时通知本保险人。	签单日期:

核保:　　　　　　　　　　制单:　　　　　　　　　　经办:

2．常用的风险识别方法

（1）流程分析法

流程分析法是通过一系列流程图来描绘整个活动的全过程,进而借助上文所说的潜在损失一览表,对流程图所展示的各种活动所涉及的财产、责任、人身等方面的潜在损失逐一进行调查分析,从而帮助活动组织者有效识别和鉴定风险,并及时采取相应的对策。

具体应该考虑以下一些损失的可能性:潜在财产损失,包括原材料、设备、车辆等在运输或活动举办过程中,因自然或人为风险因素可能导致的直接损失、间接损失和净收入损失;潜在责任损失,包括事故对观众/参加企业人身或财产造成伤害或损失所承担的责任,如设备故障、踩踏、车祸等;潜在人身损失,包括重要人员的死亡、伤残使活动无法顺利展开而遭受的损失。

（2）环境分析法

风险管理者通过分析内外部环境条件对活动举办的影响,以发现风险因素及可能发生的损失。其中,外部环境主要包括活动场所、资金来源、竞争者、顾客、政府管理者等方面的情况;内部环境则包括技术水准、人员素质、管理水平等。在对各种内外部环境因素进行分析时,重点考虑的是它们相互联系的特征以及一旦风险因素发生变化可能产生的后果,这样有助于识别活动举办所面临的风险和潜在损失。

（3）分解分析法

分解分析法是指在活动举办过程中,将大系统分解为小系统,将复杂的事物分解成简单的易于识别的事物,从而识别风险及潜在损失的方法。例如,要举办一个大型体育赛事,其风险可分解为经济风险、市场风险、人身伤亡风险、赛事取消或时间表调整风险等,对于其中的每一种风险又可进一步分解。例如,市场风险可分解为以下几个方面来考虑。

① 商业运作风险;

② 观众意外伤害保险、运动场馆公共责任保险;

③ 产品质量责任风险,如奥运会使用的体育器械、奥运场馆设施、机动车辆、重要转播设施、计算机系统等;

④ 赞助商退出、违约和条约履行不当造成的风险等。

除上述几种风险分析方法之外,活动主办方还可以采用德尔菲法、头脑风暴法、情景分析法、访谈法、问卷调查法、财务报表法、统计分析法及其他有举办过类似活动经验的组织的记录和文件等方法来对风险进行分析。

（二）风险衡量与评估

风险识别有利于了解某些风险在何种情况下可能会发生,风险评估则有助于了解这些风险发生的概率以及造成损失的程度,以帮助风险管理者判断各类风险的严重性,进而选择有效的应对方法。

活动风险评估至少包含以下步骤：①对活动风险可能发生的时间进行分析，即分析风险可能在哪个阶段、哪个环节上发生；②对风险的影响和损失程度进行分析，如果某个风险发生的概率不大，可一旦发生后果会十分严重，则需对其进行严格控制，譬如人员风险和灾害风险；③对风险发生的可能性进行分析，通常用概率来表示风险发生的大小；④对风险级别的判定，导致风险的因素非常多，但活动组织者不可能也没有精力对所有的风险予以同等重视，因此就十分有必要对风险划出等级，分清轻重缓急；⑤对风险起因和可控性进行分析。其中，风险起因研究是为预测、对策、责任分析服务的，而可控性分析指有的风险是可控的，如活动的组织风险可以通过周到细致的准备工作来规避或缓解。具体分析如表7-4所示。

表7-4　活动风险衡量与评估表

财政影响＼伤害程度	频率高或经常发生	中等或经常不发生	频率低或很少发生
大	A 避免或转移	B 转移	C 转移
中	D 转移	E 转移或维持	F 转移或维持
小或不重要	G 维持	H 维持	I 维持

活动管理者用于衡量与评估风险的实用方法很多，如风险危害分析等级矩阵、故障树分析法、层次分析法、蒙托卡罗模拟法、外推法、计划评审技术、概率分析法等。

例如，对于财务风险，可以采用盈亏平衡分析法，以确定活动项目的保本点及财务控制的关键环节在哪里。主观评分法是活动组织者对活动运行过程中不同阶段的每个风险因子给予一个主观评分，然后对照着进行观测和控制。外推法包括前推法、后推法和类推法。其中，前推法是根据历史的经验和数据推断未来事件发生的概率及其后果；后推法是没有历史数据可供参考时，把未知的想象事件及后果与某一已知事件联系起来，如赛场天气状况预测，可与历史上同期天气数据联系起来，判断高温、暴风雨、雷电、冰雹等灾害发生的概率；类推法就是利用类似项目的数据进行外推，用该项目活动的历史记录对比目前项目遇到的风险进行评估和分析。

（三）风险规避与控制

在对活动风险进行识别和评估之后，如何有效地控制这些风险，减少事故发生的概率并降低损失的程度是活动组织者最关心的问题，这也是活动风险管理的根本目的。风险管理的主要措施可以分为两大类：一类是控制法（control method）；另一类是财务法（financing method）。其中，控制法主要包括风险规避、损失控制和风险转移，而财务法主要包括非保险之转移——财务型和保险等。

1. 控制法

（1）风险规避

风险规避是指有意识地回避某种特定风险的行为，其作用在于可以将风险降为零，因而是一种最彻底的风险管理措施。避免风险的方法有两种，一种是放弃或终止某次活动的实施，另一种是虽然继续该项活动，但改变活动的性质。

对于损失频率和损失幅度都比较大的特定风险，通常采用风险规避法，因为主办方采用其他风险管理措施的经济成本可能会超过举办该项活动的预期收益。在一些大型体育赛事中，主办方经常会遇到这种情况：一些赛事项目潜在威胁发生的可能性太大，不利后果也很严重，但又无其他策略来减轻时，此时往往会主动放弃该比赛或改变该比赛的目标与行动方案，以回避风险。例如，2003年的女足世界杯原定在我国举行，但一场突如其来的"非典"席卷我国的大江南北，为了规避风险我们不得不放弃；再比如第六届、第十二届和第十三届奥运会等都是为了避免战乱带来的风险而被迫取消。

（2）损失控制

损失控制是指通过降低频率或者减少损失来减少期望损失成本的各种行为。降低损失的频率称为损失预防，减少损失的程度称为损失减少，也有的措施同时具有损失预防和损失减少的作用。

损失预防是在风险发生前所做的准备，即在活动举办前要做好全面安全防范工作，尽量查出可能导致风险发生的因素，让风险降到最低；减少损失是事后所采取的措施，如及早控制火势、抢救伤者等，尽量使损失最小。例如，希腊在2004年雅典奥运会开幕前出动了大量人力、物力多次举行反恐演习和其他方面的应急预防演习，目的就是为了进行风险的防范和控制。

（3）风险转移

风险转移主要包括出售、分包和签订免除责任协议。所谓出售，是指通过将带有风险的财产转移出去来转移风险。例如，在大型体育赛事中，组委会把一些带有风险的环节出售给他人，让他人来承担风险。IBM是国际著名的体育赞助公司，它不但赞助体育比赛还承包了很多的体育比赛，国际上很多的网球赛都是其承包的，从而帮无力承担风险的组织者解决了问题。

分包则是通过将带有风险的活动项目转移出去以转移风险，例如，在一些重大体育赛事中，运动员的接送和一些货物托运都可交给一些公司或个人，组委会通过与第三方签订合同来让他们负责这些事情，另外，一些设备的安装、调试和运输等也可以采取分包的形式给那些专业公司来操作。

签订免除责任协议是指通过签订协议把相应风险转移出去，但这种情况一定要注意法律的有效性。

2. 财务法

（1）财务型

财务型风险管理措施的目的在于通过事故发生前所做的财务安排，使得损失一旦发生便能够获取资金以弥补损失，从而为恢复活动的正常举办提供财务基础，其着眼点在于风险发生后的及时补偿。另外，对于一些发生频率高但损失程度很小的风险，活动主办机构往往会通过内部资金的融通来弥补相关损失。

（2）保险

保险是对付可保的纯粹风险的一种重要风险控制工具，活动主办方可通过投保来减少风险损失。按照承保风险范围的不同，保险可分为人身保险、财产保险及责任保险三种基本类型。目前，我国针对会展和大型节事活动的保险险种少、市场小，而且保险公司的市场开发能力和承保能力还有待提升，所以一方面期待我国的保险业进一步发展，出现更多针对大型节事活动的险种；另一方面，活动主办机构要充分利用保险这一重要的风险应对措施。

上文只是列举了一些常见的风险规避及控制方法。对于活动组织者而言，风险管理的经验和技术是在不断总结的基础上逐步发展起来的。在每次活动结束后，主办方都应该认真总结成功的经验和失败的教训，以便进一步丰富和发展活动风险管理的理论及实践，以推动活动产业的健康发展。

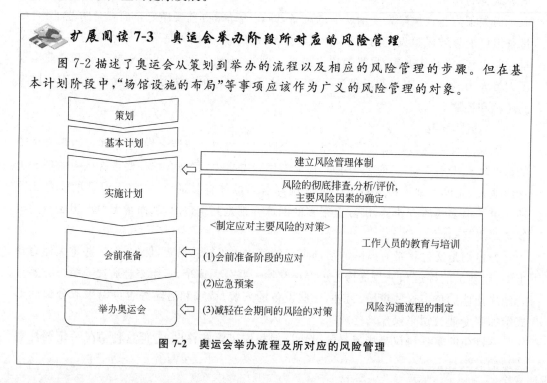

扩展阅读7-3　奥运会举办阶段所对应的风险管理

图7-2描述了奥运会从策划到举办的流程以及相应的风险管理的步骤。但在基本计划阶段中，"场馆设施的布局"等事项应该作为广义的风险管理的对象。

图7-2　奥运会举办流程及所对应的风险管理

1. 风险控制措施的实施

风险控制措施一般有"回避""转移""降低"以及"保留"4 种基本类型。以火灾为例,回避是指清除出易燃易爆物品等;转移是指购买保险,通过合同将风险转移给其他组织;降低是指构筑防火墙,配置自动喷水灭火设备等措施;保留是指将其作为风险来认识,但不采取行动。应对风险工作,需要灵活地组合这些控制措施。

2. 应急对策的实施

100％防止风险的显性化实际上是不可能的。一旦在赛事活动过程中出现不幸的事故和事件的时候,一定要迅速、准确地进行应对。这时要以事先制定好的应急预案为基础,实施应急措施,将损失减少到最低,同时保障赛事活动的继续进行。

3. 事后评价和记录

在应急措施结束之后还有最后一个步骤,即事后的评价和记录工作。风险管理是大型活动筹备和举办的重要实践环节,有必要对建立的风险应急体制、制定实施的应急措施以及取得的成效等进行评价和记录。

(资料来源:本间植树(日),顾林生. 国际大型活动风险管理与安全奥运[EB/OL]. http://www.gdemo.gov.cn/yjyj/zjjz/200810/t20081023_71223.htm.)

第三节　现场布置与撤离管理

完整的活动现场工作包括活动布置、活动开展和活动撤离三个阶段,其中,活动布置是现场工作的开始,撤离完毕才标志着活动现场工作的结束。尽管不像活动正式开展期间那样光鲜热闹和备受关注,但活动的布置和有效撤出工作十分重要,尤其是活动布置需要多方面的沟通协调,任何一个环节出了事故都可能影响活动的正常进行。

一、布置管理

场地布置是活动现场管理的重要内容。以会议为例,任何从事过会议管理和正式宴会接待工作的人都知道必须提前与客户商定好会场、餐桌的摆放方式。由于大型宴会所占用的场地一般很大,在多功能厅后面就座的观众经常无法清晰地看到舞台上的表演或演讲等活动情况,这样就会影响表演或演讲的效果(Van Der Wagen, 2004)。以下将介绍会议和展览会两种最常见活动的现场布置技巧。

(一)会场布置

几乎所有的酒店和会议中心在对外宣传资料中都会列明不同规格的会议室能容纳的人数。但一个会场到底能坐多少听众/观众,是由会议室的大小和形状、座位的摆放方式、出入口的位置、会场是否有柱子等多种因素决定的,同时也受参会的残障人士专用通道的多少影响。一般的会议室功能区包括主席台、听众区、发言区和媒体区,而且会场的布置类型可以是标准化的,也可以是个性化的。只要不是固定座位,会议场地可以根据客户的要求来调整座位的摆放,因此同一个会议室可以组合成多种形式。许多酒店会采用计算机技术来完成设计,常用软件包括 PCMA、Meeting Matrix 和 Room Viewer 等。其中,PCMA 是专业会议管理协会的简称,该协会设计了一种激光设备对会议室进行测量,打印平面图,进而确定会议布置空间的大小。经 PCMA 测量和核定了座位数量的会议室可以在广告上使用 PCMA 的印章。常见的会场布置模式如下。

1. 剧院式

剧院式的摆放方式与电影院基本相同,正前方是主席台,面向主席台的是一排排的观众/听众席,观众席座位前一般不设桌子。剧院式的布置适合于例会和大型代表会等不需要书写和记录的会议类型。

2. 课堂式

课堂式与剧院式相似,不同的是课堂式的座位前方会摆放桌子以方便参会人员书写。也有一些剧院式会议厅采用坐椅边隐蔽式或折叠式写字板为参会者提供方便,我们把这种形式的布置也归于课堂式。课堂式的布置方式一般适用于专业学术机构举办的、具有培训性质的会议。

3. 宴会式

宴会式一般由若干大圆桌组成,每个圆桌可坐 5~12 人。宴会式布置一般用于中餐宴会和培训会议。在培训性会议中,每个圆桌只会安排 6 人左右就座,这样有利于同桌人的互动和交流。

4. 鸡尾酒式

鸡尾酒式的布置比较灵活,没有固定的模式。一般不安排或仅安排少量座位,大家拿取食物后可自由走动交流。鸡尾酒式场地布置所能容纳的人数仅次于剧院式。

5. 董事会式

董事会式也称为中空形,会议桌摆成一个封闭的“口”字形状,椅子放置在“口”的外围。董事会式的布置一般用于小型会议。

6. U 形

U 形是指把会议桌摆放成一面开口的 U 字形状,椅子放置在 U 字形办公桌周围;如需投影,投影机可以放在 U 形的开口处。相对于同一面积的会议室,这种形式的布置所能容纳的人数最少。U 形布置一般适用于讨论型的小型会议。

7．回形

即将会议室里的桌子摆成方形中空，前后不留缺口，椅子摆在桌子外围；通常桌子都会围上围裙，中间放置较矮的绿色植物，投影仪会有一个专用的小桌子放置在最前端。这种类型的摆桌常用于学术研讨会，前方设置主持人的位置，可分别在各个位置上摆放麦克风，以方便不同位置的参会者发言。同样，这种形式的布置容纳人数较少，对会议室空间有一定的要求。

除了以上布置方式，还有 T 形、E 形、鱼骨形等会场布置类型（图 7-3）。不管采用何种形式，会议室布置的目的都是为会议服务，或方便进出、或增强沟通、或传递信息，在布置前一定要与会议主办方详细探讨。

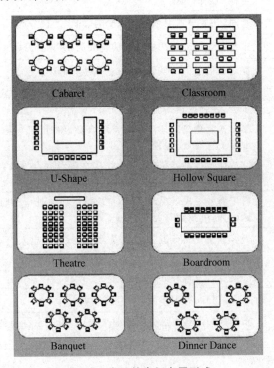

图 7-3　常见的会场布置形式

（二）展会现场布置

布展工作一般在展会开幕前几天举行，时间长短要根据活动的性质和规模而定。以展览会为例，大型汽车展或机械展等往往需要三四天甚至一个星期的时间，而以消费品或珠宝首饰等主题的展览会通常只需要一两天的时间。对于主办单位而言，布置就是对活动现场环境进行规划，对活动场馆进行合理功能分区，对参展商、搭建商、赞助商、运输商等有关工作进行协调和管理,从而为活动的正式开幕做好准备。其布置工作的主要内容如表 7-5 所示。

表 7-5　展览会布展期间的主要工作内容

工 作 项 目		工 作 描 述
搭建展台之前	到管理部门办理相关手续	到工商、消防、公安和海关等部门报批和备案,并办理有关手续(对于有特殊需要的大型国际展览会,还应邀请这些部门现场办公)
	与指定搭建商和运输代理商协调	共同讨论和预防展台搭建、展品运输过程中可能会出现的问题
	安排餐饮、旅行等服务商	预先安排展览会现场的各项服务设施,其中,餐饮服务在搭建展台期间便可向参展商提供
	争取其他部门的支持	有时,还要争取卫生、银行、交通、知识产权等部门的支持
搭建展台期间	展位画线	根据各参展商租用的场地位置和面积,划分好每一个展位的具体范围
	铺设地毯	在场馆的公共区域、标准摊位等地方铺设地毯
	参展商报到和进场	参展企业凭合同或参展申请回执等有效证明到现场报到,办理相关入场手续,并领取相关证件
	现场施工管理	派专人管理指定搭建商和特装修参展商的现场施工活动,避免出现现场混乱或存有安全隐患
	搭建标准摊位	完成所有标准摊位的制作,并认真核对展台号及各参展商的中英文名称等信息
	海关现场办公	对于海外参展展品,主办单位应陪同海关进行现场抽查,如果海外展品比例较大,可邀请海关现场办公
	现场安全保卫工作	做好相关安全保卫工作,如定期巡逻、执行出入门证管理制度等
	消防和安全检查	当全部展位搭建完毕后,主办单位应陪同消防、安保部门进行全面检查,以便及时发现和处理安全隐患
	布展清洁工作	及时清扫和处理布展所产生的垃圾
	接待媒体	布展期间也会有部分媒体前来采访,因而主办单位还应安排专人负责媒体接待工作

注:以上工作范围包括室外场地。

二、撤离管理

闭幕式标志着一次活动的正式结束,但现场管理工作还有一项重要内容,那便是活动撤离管理。以展览会为例,关于主办单位在撤展期间的主要工作内容及标准如表 7-6 所示。

表 7-6 撤展期间的主要现场管理工作

工作项目	工作标准	具体描述
拆除展台	安全操作、恢复场地原貌	对于标准摊位或由参展商委托施工的展台,由指定搭建商负责拆除; 特装修展台则由参展商负责
参展商退还展具	协助参展企业顺利退还展具	协调各方面的关系,帮助参展商及时将所租用的展具退还场馆的相关服务部门或指定搭建商
处理展品	协助参展商妥善处理展品	展览会结束后,参展商处理展品的常用方法有出售、赠送、回运或销毁,必要时由主办单位提供协助
展品出馆管理	严格执行出门证管理制度	参展商向主办单位申请出门证,场馆保安人员检查放行
展场清洁	及时清扫	及时清扫和处理撤展所产生的垃圾
安全管理	加强安全和消防保卫工作	定时巡逻,及时消除各种安全隐患

扩展阅读7-4 广交会撤展要求

为了保证撤展工作的顺利进行,有时候展会主办单位还会发放专门的撤展通知,以指导参展商的撤展活动。下面是 2013 年广交会关于撤展服务的约定,仅供参考:

广交会进口展区总体撤展时间安排为 4 月 19 日 18:00 至 4 月 20 日 10:00(一期);5 月 5 日 18:00 至 5 月 6 日 17:30(三期),4 月 19 日及 5 月 5 日晚展馆通宵开放。由于撤展时间紧,请各参展商及施工单位务必抓紧时间撤展,确保不影响广交会第二期的布展工作。

广交会对进口展区的撤展工作做出如下安排及约定,请各参展商配合并遵守:

(1) 4 月 19 日(一期);5 月 5 日(三期)16:00 开始,进口展区展品承运商开始发放展品包装箱至各展位,展位内配置的电话机开始回收,各参展商应做好必要的撤展准备工作,但在 4 月 19 日(一期);5 月 5 日(三期)18:00 前,参展商不得对展品进行打包,提前撤展;对提前打包、撤展又不听劝告的参展商,将被记入黑名单,下届广交会不受理其参展申请。

(2) 4 月 19 日(一期);5 月 5 日(三期)18:00 开始撤展,进口展区展品承运商将安排人员协助参展商对展品进行打包,展品打完包后应留在展位内,参展商应及时与进口展区展品承运商办理展品交付及委托回运出境等手续。

(3) 参展商不得擅自将展品运出展馆,已办妥进口手续的展品,可以运出展馆,但应向进口展区展品承运商申请放行条,展馆门口保卫人员凭进口展区展品承运商签发的放行条验放。已办妥进口手续的展品应在 4 月 19 日(一期);5 月 5 日(三期)23:00

前搬运出展馆。

（4）未办妥清关核销手续，需回运出境外、售出、赠送、放弃的进口展品应在4月19日（一期）；5月5日（三期）20：00前打包完毕并交付进口展区展品承运商，进口展区展品承运商应在4月20日（一期）；5月6日（三期）6：00前将展品统一清运至海关认可的监管地点。

（5）4月19日（一期）；5月5日（三期）23：00前，除广交会工作人员、特装主场承建商工作人员、进口展区参展人员、进口展区展品承运商人员外，其他参展人员及撤展人员不得进入进口展区。

（6）4月19日（一期）；5月5日（三期）23：00后，特装布展施工单位撤展人员开始进场拆卸展位，并于4月20日（一期）；5月6日（三期）10：00前将特装材料清理出馆，弃置的特装材料也应自行清理出馆，并不得弃置于广交会展馆露天场地或周边道路范围。进口的特装材料若作弃置处理，参展商应预先委托进口展区展品承运商办理海关清关手续，否则也按放弃进口展品的方式处理，即运往海关认可的监管地点。

（7）撤展过程中，参展商及其委托的特装布展施工单位要看管好自己的展品及施工工具材料。4月20日（一期）；5月6日（三期）6：00以后尚未撤展以及无人看守的特装展位及改装的标准展位，广交会将组织人员清理，该展位所交纳的清场押金不予退还。

（8）接运特装材料的车辆，4月19日（一期）；5月5日（三期）23：00后才允许按车证时间分批进入展馆，按规定线路行驶，按指定地点临时停放，并服从交通管理人员的指挥。进入展馆后应迅速装运特装材料，并迅速离馆。

（9）进入三层展馆布展通道的车辆长度不可以超过10米（含10米）。参展商用非货车及一吨以下的货车运货的请进入一层展馆的卡车通道使用电梯装运。装卸展品期间，所有司机请勿离开驾驶室，以便按时离场及应付临时的车辆调度。

（10）特装拆卸范围不能超出展位的区域，请勿把墙身推往相邻的展位，以免引起人员伤亡。请勿随意将展品、装修材料、工具放置在通道上，以免堵塞通道而影响撤展。

（资料来源：http：//www. cantonfair. org. cn/html/cantonfair/cn/exhibitor/2012-09/24882. shtml.）

三、配套服务管理

在活动布置和撤离期间，活动主办单位应该为参展商、观众、媒体记者等活动参与者提供相关配套服务，如出入门证管理、餐饮服务、保安服务和消防管理等。值得强调的是，许多活动的组织者尚未重视活动布置和撤离期间的餐饮、导引等服务，认为活动还没有正式开幕,这些事情应由活动参与者自己解决,但完善的配套服务管理对于活动顺利、圆满的开展具有十分有力的推动作用,还可赢得良好的口碑,培育忠诚的活动参与者。

第四节 物流与停车安排

物流是活动现场管理的中心任务之一,它与其他所有领域都有联系。对物流管理专家来说,最艰巨的任务之一就是查看一个列表并找出其中缺少了什么(Pagonis, 1992),该列表中应该包括人、财、物等所有要素。

一、物流规划

活动现场物流管理是整个活动物流系统规划的关键环节。大多数物流理论都会涉及对消费者的产品供应,而活动的物流系统包括参与者的流动、产品和服务的供应、设备的供应以及信息的流动。其中,参与者的流动主要包括顾客来源(包括观众、赞助商、演讲嘉宾和表演者等)、票务、排队和顾客载运;产品和服务的供应包括物品、食宿接待和艺术家的现场需求等。

活动物流系统的构成要素如图 7-4 所示(Allen et al., 2002)。

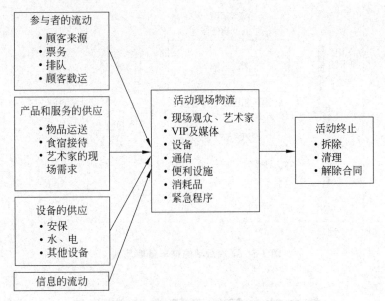

图 7-4 活动物流系统的构成要素

以大型活动中的排队管理为例,现场管理人员需要综合考虑以下因素:
- 将会出现多少队列和可能的瓶颈;

- 队列何时形成,是立即形成还是经过一段时间以后形成,是规律性的形成,还是只在高峰期形成;
- 如何减少可觉察的等待时间;
- 是否安排了足够的接待人员、人群控制人员、检票人员和安全保卫人员;
- 在活动现场有哪些急救措施,紧急通道在哪里;
- 各种标识是否清晰;
- 避雷、遮阳和防御设施是否齐备;
- 人群友好路障和隔断是否就位。

二、停车安排

在大型活动的现场管理中,各种车辆停放的合理安排是令组织者头疼的问题。停车管理人员需要思考的问题包括:员工和观众的车能停在场馆附近吗?是否有便利的公共交通?如果有必要,能安排专门的区域供运输服务物品的车辆停靠吗?有专门的 VIP 和残疾人停车位吗?图 7-5 是某次活动的停车管理规划。

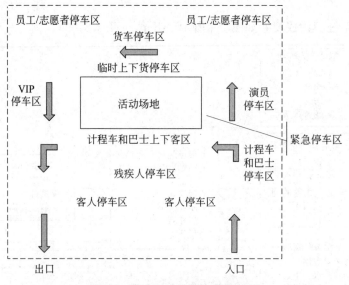

图 7-5 某次活动的停车管理规划

第五节 餐饮及酒店接待服务

餐饮以及酒店接待等服务项目也是活动主办单位为活动参与企业及专业观众提供的重要服务内容之一。在德国、美国等展览业发达国家,主办方十分注重参展商和观众的旅行接待服务,在有些大型展会所提供的服务指南中,仅酒店介绍就有几百页的篇幅。由于诸多原因,目前国内仍有一些活动主办单位并不真正重视餐饮和酒店服务,要么不考虑自身接待能力而承揽一切,要么只是走走形式。

一、餐饮和酒店服务的指导原则

餐饮、酒店等配套服务的基本出发点是支持活动的顺利举办,当然,前提条件是在既定的预算范围内。特别是每次餐饮服务的设计都应该有明确的目标,为此,首先要弄清楚活动的性质是交流会(networking)、职业培训(continued learning),还是附加教育项目(additional educational program)、颁奖(rewards)或者娱乐(entertainment),因为活动性质不同,餐饮的菜单、餐厅布置及活动流程都会有所区别。

酒店服务的内容和形式主要依据活动内容、活动规模、会议议程以及参与者的行动等情况而定。例如,如果一次会议的所有代表都入住同一家酒店,会场也安排在该酒店,那么主办单位需要与酒店销售部进行一揽子的谈判,在会场、酒店、餐饮及娱乐等各方面商定相应服务条款并签订合同。相反,如果与会者人数众多,可能需要同时和多家酒店谈判,然后在每家酒店安排会议注册处,并安排工作人员协助与会者办理入住手续。

二、活动餐饮服务的操作方式

大型活动的餐饮服务有许多不同的模式,最为常见的是圆桌餐、套餐加台面服务、自助餐、手拿食品(take away)以及快餐等。在商讨餐饮服务合同时,活动组织者应根据活动参与人数及其对食品质量的需求,明确食品的数量、服务的速度和要求提供的食物种类(Van Der Wagen,2004)。活动现场的餐饮服务究竟如何操作,要根据活动主办单位和场馆之间所签订的协议内容而定。

概括而言,活动主办单位在为活动参与者、观众以及工作人员提供现场餐饮服务时,一般采取以下两种方式:

1. 指定餐饮服务商

提到现场餐饮服务,绝大多数活动主办单位都倾向于指定一家餐饮代理商,负责供应活动筹办期间、举办期间及撤离期间的各项餐饮(包括各种快餐、自助餐、工作餐、冷热饮料等)。当然,活动场所常设的餐饮服务设施也能提供一定服务。为了给活动参与者及观众营造良好的就餐环境,有些大型活动的主办单位在现场设立几千平方米的餐饮区和咖啡区(往往以临时搭建帐篷的方式),可供几千人甚至上万人同时用餐,如图7-6所示。

2. 推荐场馆及周边餐饮设施

随着活动举办规模的不断扩大,层次的不断提升,竞争日益加剧,高质量的活动现

图 7-6　活动现场供宾客就餐用的临时篷房

场服务成了品牌活动的重要构成要素之一。小型活动的主办单位可能不提供现场餐饮服务,但事先应向活动参与者和观众声明,并详细介绍和推荐活动场地及周边的餐饮设施。

以展览会为例,餐饮服务尤其是餐饮卫生是展览会现场服务的重要内容。为帮助参展商解决展会中的餐饮问题,一些会展场馆也会向参展商提供相应服务。以下是广州锦汉展览中心制定的《参展商手册》中有关餐饮服务的规定,仅供参考。

- 展会指定企业现场主管领导为餐饮卫生责任人,具体负责本单位的餐饮卫生保障工作,密切掌握所属人员的身体健康状况;
- 未经展馆书面同意,任何企业或个人不得在展馆范围内经营餐饮服务(包括各种快餐、冷热饮料等);
- 注意饮食卫生,不随便在外就餐;
- 严禁参展商自带食物进入展馆;
- 根据广州市卫生管理部门有关规定,严禁外卖快餐进入展馆售卖。

三、活动期间酒店服务的操作方式

协助预订酒店是活动主办单位为活动参与者提供的基本配套服务项目,因而一般的活动主办单位都会提供此项服务。有时候,一些活动的举办场地就是酒店,这时活动主办方需要与酒店进行整体性的谈判,以商定各项服务内容及价格。概括而言,活动期间,常见的酒店服务主要有三种操作方式。

1. 主办单位自行安排

尽管都是主办单位自行安排,但提供服务的程度不同,给活动参与者和观众带来的感受也不一样。有的活动组委会只在活动筹备期推荐一些活动场所周边的酒店;而有的活动组委会不仅推荐酒店,而且只要是前来参加活动的嘉宾和专业观众都能享受优惠的价格;有的主办单位还会安排专人负责接受活动参与者和专业观众的预订,并在酒店大堂设置接待处,然后统一和酒店结算费用。排除部分主办单位希望通过提供客房预订来牟利的因素,这种方式能为活动参与者提供更加便利的服务。

　　一般来说,具体的操作方法是活动主办单位在寄发给活动参与者的《活动参与手册》或《服务指南》中附带一些酒店的基本情况介绍(包括酒店名称、地理位置、星级、价格及交通路线等)和负责人的联系方式,然后由活动参与者自行决定是否需要预订。如果活动参与者需要此项预订服务,便可以将附带的酒店预订表填好后,传真或者发 E-mail 给指定的联系人。

 扩展阅读 7-5　某次大型活动的酒店、票务预订和交通服务

　　以下是某活动主办单位发给活动参与机构及人员的服务指南中有关酒店服务、票务预订和交通安排的部分,仅供参考:

　　您希望在本次活动商务之行中抢占先机吗?多了解活动场馆的信息,知己知彼,百战不殆。选择一家靠近活动场馆的酒店,使您占尽天时地利,省去每天往返酒店与场馆的舟车劳顿。酒店还能提供商务助理服务,帮助业务繁忙的您得心应手,运筹帷幄!

一、酒店服务

组委会联系了部分服务好、交通便利、价格优惠的酒店推荐给与会者。

如需预订酒店,请致电:　　　　　手机:　　　　　传真:

酒　　店	星级	价格(标准间/元 RMB)
五洲宾馆	☆☆☆☆☆	670 元/间
威尼斯酒店	☆☆☆☆☆	890 元/间
新世纪酒店	☆☆☆☆	420 元/间
景明达酒店	☆☆☆	320 元/间
三九大酒店	☆☆☆	190 元/间

注:组委会提供各个档次的酒店给参展商和专业观众

二、酒店预订表

截止日期:

参与企业名称(盖章):_____　活动参与 ID 号:_____

联系人:_____　电话:_____　传真:_____

续表

姓　　名		性　　别	
入住日期		退房日期	
酒店名称			
房间种类	□标双＿＿＿＿＿间　　□豪双＿＿＿＿＿间		
	□普通套房＿＿＿＿间　　□豪华套房＿＿＿＿间		
预订房间数	＿＿＿间＿＿＿晚	酒店早餐	□是　　□否
付款方式	□现金　　□银行卡　　□组委会代付　　□其他		
补充说明	机场接送　□是　□否	特殊饮食习惯	□是　　□否

咨询电话：
手机：
传真：
联系人：
请于　　年　月　日前将该表传真到组委会

三、交通

组委会为与会者提供交通服务，如需协助请致电：
手机：　　　　　传真：
1. 活动期间，组委会提供免费穿梭巴士

线　　路　　　　　　　　　　时　　间
酒店→深圳高交会展览中心　　3月4～7日（每日往返4趟）
香港机场↔深圳高交会展览中心　3月5～7日10:00;13:30（每天两趟）
罗湖口岸↔深圳高交会展览中心　3月5～7日8:30～14:30（每2小时一趟）

2. 组委会提供租车服务，如有需要请提前10天申请
3. 组委会提供返程机/车票预订服务

组委会为与会者提供返程飞机、火车票预订和免费送票上门服务。在与会代表入住酒店或确认参展时，同时提供以下预订单：

返程机/车票预订单

姓名　　　　酒店　　　　　　房号　　　　联系电话
我想预订（请在相应项前打√）：
□飞机票　□火车票　○软卧　○硬卧　○硬座
时间：　　月　日
区间：深圳/广州——
数量：
理想时间段：
温馨提示：为了不耽误您的行程，请于　月　日前将此表反馈给会务组，谢谢！

2．指定旅行代理商

在活动的酒店服务方面，指定旅行代理商的操作方式比较流行。其基本程序为：活动主办单位指定一家旅游公司，然后由该旅游公司为活动参与者（与会代表、观众和演讲嘉宾等）提供酒店、票务（代订、代送火车票或飞机票）、旅游和订车等服务。指定旅行代理商一般会在活动现场设立接待台，为现场与会人员提供相关旅行咨询或预订服务。

从理论上讲，采用这种方式，活动组织者不仅能够减轻自身的工作压力，更为关键的是能为活动参与者和观众提供更为专业的服务。但目前，不少国内活动主办单位为了最大程度地盈利，因而不考虑自身的接待水平，将酒店预订等配套服务都承揽下来，活动举办压力增大。当然，如果活动组织者有足够的实力和丰富的旅游接待经验，也可以自己安排活动参与者和专业观众的住宿或票务等事宜。

3．专业代理机构

随着旅游业产业分工的不断细化，一些专业代理机构开始将大型活动作为公司的主要业务，如酒店预订网、会展商旅服务公司等。这些公司会主动与活动主办单位联系，并能够提供优惠的价格和专业的服务。例如，Travel2Fairs 是一家专门从事展会期间的酒店预订服务的公司，它可以为参展商和观众提供宾馆、酒店式公寓及私人住宅等不同形式的住宿选择。Travel2Fair 对所有房源的质量实行监督，以保证房间的标准质量。而且，Travel2Fairs 的住宿预订系统可以处理直接或不完整的支付方式。

四、活动旅行服务的操作方式

1．指定旅行代理商

与酒店服务类似，活动主办单位指定一家旅游公司为活动的旅行代理商。这样，旅游公司可以利用自己的独特优势，并与目的地管理公司（destination management company，DMC）或旅行社合作，承揽相关旅行考察业务，协调活动中涉及的各级目的地、各部门的接待工作，保证活动参与者或专业观众旅行活动的顺利进行。

扩展阅读7-6　新上海国际旅行社承接第五届"展中展"的旅行服务工作

2004 年 1 月 6～9 日，第五届中国国际展览和会议展示会（简称"展中展"）在上海举办，新上海国际旅行社作为这次展览会的指定会务公司，承揽了高峰论坛、来宾的住宿及会后考察活动的接待工作。在高峰论坛当天，新上海国旅在浦东国际会议中心租借能容纳足够人数的黄河厅为会场，并合理安排了会间的 Coffee Break 以及在七楼明珠厅举办的开幕晚宴，晚宴上还充分考虑到来宾们不同的口味，比如专为 UFI 主席 Mr. Ruud Van Ingen 等嘉宾特意准备西式晚餐。另外，为了凸显本次展会的活力以及举办地的精致洋气,特地安排了1月7日晚在上海新天地东魁的联谊活动。

在住宿和交通方面,将来宾合理地安排在三家指定的酒店(三星级的新苑宾馆,四星级的银河宾馆和五星级的扬子江万丽大酒店),并在每个宾馆设有会务小组,24小时协助来宾处理入住等相关事宜;展会期间,每天都有豪华旅游班车往返于各酒店和会场之间。除此之外,考虑到部分嘉宾的旅游需要,在展会结束后还安排了赴宁波考察活动,主要内容是参观宁波国际会展中心,还合理地穿插了几个旅游景点。通过上述精心安排,使得来宾们对这次展览会的会务工作相当满意。

2. 赞助商资助

事实上,只要能寻找到一个很好的切入点,许多赞助商都愿意赞助大型活动期间的各种小活动,譬如欢迎晚宴、新闻发布会、文艺晚会或技术考察等,因为在大多数时候,这种赞助活动比刊登广告更有效。因此,有时候主办单位也可以由感兴趣的赞助商赞助,组织一些奖励旅游或技术考察活动。例如,在第五届中国国际展览和会议展示会上,由宁波国际会展中心赞助,展会主办单位组织业内相关人士赴宁波考察活动(参加第一天高峰论坛和展出期间系列会议的代表可以免费参加),不仅丰富了展会的活动内容,而且宁波会展中心也达到了宣传自身的目的。

第六节　设施设备管理

活动现场管理工作所涉及的设施设备众多,包括灯光、音响和投影等视听设备以及道具和各类装饰物品等。事实上,除了活动场地,所有设施设备的管理都应纳入活动物流系统的范畴。

一、灯光

舞台的灵魂在于灯光,对节目的风格以及舞台布景、道具、服装、化妆的表现也需要灯光的密切配合。活动现场的灯光主要有两方面的作用,一是突出舞台和表演人员,二是作为活动设计中的一部分用以烘托气氛。所以在选择活动场地时,灯光在场地考察检查表(checklist)中也是需要重点考虑的问题。

以演出活动为例,舞台灯光是演出空间构成的重要组成部分,是根据情节的发展对人物以及所需的特定场景进行全方位的视觉环境的灯光设计,并有目的将设计意图以视觉形象的方式再现给观众的艺术创作。因此,在设计舞台灯光时,应该全面、系统地考虑人物和情节的空间造型,严谨地遵循造型规律,并运用好造型手段。

灯光设计需要从实用和美学两个方面加以考虑,具体包括:

- 灯光设计是否与活动的主题相吻合，甚至可以加强活动主题？
- 活动流程需要什么样的灯光变化效果？
- 灯光设计方案是否需要专业的灯光师？
- 备选的灯光设计方案对供电有什么要求？
- 是否有备用灯光？
- 灯光在电路方面是否会干扰音响等其他系统？
- 在活动现场是否有地方架设这些灯光？

二、音响

在活动中使用音响设备的主要目的是使观众/听众能清晰地听到演讲、音乐并感受不同的音响效果。在小型活动中，活动组织者可以使用简单的公共广播系统（public announcement，PA），该系统一般包括混频器、放大器、扬声器以及麦克风等[①]。在大型活动中，扬声器的分布范围很广，音响师需要考虑声音从各个扬声器发出后传播到听众身边的自然延迟问题。

例如，一个宴会厅正前方设有舞台，可作为举办婚宴、中小型会议等活动的场地。充分考虑功能及今后的使用方式，该宴会厅的音响系统一般应具备以下功能：

1. 扩声系统

扩声系统是会场所必需的系统，根据厅堂不同的使用功能采用不同的音箱组合及搭配形式，其设计应达到甲方的要求及国家的一级标准。扩声系统主要由三部分构成：①声源，主要包括无线话筒、会议话筒、DVD影碟机、多媒体电脑等声源设备，可播放CD唱片和DVD影音图像。②音频处理设备，是宴会厅扩声中的核心设备，可进行多路音频信号混合放大、切换，高低音调节，效果补偿控制，音量大小调整，录音、放音使用。③功放及扬声器。整个扩声系统的音质及声场均匀性主要取决于扬声器的品质和布置方式，不同类型的扬声器需要配置不同的功放。

2. 发言系统

采用无线流动式发言话筒，U段频段可调，且抗干扰性强。

3. 视频显示和切换系统

根据厅堂的大小及要求配备相应的投影显示设备以及切换设备，使多种视频信号、VGA/RGB信号都可以通过投影机显示到正投影幕或背投影幕上。

---

① 维基百科对PA的解释为 A public address system (PA system) is an electronic amplification system with a mixer, amplifier and loudspeakers, used to reinforce a sound source, e. g., a person giving a speech, a DJ playing prerecorded music, and distributing the sound throughout a venue or building.

扩展阅读 7-7　EV 音响系统经过多个重金属乐队长时考验

2010 年 5 月 18 日，Drowning Pool、Five Finger Death Punch、Hellyeah、Lacuna Coil 和 Seether 等多个乐队用音乐席卷了可容纳 6 000 多人的维罗纳镇的拉克罗斯中心。Intellasound 公司为此次演唱会安装了最先进的 EV XLC 音响系统，其中包括 32 个 XLC127-DVX 主音箱和 24 个 Xsub 低音音箱，所有音箱通过 30 个巡演级 TG-7 功放（配有 RCM26IRIS-Net 控制/DSP 模块）进行控制。

Intellasound 公司的 Tim Woodworth 向我们介绍了该次演出所使用的设备，还有 EV 的 FIR-Drive DSP（即将包含新型 TEMP 限幅器）技术所带来的不同："这是一次非常有趣的演出，XLC 设备在演出中着实一显身手，我们让观众席的声压达到 111dBA，音响效果震撼人心，这也正是此次巡演要达到的音效。我们在每侧安装了 16 个 XLC 全频组件和 24 个 Xsub 低音音箱，以创造期望中的浑厚超低频音效。安装足够的 PA 也是个不错的主意，因为根据我个人的经验，高声压级是此类表演设备工程师最关注的问题。该系统通过巧妙设置优质的功放设备和系统处理，可在高声压级下有完美表现，并且还有足够的动态余量，以便增添额外输入至混音。所有乐队工程师都对 PA 非常满意；甚至在演出结束后我还收到其中一些人发来的电子邮件，他们认为这次的音响效果让人难以置信，实在是听觉的享受"。

除了音质一流之外，与系统绑定的软件和 DSP 也有很大贡献。"我们正在使用的是以 FIR-Drive 为基础的最新预设功能，"Woodworth 补充道，"现在用于系统调音的时间也比以前要短得多。事实上，在很多地方，我们已经不需要特别进行调音，这正是我们的目标。当然，如果有工程师希望在混音中体现自己的风格，也完全可以实现，但你绝不会听到有任何人要求增加 HF、MB 等设备，因为核心音质已经达到要求。对于此次演出，我只用了两个滤波器，单凭这两个滤波器，就达到了非常棒的音效。FIR-Drive 预设功能为我们节省了大量时间，我们不必浪费时间在 PA 的日常设置上。像这样的多乐队演出，工程师都希望能尽快完成检查工作，但也习惯了要等待 PA 人员先完成安装调试。通过此套专用设备，我们可以随时满足他们的要求。滤波器、功放和扬声器的组合，获得了他们的一致称赞"。

（资料来源：http://info.audio.hc360.com/2010/08/111732199849.shtml.）

三、道具和装饰

与电视演播室一样，一些活动在布景时还会用到舞台道具、装饰植物等器材和物品，对这些要素进行巧妙安排可以烘托活动的主题和气氛。例如，在传统节庆期间，观众可以通过身穿节日盛装来增加仿佛置身于虚幻世界的感觉。

按照体积,可以把道具分为大道具与小道具,前者如桌椅、沙发、柜子、屏风等,后者如电话、瓶、杯、食物、小工具等。按照使用性质,又可将道具分为装饰道具(如门帘、屏风、吊灯及各种屋内摆设等)、手执道具(如挎包、皮箱、手枪、手杖等)、消耗道具(如食物、香烟以及需要在舞台上当众摔碎的碗及盘等)以及实用道具(如桌、椅等需要负重的道具)等。舞台道具的设计风格和布景、灯光及服装的风格是一致的。

本 章小结

活动现场管理是指用科学的管理制度、标准和方法,对活动现场各要素包括人力、设施设备、物品等进行合理有效的计划、组织、协调、控制和检测,使其达到良好的组合状态的管理过程。虽然活动现场管理的内容十分庞杂,但仍然是有规律可循的。要做好现场管理工作,活动主办方需要掌握以下基本方法,即做好关键角色管理、重视工作人员培训、与供应商紧密沟通以及制定风险管理预案。

本章第二节详细介绍了活动风险管理的定义、过程及风险的识别、评估与控制方法。其中,风险控制法主要包括风险规避、损失控制和风险转移,而财务法主要包括非保险之转移——财务型和保险等。第三节介绍了常见的会场布置形式以及布展和活动撤离管理的主要内容。第四节在分析活动物流系统的基础上,提出了活动现场物流管理和停车规划的基本指导框架。此外,本章还对活动现场的餐饮与酒店服务以及灯光设计、视听设备管理等内容进行了具体说明。

复 习思考题

1. 活动现场管理的基本方法有哪些?
2. 活动风险主要包括哪些类型?
3. 活动风险管理的基本流程是怎样的?
4. 常见的会场布置形式有哪些?
5. 试简要阐述活动风险管理的主要措施。
6. 活动组织者为参与人员提供的餐饮、酒店和旅行服务的常见模式分别有哪些?

引 申案例

借鉴上海世博会现场管理的成功经验

2010 年上海世博会期间,边做边积累的"精益求精、人性化服务"等管理经验,已成为一年来上海主办各类大型会展的不二法宝。在2011年上海国际车展上,又有哪些值得我们认真学习的呢?

一、组织管理者:预案准备,事事到位

上海车展已举办14届。从交通组织到票务,从志愿者服务到现场管理,这一展会都吸取了不少世博经验,组织得更成熟、更细腻。在世博期间受到高度好评的志愿服务,在本届车展更为普及。车展使用了浦东新国际博览中心全部13个室内展馆,室外还搭建了20多个临时展馆。那么,如何帮参观者迅速找到要去的展台呢?参照世博经验,主办方在高校招募了300多名志愿者,统一着绿色装,在展馆连廊处多个咨询点为参观者指路。交通组织充分,是世博疏解大客流的重要一招。车展前,针对展馆旁主干道可能出现的交通压力,主办方在上海科技馆、源深体育馆、杨高南路378号启用了三个临时停车场,并配备短驳班车,往返展馆免费接送。为快速疏通晚间人流,每天16:30,主办方配备40辆班车免费接驳观众直达世纪大道轨道交通站。这种"P+R"方案,正是汲取自世博。票务方面,为避免现场排队等待或因大客流而控制现场售票量的情况,主办方事先采取了预售票务的方式:从3月15日至4月17日,观众可以通过网络、电话、门店、便利店、地铁站点等多种方式和渠道预订、购买车展门票。车展门票的种类与价格设计也借鉴了世博经验,颇有讲究。例如,专业观众参观日票价100元,公众参观日为50元,双休日和非指定日期的通用门票则为80元。用价格杠杆削峰填谷,防止客流集中在会期的某几天。

车展期间,每天在广场上通过广播、显示屏、人工引导等措施,即时告知观众流量情况。为缓解入口压力,主办方提前设置了排队入场系统,增加蛇形通道、隔离带,在热门场馆门口设立排队区域,有序引导观众文明观展。此外,还设置了咨询台、老弱休息室、医务室、移动电话工程车、流动厕所、手机充电站等服务设施,传承了世博会的人性化服务理念。

二、突发紧急情况:应对有条不紊

面对车展期间出现的突发情况,宝山区紧急启用3 000多个临时停车位和1 000个应急停车位;抽调300余名志愿者做好咨询、保洁、文明游园宣传,其中100多名是世博志愿者,有过世博服务经验;增设16个临时售票处,确保排队购票不超过5分钟;9个流动厕所连夜入园,减少游客等候时间……同时,当双休日出现场馆内人流过多时,主办方立即采取限制售票数量等措施,同时将闭馆时间延长至晚上7时,原定"当日使用一次进场有效"的双休日门票,也可延后使用。

三、观展者参展商:更"有范儿"

上海车展期间,尽管场馆内外人头攒动、摩肩接踵,但秩序总体良好,环境也相当整洁。以往,人流密集时经常出现乱扔垃圾、随地吐痰甚至推搡等不文明现象,现在变得越来越少了。各品牌展台向观众们发放各种印刷宣传资料,参观者也变得更理性,伸手领材

料,转身随地丢的少多了。

(资料来源: http://newspaper.jfdaily.com/jfrb/html/2011-04/30/content_562010.htm.)

案例分析题:

1. 试分析上海车展的现场管理借鉴了上海世博会的哪些成功经验?

2. 如果你是上海国际车展的组织者,在活动举办前、举办中以及举办后你打算做哪些事情?

第八章

活动评估

引 言

　　活动评估(event evaluation)是对已实施的整个特殊事件进行综合性、概括性的回顾、评价、归档和改进的工作过程。俗话说"好的开始是成功的一半",在实际工作中,人们往往更加重视活动的策划与实施,而忽视了对活动及其影响的总结评估。殊不知,"好的结束才是新的开始"。因此,活动评估是活动管理工作的重要环节,而且不同规模和性质的活动,评估的工作量大小和侧重点也不一样。通过评估总结经验、发现问题,是提高活动举办水平的重要途径之一。

学习要点

- 了解活动的主要影响;
- 理解活动评估的流程与主要内容;
- 掌握活动评估的常用方法及活动评估报告的撰写技巧。

引入案例

澳门格兰披治大赛车对城市的影响

　　2011 年 11 月,由澳门博彩控股有限公司特约赞助的第 58 届澳门格兰披治大赛车成功举办,总收入达到澳门币 3 600 万元,打破了历年纪录,包括 1 000 万元的票务收入以及特约赞助和赛事冠名等收入。

　　虽然赛车周天气不稳,但这并不影响车迷和游客观赏比赛的心情。连同车手、车队工作人员及传媒,4 天共有约 6.5 万人次入场参与本届大赛车。除了吸引车迷亲身入场观赏赛事外,大赛车也带动了游客访澳。赛事举行 4 天入境旅客比去年同期上升了 18.89%,达到 453 692 人次,酒店平均入住率为 92.32%。

　　每年,澳门格兰披治大赛车致力确保赛程多样化,将世界的顶级精英和最好的本地车手带到大赛车,让他们一展身手。7 项赛事吸引了来自 34 个国家和地区共 226 位车手到澳门参赛,其中包括 60 位本地车手。赛事亦得到世界各地的媒体广泛报道,吸引了 243 家传媒机构近 1 000 名记者参与,同时有 40 家电视台参与播放大赛车活动,4 天内浏览大赛车网页的点击率也达到 1 200 多万人次。

大赛车周的活动赛场内外同样精彩,于 2011 年 11 月 12 日揭开序幕,在塔石广场预演了"小型集车区"——超级跑车展,吸引众多市民参与。随后在星期三的车手活动中也将三大赛事的车手带到大三巴,与游客近距离接触,并在赛车博物馆与小朋友签名留念。赛事周末,与工联在工人体育场及祐汉街市公园联合举办的赛车大众同乐日也吸引了共 2.3 万人次参与,而在议事亭前地、三盏灯、关闸广场、氹仔官也街等现场播放的赛事,让全城弥漫着热闹气氛,市民和游客可尽享赛车缤纷嘉年华。

思考:结合本案例,分析一次大型赛事活动会给主办城市带来哪些影响? 如何对大型赛事活动的影响进行评估?

第一节　活动评估的流程与内容

所谓活动评估,可以是对不同活动方案的预期成本和效果的比较,也可以是对活动既有成本和效果的比较。活动评估的意义在于:一方面,可以帮助活动组织者客观评价活动执行的效果,发现自身在活动举办过程中存在的问题,从而更好地改善服务和提升自己;另一方面,又可以帮助活动参与机构了解活动的执行情况。因而活动评估往往具有双重价值,是企业非常值得去关注和执行的一项工作。

一、活动评估的主要流程

狭义的活动评估主要是指对活动某一方面特别是活动效果的评估,广义的活动评估涉及活动的多个方面。例如,Bowdin 等学者(2001)认为,活动评估就是对一次活动的执行进行批判性的观察、测量和监控的过程,以便准确评估其结果(Event evaluation is the process of critically observing, measuring and monitoring the implementation of an event in order to assess its outcomes accurately)。尽管活动评估的内容多而杂,但评估的流程基本一致。

1. 明确评估目的

一般来讲,进行活动评估的主要目的就是为了找出某次活动策划及执行过程中存在的不足,从而为今后举办类似活动积累经验。

2. 阐明评估内容、对象和范围

评估内容解决的是究竟评估什么的问题。以活动效果评估为例,内容至少应该包括 4 个关键项目:经济效果、社会效果、环境效果和文化效果。当然,由于每个活动的主题、规模等不同,除了这 4 个方面之外,还有可能需要评估其他效果。

3. 确定评估标准

针对每一项评估内容,活动评估人员都应该设计相应的标准/指标。活动评估的标准包括硬标准和软标准两大类,其中,硬标准更注重结果(outputs),因而往往是看得见的、定量的;定性标准更关注过程(process),所以往往是无形的、定性的。Beloviene 等学者(2008)提出了活动评估的常用标准,如表 8-1 所示。

表 8-1 活动评估的常用标准

标 准 类 型	常 用 标 准
定量标准(hard criteria)	绩效参数(performance specifications) 限制条件(resource constraints) 销售数据(sales data) 财务报告(financial reports and accounts) 截止日期(deadlines) 成本要求(cost requirements) 观众人数(visitor numbers) 观众流量(visitor flow rates) 观众特征(visitor profiles) 其他特定标准(specific quality standards)
定性标准(soft criteria)	形象积极(a positive image) 总体质量(total quality) 员工承诺(staff commitment) 观众感知(visitor perceptions) 管理记录与说明(management notes and commentary) 合作态度(a cooperative attitude) 经营伦理(ethical conduct) 社会效益(social benefits) 退场问卷调查(exit surveys) 员工和志愿者反馈意见(staff and volunteer feedback)

资料来源:Beloviene, A., Kinderis, R., Williamson, P., Ivanov, T, & Ortin, C. A. Event Management Handbook [EB/OL]. http://eventi. vfu. bg/files/Event_management_handbook.pdf, 2008.

4. 选择评估方法

进行活动评估的方法主要有三种,即定性评估、定量评估以及历史比较法,评估人员应根据评估目的、对象和内容来选择合适的方法。对于连续多年举办的活动,可以采用历史比较法。当然,也不能一概而论,并不是说一个活动就只能运用一种评估方法,为了准确有效地评估活动的效果,有时也可以多种方法并用。

具体而言,在活动评估中经常会用到以下一些工具:

- 观察法(observation)；
- 录音、录像(audio and video recording)；
- 访谈(interviews)；
- 媒体评价,例如剪报等(Media monitoring-newspaper clippings etc)；
- 焦点讨论(focus groups)；
- 建议箱(suggestion box)；
- 摄影(photography)；
- 专家暗访(mystery guest)；
- 问卷调查(questionnaires)；
- 个人记录(personal log)；
- 员工会议(staff meeting)。

5. 拟定评估实施方案

一次卓有成效的活动评估需要制定一份详细周密的评估实施方案。在制定活动评估方案中,需要明确这样几个问题:为什么要进行评估;谁将要接受评估;评估什么内容;如何进行评估。另外,还要考虑需要利用哪些资源才能使活动评估流程更加程序化、规范化、科学化。

6. 对比活动效果

所谓对比活动效果,是指将活动最终实现的效果与举办之前预期的效果进行比较,找出已经实现的和未实现的预期目标,分析有些预期效果未能达到的主要原因,从而为下一次活动的举办提供借鉴。

7. 撰写评估报告

在评估结束后,要将有关评估过程、搜集的信息、分析结果等内容进行整合,形成一份综合性的活动评估报告。评估报告应至少包含如下几个方面的内容:①活动概述;②评估目的;③评估内容与标准;④活动评估的方法和策略;⑤评估结论与建议。评估报告应简明扼要,活动主办机构也可以对书面报告制定一个标准,便于规范活动评估报告的格式。

8. 建立评估档案

建立活动评估档案的主要目的是存档备查,以便为下次活动的举办提供必要的参考资料,同时也标志着一次活动的真正结束。其基本要求是归档清晰、便于查询。

二、活动评估的主要内容

概括而言,活动评估主要包括 4 方面的工作,即对活动准备工作的评估;对活动执行情况的评估;对活动成本的评估以及对活动最终效果的评估。

1. 活动准备工作评估

活动的相关准备工作主要包括：①活动参与人员，即活动负责人、活动执行人和活动监控人(由谁监管)；②活动准备事项，包括活动地点、活动的现场布置、活动宣传、活动必备器材设备、活动奖品等，这一切都需要事先与活动负责人提前联系，并准备妥当；③广告宣传与信息发布，即说明宣传方式、信息发布人群。对活动准备工作的评估主要是指对以上工作是否到位的评价，如说明地点、物资、广告宣传的安排情况，各岗位人员是否到位等。

2. 活动执行情况评估

活动执行情况主要包括以下几项内容：其一，人员安排，即在活动地点安排各类工作人员的情况；其二，物品调配，举办活动所需的物料是否按照原计划安排，特殊情况需另行说明；其三，活动流程，活动中的工作要依据流程执行，如谁负责接待，谁负责硬件设施的准备，谁负责记录登记活动情况等；其四，活动数据核准，包括宣传、观众数量、销售额等各类数据，并且要提前明确在活动结束后由谁负责审核。活动评估人员应围绕上述内容，对整个活动的执行情况进行总体评价，特别是要分析服务的好坏是否给观众及参与活动的企业带来了不良的影响，或者是特别的优质服务有没有给参与者留下深刻的印象，并评估正负面影响可能带来的后续效果。

3. 活动成本评估

Catherwood & Van Kirk(1992)将举办活动的成本主要分为4大类：①运营或产品成本，包括活动工作人员的雇佣、建设、保险以及管理等；②场地租用成本；③推广成本，包括广告、公共关系、促销等；④娱乐、特殊活动等相关成本等。要评估活动成本，首先应对各项成本进行说明。例如，硬件设施的准备、活动主持人的邀请、场地租赁费用、广告宣传费用、促销人员工资、帐篷、宣传单、赠品等。在说明费用预算后，再结合实际成本支出进行评估，必要时还可附上表格说明费用项目、预算成本、实际成本、节约费用等收支情况。

4. 活动效果评估

活动的最终效果是利益相关者最关心的问题，因而对活动效果进行评估往往是活动评估的落脚点，而且评估结论将直接关系到今后的活动是否能更好地开展。活动效果评估主要包括三方面的内容：第一，活动的影响力，即邀请人数、参加人数以及实到人数的数量(包括观众、赞助商、参展商和媒体人员等)；其二，活动的辐射力，它反映的是一次活动对举办地及周边地区甚至更远地方的影响程度；其三，活动的扩散力。指活动的开展是否扩大了影响面，提高了知名度，这些对活动利益相关者起到至关重要的作用。毋庸置疑，扩散力强的活动将增强利益相关者对该活动的信心与认可度。表8-2是一次活动的效果评估表。

表 8-2　活动效果评估表

	主办方名称		填写日期		填写人	
活动创意	活动主题		活动时间		活动目的	
	活动地点		活动对象		活动负责人	
	活动内容简述					
活动传播	媒体名称	传播内容		传播时间	传播方式（广告/软文）	广告/软文字数
活动执行效果	现场观众人数			参与活动的人数		
	意向用户留档人数					
	项　目	活动前一周	活动当周	活动后一周	对比提升率	
	电话咨询量的变化					
	展厅人流量的变化					
	活动期间的销量变化					
综合评估						

扩展阅读 8-1　促销评估是超级市场促销活动的重要工作

　　超级市场促销的目的,除了希望在特定期间提高来店顾客数、客单价以增加营业额之外,更重要的是促使顾客日后继续光临。因此,需要通过检查来确保促销活动实施的品质,以便为顾客提供最好的服务,达成促销效果。此外,促销活动作为提升经营业绩的工作要长期不断地进行下去,就必须有促销活动的总结。

一、促销评估的内容与方法

　　促销活动评估的内容主要分为 4 个部分:业绩评估,促销效果评估,供应商的配合状况评估,连锁超市公司自身运行状况评估。

　　1. 业绩评估

　　主要包括两个方面:业绩评估的标准与方法,查找和分析促销业绩好或不好的原因。其中,业绩评估的主要方法包括:①促销活动检查表,即对促销前、促销中和促销后的各项工作进行检查;②前后比较法,即选取开展促销活动之前、中间与进行促销时的销售量进行比较,一般会出现十分成功、得不偿失、适得其反等几种情况;③消费者调查法。超级市场可以组织有关人员抽取合适的消费者样本进行调查,向其了解促销活动的效果;④观察法,这种方法简便易行,而且十分直观。它主要是通过观察消费者对超级市场促销活动的反应,例如,消费者在限时折价活动中的踊跃程度,优惠券的回报度,参加抽奖竞赛的人数以及赠品的偿付情况等,对超级市场所进行的促销活动的效果做相应的了解。

2. 促销效果评估

这一项主要包括三个方面:促销主题配合度,创意与目标销售额之间的差距,以及促销商品选择的正确与否。①促销主题配合度。促销主题是否针对整个促销活动的内容;促销内容、方式及口号是否富有新意、吸引人,是否简单明确;促销主题是否抓住了顾客的需求和市场的卖点。②创意与目标销售额之间的差距。③促销商品能否反映超级市场的经营特色;是否选择了消费者真正需要的商品;能否给消费者增添实际利益;能否帮助超级市场或供应商处理积压商品;促销商品的销售额与毛利额是否与预期目标相一致。

3. 供应商的配合状况评估

这一项工作主要评估:供应商对超级市场促销活动的配合是否恰当、及时;能否主动参与、积极支持,并为超级市场分担部分促销费用和降价损失;在促销期间,当超市公司请供应商直接将促销商品送到门店时,供应商是否能及时供货,数量是否充足;在商品采购合同中,供应商,尤其是大供应商、大品牌商、主力商品供应商是否做出促销承诺,而且切实落实促销期间的义务及配合等相关事宜。

4. 连锁超市公司自身运行状况评估

主要包括:从总部到门店,各个环节的配合状况;促销人员评估。其中,人员评估可以帮助促销员迅速而全面地提高自己的促销水平,督促其在日常工作流程中严格遵守规范,保持工作的高度热情,并在促销员之间起到相互带动促销的作用。促销人员的具体评估项目如下:促销活动是否连续;是否达到公司目标;是否在时间上具有弹性;能否与其他人一起良好地工作;是否愿意接受被安排的工作;文书工作是否干净、整齐;他们的准备和结束的时间是否符合规定;促销桌面是否整齐、干净;是否与顾客保持密切关系;是否让顾客感到受欢迎等。

(资料来源:http://www.linkshop.com.cn/club/dispbbs.aspx? rootid=422897.)

三、活动评估的常用方法

如何科学地评估一次活动特别是重大活动的效果,一直也是活动研究和管理的热点。按照不同的标准,特殊活动评估的方法有很多种分类。例如,崔景茂(2005)根据评估主体的不同,将公关活动评估的基本方法分为三大类,即公众评价法、专家评价法和实施人员评估法。其实,无论采用何种技术,最常用的活动评估方法主要有三种,即定性方法、定量方法以及历史比较法。

1. 定性方法

活动评估的常用定性方法有三种:一种是深度访谈法。作为一种定性研究方法,它在社会学研究领域中有着重要地位。在访问过程中,由掌握高级访谈技巧的调查员对调查对象进行深入的访问,用以揭示对某一问题的潜在动机、态度和情感,最常应用于探测性调查。具体操作方法是:设计好调查问题,选择有代表性的观众或者专家,就活动的效果进行深入的访谈。

另一种是焦点小组座谈会。焦点小组座谈会是一种圆桌讨论会议,通常是 6~10 个人聚到一起,然后在一个主持人的引导下对某一主题进行深入讨论。焦点小组调研的目的在于了解和理解人们对于某个问题的看法,以了解参与者对活动的安排是否满意,并搜集参与者对活动管理的意见。还有一种是观察实验法。该方法的操作流程是:首先对观察人员进行系统培训,使其对活动评估有一定的专业认知,并详细了解活动的内容;然后,使其明确所举办活动的既定目标,做到心中有数,并展开监察;在活动结束之后,观察员需向主办单位提交相应的口头或者书面的评估报告。

2. 定量方法

定量方法是指利用一切可获取的信息或统计资料,通过准确的计算或度量,据此对结果得出一定判断的方法。关于活动效果的定量评估一直是活动研究的热点,一些新的方法不断被开发出来。对于不同性质的活动,定量评估的方法也存在很大差异。

在活动影响研究领域,各种定量方法更是层出不穷。例如,Daniels(2004)提出了职业导向模型(occupation-based modeling),并利用该模型分析了一次青年垒球公开赛给当地工资变化所带来的影响。澳大利亚维多利亚艺术发展局(Arts Victoria)组织相关人员开发出一个名为"节庆 DIY"(the Festivals Do-it-Yourself kit)的软件,该软件能使活动组织者以简单和相对廉价的方式对活动的经济效果进行评估;评估结果不仅能为活动组织者提供信息,还可以供外部的赞助商和利益相关者参考。Jackson(2005)等人专门撰文讨论了如何成功地使用上述软件,并介绍了该软件应用的初步结果和部分使用者的反馈情况。

3. 历史比较法

历史比较法主要有两种:一种是对历史数据的比较;另一种是时间序列的回归分析。无论是历史数据比较,还是时间序列回归分析,都需要以活动的历史数据作为依托,因而只能针对一些连续多次举办的活动。

历史数据比较主要是将该活动以往的相关统计数据与本次活动举办后得到的数据进行对比分析,进而对活动效果进行最终评价;时间序列法主要是利用预测目标的历史数据,通过统计分析研究其发展变化规律,进而建立数学模型,据此进行外推预测目标的一种定量预测法。其具体步骤为:第一,整理资料,编制时间序列;第二,对时间序列进行分析,确定时间序列变动模式;第三,选择适宜的预测方法和预测模型;第四,进行预测;第五,预测误差分析。

第二节　活动的影响分析

对大型体育赛事等重大活动的影响进行多角度、多方法的评估已成为国际活动(事件)研究的重要内容和前沿课题之一(王春雷,陈萍,2012)。活动及活动产业的发展对举办地的经济、社会、文化以及环境会产生一系列的影响,其中既有积极的影响,也有消极的影响。大型活动的举办不仅为当地的企业提供了商机,还通过其带动功能对当地的其他产业产生间接的影响。

一、活动影响概述

不同类型、不同层次的活动对举办地的影响方式与作用大小均有差异。此外,在活动举办前、举办中和举办后,其影响也不一样。参加者、当地企业和社区居民等不同利益相关者对活动影响的感知也不一样。综观国内外现有相关研究成果,可将活动影响研究的角度大致分为4种,如表8-3所示。

表8-3　相关文献对活动影响的分类

划分标准	影响类型	研究举例
性质	正面影响、负面影响	Kim, Gursoy和Lee在研究2002年世界杯前后韩国居民的认识变化时,将文化交流与发展、经济增长、自然资源利用等归为预期利益或积极影响,将交通拥挤、污染、物价上涨以及社会问题等归为负面影响(Kim et al. 2006)
阶段	事前影响、事中影响、事后影响	著名咨询公司Inter VISTAS在为加拿大不列颠哥伦比亚省奥运会申办委员会所做的分析报告中,将2010年冬奥会的影响分为三个阶段,即赛前影响阶段(2002—2009)、赛中影响阶段(2010年)和赛后影响阶段(2011—2015)(Inter VISTAS Consulting Inc., 2002)
表现	有形影响、无形影响	Dwyer和Forsyth在评估一次节事活动的经济影响时提出,特殊事件的影响包括有形和无形两种(Dwyer et al., 2004)
范畴	经济影响、社会影响和环境影响	对活动影响的研究应该从活动所承担的不同角色出发,从不同的角度来进行研究(Getz, 1997),这里的"角度"即指活动对举办地经济、社会和环境等方面的影响

资料来源:作者根据相关文献整理

活动影响主要包括环境特别是基础设施影响、经济影响、旅游影响、形象影响、社会影响、文化影响、政治影响以及对城市更新的影响。这些影响在事前、事中或事后的表现程度不同,并且受参加者、当地企业和社区等多种利益相关者所感知。总体来说,目前较少有研究关注活动的环境影响和社会-文化影响(Barker et al.,2002)。2005 年,Fredline、Sherwood 等学者专门研究了三重底线法(The Triple Bottom Line)在活动影响整体分析中的应用,并提出分析特殊活动的综合影响已经是一种趋势,但目前的最大制约是缺少广为人们接受的评估技术(Fredline et al.,2005)。

例如,Ritchie 以 1988 年卡尔加里冬季奥运会为例,研究了标志性活动对举办地的多方面影响,除了经济效应,还包括社会文化、心理和政治影响等(Ritchie,1984),其研究结果作为第一个活动影响的概念框架被广泛引用,也是为数不多的涉及纵向研究的重大活动影响研究成果之一。随后,诸多学者先后对重大体育赛事的多维影响进行了研究,主要包括经济影响、体育赛事的参与及发展、社会影响、基础设施、城市再发展、旅游业、文化与心理变化以及无形影响等(Brown et al.,2001;IOCC,2002;Matos,2006)。Matheson和 Baade 从经济影响出发,分析了重大体育赛事对发展中国家的促进作用。他们认为,世界杯、奥运会等重大活动可以作为举办国家展示经济、政治和文化等综合国力的手段,也是一个国家在国际舞台上占有重要地位的表现(Matheson et al.,2004)。

二、活动的经济影响

尽管学术界对奥运会等活动的社会效应的研究历史更长,但经济影响一直是活动特别是重大活动影响研究的主要话题(Brown et al.,2001)。有关活动经济影响的研究,内容十分庞杂,概括而言主要集中在 6 个方面:对总体经济的影响、对举办地以外地区经济的影响、对旅游业发展的影响、对产业结构的影响、对经济发展环境的影响以及对经济的负面影响(王春雷,2008)。

关于特殊活动对举办地总体经济影响的文献已经不少(Chhabra et al.,2003;Brunet,2005;Kurscheidt,2006;Bohlmann,2006)。例如,Brunet 对 1986—2004 年间巴塞罗那奥运会的经济影响做了全面的分析,并认为,从体育运动、组织机构、经济、社会和城市规划等多个角度来看,巴塞罗那奥运会都堪称典范(Brunet,2005)。然而,这届奥运会同时也导致巴塞罗那的食物、交通和各种服务的价格明显上涨(Tilley,2006)。

在测量重大活动的经济影响时,从空间的角度来考虑影响也是十分重要的。Madden和 Crowe 在评估 2000 年悉尼奥运会的经济影响时,把新南威尔士州和其他 5 个州所受的影响做了比较分析(Madden et al.,1998)。结果表明,在整个研究周期(1994—2005 年),奥运会对澳大利亚 GDP 和家庭消费影响的现值分别达到 61 亿澳元和 21 亿澳元,但基本上所有的收益都发生在新南威尔士州,其他 5 个州所获得的净收益很小。Scherer 等学者在分析世界经济论坛(World Economic Forum,WEF)的经济效应时,不仅研究了达沃斯所受的影响,还充分考虑到了格劳宝登州和瑞士其他地区。研究发现,一年一度 WEF 的经济影响不仅集中于达沃斯,还有 50% 的总收入发生在达沃斯以外的地区,而且受益最大的行业是交通、企业服务和饭店餐饮(Scherer et al.,2003)。

在活动对产业结构的影响研究方面,普华永道以交通设施、饭店业、建筑业、公共消费、私人消费、GDP 等指标的增长率变化为基础,深入分析了 1992 年巴塞罗那奥运会、1996 年亚特兰大奥运会和 2000 年悉尼奥运会对主办城市或国家的经济影响,并得出了很有意思的结论:尽管从理论上分析,那些与赛事关联程度较高的行业增长率在赛后会明显降低,然而,这些行业在国民经济中所占的整体比重相对较小,总的产出增长似乎并未受到太大的影响(Pricewaterhouse Coopers,2004)。当然,这在一定程度上也要取决于举办城市的经济规模和为筹备奥运会而投入资金的多少。新西兰市场经济咨询公司对比分析了 2003 年和 2000 年美洲杯帆船赛对新西兰的经济影响(用 2003 年的投入—产出模型对 2000 年的数据进行了处理),研究结果表明变化主要集中在住宿、航空、建筑以及造船与配套服务 4 个关联行业(Market Economics Ltd,2003)。

另一方面,举办重大活动也有很多潜在的负面影响,譬如要支付高额的公共体育设施建造成本、出现拥挤问题、旅游者人数减少、房租上涨、就业需求临时增加等(Hiller,1990;Darcy et al.,1994;Mount et al.,1994;Leiper,1997;Spilling,1998)。有不少学者深入研究了重大活动对举办地经济的负面影响。例如,Baade 等人的研究结果表明,如果把修建体育设施、举办体育赛事等"体育战略"作为经济和城市发展的发动机,效果并不好(Baade et al.,1990;Noll et al.,1997);Bohlmann、Tilley 等学者基于经济影响分析结果,提出了南非举办 2010 年世界杯需要注意的问题(Bohlmann,2006;Tilley,2006)。

如何科学地评估活动的影响一直是活动研究的热点(Getz,2000),但这方面的议题多与经济影响评估有关。对活动经济影响的测量,目前使用频率最高的是投入—产出分析中的乘数方法,其评估结果不能反映负面的经济影响,因而容易导致活动营销与融资中的资源分配不当(Dwyer et al.,2005)。

三、活动对旅游业的影响

事实上,活动对旅游业的影响也属于活动的经济影响范畴,但因为旅游业的特殊性,本节单独列出来做介绍。尽管与非旅游专业的研究者相比,专业旅游刊物对事件及事件旅游的关注要晚得多,但由于各类活动都对举办地旅游业发展有直接影响,旅游学界对特殊活动的关注显得顺理成章,且发展十分迅猛。从 1999 年 2 月到 2006 年 10 月,国际著名旅游学术期刊《旅游研究》(*Journal of Travel Research*)共刊登了 220 篇涉及特殊事件的论文,其中,有 10 篇在文章标题中就有 Event(戴光全,2005)。

西方有相当一批学者深入研究了奥运会等体育赛事对举办地旅游业的影响。体育赛事作为一种增进观众对举办地认识的工具或作为一种旅游吸引物的功能日益明显,通过各种体育赛事来实现体育运动与旅游业的协同随之成为学术界的研究热点之一（Mccartney，2005）。在关于重大活动对旅游业的影响研究中，对有效旅游者和有效花费的测定一直是学术界关心的话题。例如，Inter VISTAS 咨询公司在呈送给不列颠哥伦比亚奥组委的《2010 年冬奥会和残奥会的经济影响分析报告》（The Economic Impact of the 2010 Winter Olympic and Paralympic Games）中专门用一章对国内外观众和旅游者的消费结构进行了分析（Inter VISTAS，2002）。

许多研究发现，活动的积极影响并不是与生俱来的，奥运会等重大活动对举办地旅游业的影响效果与当地旅游部门的努力紧密相关（Crompton，1995；Solberg et al.，2005）。英属哥伦比亚省体育、科学和企业署研究了 4 种不同旅游营销水平下（低、一般、较好和最好）2010 年冬季奥运会的总体经济影响和增加经济影响（除去本地居民和英属哥伦比亚省及温哥华市政府支出部分的影响），结果发现在不同情景下 GDP、就业和税收所受的影响都有较大差别（Capital Projects Branch，2002）。Solberg 等人分析了影响大型体育赛事举办城市旅游业长期发展的相关因素，并站在当地居民和活动组织者的角度，讨论了活动带来的经济收益与漏损问题（Solberg et al.，2005）。

四、活动的环境影响

1. 基础设施和环境建设

推动硬件设施建设通常被视为举办重大活动的主要利益之一，包括交通、体育场馆或新建筑、景观改善、房地产开发等。近几年，特殊活动对举办地基础设施和环境的影响受到越来越多的关注。

Searle 以悉尼奥运会的场馆建设为例，分析了特定公共设施建设中的合作风险以及特殊活动推动城市发展的主要途径（Searle，2002）。Horne 从 2002 年世界杯足球赛与日本社会和足球设施发展关系的角度，对国际和地方之间的关联性等问题进行了深入分析（Horne，2004）。Kang 侧重从基础设施和场馆建设的角度，研究了 1988 年汉城奥运会和 2002 年世界杯足球赛对汉城城市建设与更新的影响（Kang，2004）。Catungal 探讨了建设永久性的遗产地与申办 2010 年奥运会之间的关系，他指出"奥运会仅仅是一个开始，我们的目标是为全省的每一个社区提供建设永久性遗产地的机会，以弘扬我们灿烂辉煌的成就和令人骄傲的文化"（Catungal，2005）。

在分析 1992 年巴塞罗那奥运会的经验时，Dimopoulou 发现，为了筹备奥运会而进行的现代化交通系统等基础设施建设并未改变城市规划的方向，而是改变了规划建设项目的优先权（Dimopoulou，2009）。

2. 城市更新

活动主要是通过影响目的地形象和基础设施建设来推进城市更新的，但相关研究几乎都集中在重大活动领域。Hillier 结合开普敦申办 2004 年奥运会的目标和合法化问题,分析了重大活动、城市更新和增长战略之间的关系(Hillier,2000)。Carlsen 和 Taylor 以 2002 年曼彻斯特英联邦运动会为例,构建了一个重大活动促进城市更新的基本分析框架(Carlsen et al.,2003)。

然而,在利用重大活动推进城市更新中,社会影响方面的考量明显不够(Picard et al.,2006)。与此同时,活动对城市发展的长期影响也有待进一步考察。例如,French 和 Disher 对 1996 年亚特兰大奥运会对城市新一轮发展尤其是中央商务区发展的动力作用提出了质疑(French et al.,1997)。

3. 举办地形象

城市在寻找新的发展模式时,重塑形象是一种重要的工具,而举办奥运会、世界杯等重大活动可能是在国际层次上设计和传达地区形象的难得机遇。Dimanche 在研究 1984 年路易斯安那世博会对新奥尔良州旅游业的影响时,开发出了一个活动影响旅游目的地形象的基本流程图(Dimanche,1996)。

Guala 分析了 2006 年冬季奥运会与意大利都灵市形象再造的关系,并指出都灵应该借办奥运会的机会与阿尔卑斯山建立紧密的品牌联系(Guala,2003)。Scherer 等人在详细市场调查的基础上分析了世界经济论坛对达沃斯和瑞士形象的影响,并根据国内外媒体报道的广告价值将其折算为一个具体的数值(Scherer et al.,2003)。Chalip、Green、McGuirty 等学者围绕活动对旅游目的地品牌的影响、活动背景下的目的地整体销售、活动媒体对目的地形象及游客倾向的影响等主题开展了一系列的研究,在学术界影响较大(Chalip et al.,2003;Chalip et al.,2004;Chalip et al.,2005)。

五、活动的社会影响

相比经济影响研究而言,关于活动的社会影响的研究要明显落后,所用的主要基础理论包括政治社会学、社会交换理论等(Fredline et al.,2005)。例如,在《重大活动与现代化》(*Mega-events and Modernity*)一书中,Roche 利用政治社会学的方法,以奥运会和世博会为例,深入分析了重大活动的政治特性、重大活动与城市/地方局部现代化之间的关系等问题(Roche,2000)。Waitt 运用社会交换理论(Social Exchange Theory)分析了 2000 年悉尼奥运会对当地居民的社会影响。

1. 政治影响

举办活动特别是重大活动是调动各方资源和能动性的一种手段,它使得在常规的政策手段下不可能实施的一些大型城市建设项目得以建成,并使得公共的、私人的各种投资建设项目在时间上实现同步。因此,从本质上讲,决定举行一次大型节事活动是一种政治决策。众多研究也表明,重大活动的许多决策是多方政治力量博弈的结果(Hall,1987)。

然而,许多学者只是在研究活动的其他影响时才提及潜在的政治影响,作为一个研究领域,活动的政治影响被大大忽略了,相关的研究主要散见于一些教科书中。Andranovich 等学者以 1984 年洛杉矶奥运会、1996 年亚特兰大奥运会和 2002 年盐湖城冬奥会为例,从城市治理与公私合作的角度研究了上述三个城市举办奥运会过程中的得失,并阐述了重大活动战略对城市政治的启示(Andranovich et al.,2001)。

2. 传统文化

事实上,活动对举办地文化的影响包括社会交往的发展以及传统文化、社区价值及居民兴趣的变化等。除了居民对活动影响的感知外,上述内容中的其他方面很少有研究涉及到。McHone 和 Rungeling 专门分析了著名旅游目的地举行文化活动所带来的影响。他们指出,对一次性重大活动的回报和其他经济影响进行评估肯定会遇到特定的测量问题,尤其是在一个有大量临时游客聚集的地方举行文化类节庆活动时更是如此(McHone et al.,2000)。Roche 深入分析了处于全球文化发展环境中的世博会和奥运会对国家形象、公共时空、国家公民意识以及国际社会的影响(Roche,2000)。Derret 以新南威尔士北河地区的 4 个社区文化节庆活动为例,研究了节事活动映射居民的价值、兴趣和愿望的原理(Derret,2003)。

3. 居民感知和社区建设

社区组织和居民对活动的感知一直是活动影响研究的热点问题之一。Ritchie 和 Lyons 研究了 1988 年加拿大卡尔加里冬季奥运会结束后当地居民的反应,结果表明这届奥运会明显增强了居民的自豪感(Ritchie et al.,1990)。Mihalik 和 Simonetta 围绕佐治亚州居民对 1996 年亚特兰大奥运会的感知进行了长期跟踪研究,并得出如下中期评估结论:从 1992 年起,乔治亚洲居民的支持热情一直很高涨;参与反对活动的居民人数大量减少;相比经济影响而言,居民更加注重无形利益;居民们提出的主要消极影响通过法律等手段逐步得到了解决(Mihalik et al.,1999)。Kim 等学者就 2002 年世界杯在比赛前后对韩国居民认识的影响进行了研究,并得到非常有趣的结论:在文化交流、自然资源开发和文化发展方面,居民所感知到的实际利益比预期的明显要小;而居民们所担心的一些负面影响,如交通拥挤、污染、物价上涨以及社会问题等,并不像想象中的那么差(Kim et al.,2006)。Fredline、Deccio 等学者也探讨了活动影响中的居民反应问题(Fredline et al.,2002;Deccio et al.,2002;Fredline et al.,2005)。

另外,有关节事活动对社区建设的影响及两者的互动等问题也引起了一些学者和研究机构的关注。例如,VicHealth 从个人、组织和社区三个层次,分析了澳大利亚 20 个社区庆典和节庆对社区心理健康及福利发展的贡献,并提出了相应的评估指标,同时还讨论了文化发展、社会联系以及价值多元化等影响维度(VicHealth,2002)。

综上所述,现有活动影响研究主要集中于对活动直接影响和产出/遗产的分析,综合性的研究相对缺乏;而且大多数成果关注活动的积极影响,从而使得活动的消极影响和利益的不公平分配被大量掩盖。此外,有关特殊活动结束后更长时期内效果检验的研究也是凤毛麟角(Hiller,1998;Barker et al.,2002)。鉴于此,许多学者呼吁在活动对社会、设施环境和旅游的影响以及彼此之间的关系等方面开展更多的研究(Carlsen et al.,2003;Fredline et al.,2003),同时要开发出更加科学的活动影响评估框架(Ritchie 2000;Faulkner et al.,2003;Chalip,2004)。事实上,不少学者已经开始探索活动影响的评估技术,三重底线法(triple bottom line,TBL)、可计算一般均衡(computable general equilibrium,CGE)等更能反映活动综合影响的方法先后被运用。

六、活动影响评估的新方法

1. 三重底线法

在 2005 年悉尼国际活动管理研讨会(由悉尼科技大学澳大利亚事件研究中心组织,主题为"活动影响")上,有三篇论文专门讨论了三重底线法(TBL)在活动影响评估中的运用,该方法被一些学者认为可以为分析活动的短期综合影响提供一种新的机制(Fredline et al.,2005;Sherwood et al.,2005;Hilbers,2005)。

例如,Fredline 等人(2005)从正反两个方面提出了活动在经济、环境和社会领域所产生的影响的关键指标,譬如,环境影响指标主要包括活动举办场馆的能耗(energy consumed at the venue)、抵达活动举办场馆的交通能耗(energy consumed in transport to the venue)、活动场馆的用水量(water consumed at the venue)、活动举办场馆的循环用水量(waste generated at the venue),进而构建了一个更具综合性的评估框架,该框架有利于活动举办地权衡某一活动在不同领域的积极和消极影响之间的关系,并能根据社会、经济和环境三个维度所围成的阴影面积计算出该活动影响的综合表现。

尽管上述三篇文章都属于定性研究,没有做实证分析,但对三重底线法在活动影响中的运用作了比较清晰的描绘。例如,Sherwood 等学者(2005)通过梳理 224 篇特殊活动方面的文献,归纳出活动评估的 20 个关键指标,其中,包括 13 个经济影响指标(包括 9 个积极影响指标和 4 个消极影响指标)、6 个社会影响指标(积极和消极影响指标各三个)和一个环境影响指标。他们提出,接着可采用基于网络的德尔菲法,让专家们对某一活动的每一种影响的特定指标进行排序和评分。由此可见,三重底线法的运用有助于决定哪些特殊活动值得给予支持,哪些活动的成功经验值得借鉴。

2. 一个新的分析框架

特殊活动特别是重大活动的涉及面十分广泛,因而对其影响和效应进行研究需要运用系统思想(Roche,2000)。首先,在活动举办过程中,当地政府、企业、社会组织和社区居民都会通过不同的途径参与进来,进而影响活动的效果,因此,活动影响研究需要综合分析对不同利益相关者的影响。其次,在活动的不同阶段,其影响的领域和作用方式也不同,因而活动影响研究需要关注活动的全过程。另外,三重底线法是目前西方活动影响研究中最常用的方法之一,它倡导从经济、社会和环境三个维度来综合评价特殊活动的影响(Fredline et al., 2005)。事实上,活动对举办地的影响可以分为更多的层次,例如,Allen认为,重大活动对举办地的影响主要体现在 4 个方面,即社会文化影响、物质和环境影响、政治影响以及旅游和经济影响(Allen,2002)。

作为一种新的治理模式,网络治理是环境演化和组织变迁的结构性反映,其所依存的网络具有广义性,是社会网络、企业间网络和有形网络的综合。网络治理的主要目标是协调与维护,其中,协调是指不同利益相关者在战略、决策与行动上进行沟通,以保证合作的有效性,维护是指维护网络的整体功效以及所有利益相关者的交易与利益的均衡(彭正银,2001)。网络治理有三个基本的分析工具,即主体分析与公共管理、过程分析与公共政策、目标分析与公共事务,这些工具可以综合运用,也可以单个运用。具体而言,网络治理要求政府、企业、社会等多方面合作提供公共服务,以形成以利益相关者管理为特色的治理结构;关注基于项目绩效的全过程管理,以期把决策层与执行层结合起来,把内部与外部间更广泛的利益相关者结合起来;把重点放在具有混合属性的物品和服务上,特别是考虑如何让处于社会最底层的人受益(诸大建,2007)。

由此看来,网络治理理论的理念与分析工具能够很好地整合利益相关者、过程分析、三重底线法等多种方法,因而适用于活动影响研究。结合活动影响的特点,可以构建一个融多主体、全过程和综合影响于一体的新的分析框架,如图 8-1 所示。其中,多主体、全过程和综合影响分别与利益相关者管理、活动全过程管理以及混合目标相对应。

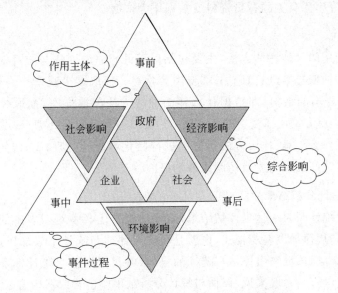

图 8-1 基于网络治理理论的活动影响分析框架

第三节 活动评估报告的撰写

与第一节中所述的评估流程与内容相对应,活动评估报告的内容应该包括评估目的、评估方案、评估过程与方法、数据与资料统计分析、评估结论与建议及附录等内容。

为了突出重点,本节将侧重围绕活动效果的评估报告撰写来展开。经过不同阶段的效果测评,对整个活动的效果进行总体评价并写出评估报告是活动评估的重要步骤。撰写评估报告的主要作用在于找出活动策划与执行过程中的经验和教训,从而有利于提高活动的策划与运作水平。通过评估,我们可以更清晰地掌握大型活动策划与运作成功的要素,提高大型活动策划与运作的技巧。

一、基本框架与要求

活动评估报告可能因评估与统计的具体内容不同而有所差别。一般来说,活动评估报告应包括评估背景与目的、评估过程与方法、评估结果统计分析、评估结论与可行性建议及附录等内容。

1. 评估的背景与目的

在这部分,调研人员要对评估的由来或受委托进行该项评估的具体原因加以说明。具体撰写时,最好引用有关的背景资料或数据作为依据。

2. 评估方法

指阐明所使用的具体评估方法,主要包括以下几点:①评估与统计对象——说明从什么样的对象中抽取样本进行评估;②样本容量——抽取多少观众作为样本,或选取多少实验单位;③样本的结构,即根据什么样的抽样方法抽取样本,抽取样本后的结构如何,是否具有代表性;④选择资料搜集方法;⑤实施过程及问题处理;⑥资料处理方法及工具——指出用什么工具、什么方法对资料进行简化和统计处理;⑦访问完成情况——说明访问完成率及部分未完成或访问无效的原因。

3. 评估与统计分析结果

除了用若干统计图表来呈现评估结果外,评估报告还必须对图表中的数据资料所隐含的趋势、关系和规律加以客观描述,也就是说要对评估与统计结果加以说明、讨论和推论。所包含的内容应该反映出评估与统计的目的,并根据评估与统计标准的主次来突出所要反映的重点内容。一般来说,评估与统计分析结果应包含以下内容:活动效果;成本效益;成交笔数与成交额;接待客户数量;观众质量等。

4. 结论与建议

评估报告最后要用简洁明晰的语言作为结论。例如,说明评估结果表明了什么问题,有什么实际意义,必要时可引用相关背景资料加以解释、论证;针对评估与统计结论,提出可以采取哪些措施以改进活动效果,或者是如何处理已存在的问题等,最好能提供有针对性的行动方案。

此外,一份好的活动评估报告必须符合以下要求:其一,语言简洁明了,有说服力;其二,报告必须以严谨的结构、简洁的体裁将调研过程中各个阶段搜集的全部有关资料组织在一起,不能遗漏重要的资料,但也不能将一些无关资料都写进去;其三,注意仔细核对全部数据和统计资料,务必使资料准确无误;其四,报告应该对评估所要解决的问题提出明确的结论或建议。

 扩展阅读 8-2　活动总结报告（de-brief reporting）的基本内容

活动评估的过程主要包括召开任务总结会、搜集信息以及撰写报告等工作,其主要目的有 4 点:①允许每一个参与组织活动的人反馈他们的经验和建议;②帮助活动项目经理基于事实甚至一些轶闻趣事,客观地评价活动的成败之处;③从物质和情感上真正结束一次活动;④为策划和组织下一届活动提供借鉴。

在任务总结会上,每一位团队成员都应准备简洁但富有建设性的小结,以详细陈述他们在这次活动中的角色、体验以及对未来活动的建议,这项工作无疑有利于最后的总结报告的撰写。一份好的活动总结报告是非常有用的文件,它对一次活动的执行和效果有着清晰的记录,我们在将来组织活动时可以不时地拿出来参照学习。为此,活动总结报告应该包括相关信息:

- 活动的总体情况,包括活动类型、主要节目（日程）、日期、举办地点以及参加人数等;
- 对活动效果的总体描述;
- 说明预期的目标和行动方案是否得以实现;
- 哪些人参与了活动的规划和运营,他们在执行委员会（steering-group）以及其他机构中扮演着怎样的角色;
- 对活动节目（日程）以及辅助性吸引物的总结;
- 对活动的执行、安全工作进行概括;
- 对活动营销和沟通计划的效果进行详细分析,包括所使用的营销工具、媒体活动、新闻剪报、观众结构分解、市场研究以及营销活动的优缺点等;
- 对照最初的收入计划,分析融资情况;

- 对所有收支进行分析；
- 针对总结报告中提到的各项主要工作提出意见和建议（可以放在每个部分之后或总报告最后）；
- 结论和建议。

（资料来源：Event Scotland. Events Management：A Practical Guide. Edinburgh：EventScotland，2006.）

 扩展阅读8-3 某公司×年×月份整合促销活动评估报告框架

第一部分：活动评估说明

1. 评估目的

通过对整个活动的全面评估，找出活动开展过程中的不足，为今后类似活动的开展积累经验。

2. 评估内容

主要包括：①活动的准备工作评估；②活动执行过程评估；③活动费用评估；④活动效果评估。

3. 评估单位

公司营销部。

第二部分：活动评估报告

一、活动概述（略）

二、活动准备工作评估（略）

三、活动执行评估（略）

整个活动的执行过程在细节上出现了很多问题，从而对活动的顺利开展和活动的效果产生了负面影响。首先，兑换宣传物料没有在活动开展前配送到位，导致活动无法按原定计划有序开展。当中的一些问题没有沟通和协商好，出现了首尾不能相顾，特别是复印单张的出错，造成了一定的负面影响。其次是宣传太晚，效果出不来。在小区的宣传图太小，在一定程度上也影响了宣传效果。

四、活动费用评估（略）

五、活动效果评估（略）

六、改进建议

1. 活动方案必须周全、详尽

建议在活动正式开展前半个月完成方案初稿，以便公司领导有充足的时间调整修改。同时完善活动的物资安排，如统一展台、帷幔、服装等。

2. 类似活动要做到宣传充分

建议根据需要加大广告宣传的版面,并选择较好的版位。由于彩版的价格和套红的价格相差不是很大,建议活动广告采用彩版。

3. 提高活动的执行力

为了使活动能够很好地执行,建议在以后的活动方案中引进奖惩制度。对于执行较好的给予奖励,反之给予一定的处罚。

(资料来源:××瓜子连云港促销活动评估报告. http://wenku. baidu. com/view/83ce4ac0bb4cf7ec4bfed007.html.(有改动))

二、评估报告的应用

完成活动评估报告的编写还不能说明整个活动管理过程的结束,因为如果把评估报告放在一边而不再采取任何行动,那么编写评估报告就失去了意义。因此,还必须考虑评估报告的应用问题,即应该将活动评估报告的主要结论与建议等反馈给哪些利益相关主体。

首先,无论评估报告是由哪个机构完成的,活动的主办方或承办方都应该首先得到评估报告。因为进行评估的首要原因就是对本次活动进行总结,并为活动的主办方或承办方今后举行活动提供经验借鉴。

其次,应该将活动评估报告提供给参与活动的机构或企事业单位,以便他们对本次活动进行全面评价,从而决定今后是否继续参加该活动。为了吸引这些机构继续参加,活动的主办方和承办方应主动做好信息反馈工作,在把评估报告及时传达给这些参与机构的同时,还应该收集他们的反馈意见和建议,以便进一步提高活动管理的质量。当然,由于参与机构往往数量众多,如果给每一家机构、企业或者个人都寄一份报告,成本会很高,因此可以根据这些机构的实际需求来决定。

再次,活动场馆以及其他专业服务商可能也希望得到评估报告,以便今后更好地开展合作,活动主办方或承办方也可根据实际情况决定是否提供。

最后,举办地的有关协会或政府部门应该得到活动评估报告,以便对本次活动的效益与影响等做出判断,并为今后审批和管理类似的活动提供依据。总而言之,活动评估报告对于所有的利益相关者而言都是很重要的,只是利用的方向和程度不同。

本 章小结

活动评估是活动管理工作的重要环节。通过活动评估,可以帮助主办方和参与者更加深入地了解所举办和参与的活动达到了何种效果,又带来了哪些影响,进而明确今后要改进的方向。本章第一节从活动评估的定义与作用出发,概括介绍了活动评估的基本流程、主要内容与常用方法,特别是对活动评估的常用标准及工具进行了具体说明。第二节在整理国内外有关活动影响研究文献的基础上,结合实际案例,具体阐述了活动可能给举办地带来的经济影响、社会影响和环境影响;当然,不同规模和性质的活动,其影响的深度和广度也存在差异。第三节简要阐述了活动评估报告的一般框架、撰写的基本要求,以及活动评估报告对不同利益相关者的作用。

复 习思考题

1. 请简要论述活动评估的一般流程。
2. 一次活动评估主要包括哪些内容?
3. 活动评估的常用标准有哪些?
4. 试阐述活动效果评估的主要方法。
5. 请以一次大型活动为例,阐释大型活动对举办地所带来的综合影响。
6. 举例说明活动评估报告的主要内容。

引 申案例

"达州·中青国际家居建材生活广场奠基典礼"执行评估

一、活动简述

本次活动旨在通过奠基仪式,在达州及行业内制造出浩大声势,传达项目基建工作已正式运行的信息,标志着达州家居从此进入了"中青"时代。同时通过当地及行业内新闻媒体的宣传、报道,提升中青国际家居的知名度与美誉度。为庆祝奠基,当天下午,在达县政府会议中心,中青国际邀请中国品牌推广第一人、中央电视台品牌顾问、著名品牌战略专家李光斗博士作《中国二三级家居市场发展趋势与品牌推广战略》专题演讲。

活动时间:5月18日9:00~16:30

活动地点:达州中青国际家居建材生活广场项目地、达县人民会议中心

活动内容:

09:00~09:30 嘉宾入场,礼仪小姐列队迎宾,并引领签到、佩戴胸花、发放礼品、到签字墙题词。

09:30~09:50 文艺表演。

09:50~10:00 仪式即将开始,主持人邀请主席台16位嘉宾上台。

10:00~10:30　市领导宣布"达州·中青国际家居建材生活广场奠基仪式"正式开始，董事长致欢迎词，5位贵宾发言。

10:30~11:00　16位贵宾为项目培土奠基，领导和嘉宾现场合影。

11:00　　　　典礼结束，欢送领导和嘉宾退场，前往酒店参加答谢午宴。

11:00~14:00　答谢午宴及午间休息。

14:00~14:30　嘉宾步入达县会议中心，专题演讲即将开始。

14:30~16:30　李光斗博士作专题演讲。

16:30　　　　专题演讲结束，嘉宾离场。

二、活动执行评估

典礼结束后，主办方对整个活动的人员安排、执行、费用及效果等都进行了评估。本部分内容是根据对与会记者、负责人、嘉宾及员工的现场询问及事后回访的反馈信息而对活动的执行状况所做出的评判。

表8-4　"达州·中青国际家居建材生活广场奠基典礼"执行评估内容

项目	计划方案	活动分析	评估及整改
活动流程	庆典开始前期物料准备及组织安排	物料及组织安排： 1. 舞台：活动前两天搭建，舞台台阶不稳固。 2. 地毯：地毯铺设基本到位，仅嘉宾区未铺设地毯。 3. 主持台：主持台踏板过小，且不平整，活动过程中调整两次。 4. 帷幔：由于没有购帷幔，暂用地毯代替。 5. 巨幅、空飘：提前一天安装到位。 6. 礼品：提前一天准备到位，活动前两个小时运送至签到处。 7. 舞台背景：背景喷绘材质较差，且安装不到位，没有进行防风加固处理，导致被大风刮断。 8. 车辆包装：车辆未全部进行包装，没能达到预期包装效果。 9. 签到墙：签到墙画面均较为清晰美观，但没有进行加固处理，导致现场被风吹倒数次。	物料及组织安排： 1. 舞台：舞台搭建基本合格，台阶不够稳固，有晃动感。 2. 地毯：建议以后在嘉宾区也铺设地毯。 3. 主持台：以后要注意细节检查，包括踏板要进行前期调试。 4. 帷幔：下次活动最好备帷幔，效果好。 5. 巨幅、空飘：布置基本到位。 6. 礼品：礼品提前装袋及运输，保证了礼品发放秩序。 7. 舞台背景：后期舞台背景布需采用38丝以上喷绘布，并采取防风加固处理，杜绝此类现象再发生。 8. 车辆包装：后期在车辆包装方面要加强，营造出整体的广告包装效果。 9. 签到墙：后期在签到墙的设置方面要注意细节处理工作，以安全、稳固作为第一前提。

续表

项目	计划方案	活动分析	评估及整改
活动流程	9:00～11:00 签到及奠基庆典仪式过程	1. 签到：嘉宾签到稍显混乱，主要由于设三块签到墙并需在签到墙及签到本签名两次，部分嘉宾有所抱怨。 2. 迎宾、礼仪：礼仪迎宾在整个活动过程中不够主动热情，签到时未及时接待、问询并带领至签到墙及签到本签到；在庆典仪式过程中也出现未及时带领嘉宾上台情况。 3. 发言稿：公司起草的发言稿篇幅稍长，致使整体发言时间较长。 4. 活动流程及编排：整体较为顺畅，节奏控制基本到位。 5. 摄影拍照：此次摄影、拍照效果较差，角度和抓拍都不够准确，导致后续报道可用素材较少。 6. 现场秩序：秩序曾一段出现局部混乱，部分围观民众抢占了嘉宾座位，导致座次混乱，并动用民警清场两次。 7. 主持人：主持人档次稍低，且过于年轻，主持经验不够丰富，串场不够紧凑。 8. 与会嘉宾：奠基仪式现场签到数据反映，政府领导、媒体及行业协会、股东等130人；建材家具商户嘉宾450余人	1. 签到：建议后期活动简化签到手续，签到墙与签到本二者选其一即可。 2. 迎宾、礼仪：建议后期在庆典礼仪方面需对庆典公司礼仪对接人员进行前期礼仪对接，讲礼仪规范与要求进行讲解，保证礼仪接待热情、顺畅。 3. 发言稿：后期在起草发言稿时要注意篇幅长度，控制发言时间。 4. 活动流程及编排：流程清晰，节奏把握基本到位。 5. 摄影拍照：后期要与媒体及相关摄影摄像单位进行沟通，提前将主要领导及重要环节告知，以便抓拍。 6. 现场秩序：建议后期活动将嘉宾区用伸缩围栏进行划区分隔，并设出入口，在出入口设安保及礼仪，保证秩序。 7. 主持人：后期相关活动在主持人挑选上做到事前沟通，确保仪式节奏顺畅。 8. 与会嘉宾：奠基仪式现场签到数据反映，政府领导、媒体及行业协会、股东等130人；建材家具商户嘉宾450余人
	11:30～13:30 答谢午宴	由于布置下午李光斗专题演讲会场，企划部未能参加，故无法准确做出相关评估，但事后询问招商部同事，商户整体对午宴流程及布置满意	后期企划部要全程跟踪活动效果，对每个环节进行准确的评估分析

续表

项目	计划方案	活动分析	评估及整改
活动流程	14:00～16:30 达县会议中心李光斗博士专题演讲	1. 主讲专家:邀约时间过晚,未能很好地利用名人效应做好前期宣传工作,但李博士较强的圆场能力及精彩的演讲,赢得了与会嘉宾的称赞,取得了较好的反响。 2. 会场布置:基本到位。 3. 会场秩序:演讲起初由于电话及部分交头接耳而中断,但经过李博士的提示,中后期秩序井然。 4. 拍照摄影:演讲开始电视台相关记者拍摄顺利,但中场由于工作人员监督不力,没有完整拍摄。 5. 与会嘉宾:达县人民会议中心座位约360,全部坐满,此外部分后续赶到嘉宾旁听演讲,人员数量达到预期要求。 6. 与会引导:嘉宾邀约及会场引导和标识工作基本到位,与会嘉宾能准确到达会议中心会场	1. 主讲专家:后期活动要做好报幕工作,合理安排类似活动的各个环节,在确定名人参与时要在方案成型前完成前期接洽。 2. 会场布置:基本到位。 3. 会场秩序:后期在类似活动中,需在会前提醒与会人员遵守会场秩序,保证活动顺利进行。 4. 拍照摄影:后期活动需提前将拍摄要求告知相关媒体及广告单位,防止出现漏拍现象。 5. 与会嘉宾:嘉宾数量与质量基本符合与会要求,保证了活动的有序、顺利开展。 6. 与会引导:工作人员邀约及会场现场标识引导基本到位,能准确引导嘉宾进入会场

(资料来源:http://wenku.baidu.com/view/cfa7e26d011ca300a6c3909e.html.)

案例分析题:

1. 试对该活动执行情况的评估框架进行点评。

2. 请结合本章第一节中"活动执行情况评估"的相关内容,对本案例的活动执行情况进行分析。

第 九 章

活动管理的发展趋势

引 言

近年来,随着各类活动特别是北京奥运会、上海世博会等国际性超大规模节事活动相继在我国成功举办,活动在提高举办地知名度、促进经济发展、带动相关产业等各个方面所起到的积极作用已被社会各界广泛认可。除此之外,经验的累积也促使着整个活动产业不断成长并逐渐成熟。在学术研究和专业教育领域,活动管理(event management)正在逐渐成为一门独立的学科。本章将主要讨论活动产业的发展趋势、活动管理人员面临的新挑战以及市场新机遇等内容。

学习目的

- 理解活动产业的发展趋势及其主要原因;
- 了解活动管理人员面对的新挑战;
- 掌握活动产业发展面临的市场新机遇。

引入案例

NBA 全明星赛点燃国际市场

NBA 这个运动品牌早已不只局限于美国。在全美篮球协会总裁大卫·斯特恩的全球扩展蓝图下,NBA 已经拓展至全球多个国家和地区。而根据美国福布斯网站最新数据显示,本年度全明星赛,再一次验证了 NBA 在全球体育市场上所取得的成功。

近些年,NBA 不遗余力地在全球开展各种形式的拓展行动,从建立地区办公室、建设美国本土以外的体育场馆设施,到支持不同国家的各类慈善活动、开展 NBA 特色的篮球项目等,NBA 在全世界的球迷人数不断上升,各国媒体对 NBA 的关注也今非昔比。这些成功在本届全明星周末上再次得到显示。

据福布斯统计数据显示,在休斯敦举办的"2013 年 NBA 全明星周末"共有来自 46 个国家的 312 名国际媒体记者前来采访报道。NBA 国际媒体高级副总裁马特·布拉班特对此表示："全世界的球迷对本届全明星周末的关注度非常高,而关注今晚全明星赛的球迷数量,更是可观"。

为了满足本届全明星赛的全球电视直播,NBA 一共动用了 50 台摄像机,然后将视频剪辑实时传送给各个国家的不同媒体。购买了本届全明星周末视频资源的国家,多达 88 个。此外,共有 215 个国家和地区派出了记者亲赴全明星周末现场进行报道,包括保加利亚、中国、日本、韩国等。欧洲方面,有 80 名媒体记者。拉丁美洲也有 50 名记者来到休斯敦。

此外,本届全明星周末在全球范围内的传播深度也有进一步的发展。布拉班特表示:"电视、网络以及平面媒体,这些全方位的宣传报道,使得我们可以接触到更大范围的球迷。与此同时,也能够传播更深层次的原汁原味的资讯内容,而不仅仅是依靠当地媒体的本地化传播。"

(资料来源：http://sports.qq.com/a/20130218/000400.htm.)

第一节　活动产业的发展趋势

活动产业是指由以会展、体育赛事、节庆和文化娱乐活动为经营内容的各个相关行业所组成的业态的总称。在现有的社会背景和相关政策环境下,在未来的一段时间内,我国活动产业将呈现以下几个主要趋势。

一、向国际化迅速迈进

规模扩大并不断向国际化方向拓展是我国活动产业发展的趋势之一。首先,活动本身的大众性、广泛性、开放性使它蕴含了走出家门、走向国际的内在要求。

其次,在我国,很多活动的主办方都很注重引进国外先进的运作理念,这将加速活动产业的国际化进程。例如,青岛啤酒节在举办过程中,很注意学习借鉴国内外的经验,除派人到国外学习观摩外,还邀请外国人士和国外的企业参与节庆活动,并提出了"青岛,与世界干杯"的主题口号,大大加快了啤酒节走向世界的步伐,使青岛啤酒节的知名度越来越高,经济效益也越来越显著。

最后,国内较为成熟的活动向国际扩张的欲望强烈。经过几十年的发展历程,从开始几届的创办,经历了中期的成长,国内一些品牌活动已开始进入活动的成熟期。与此同时,这些活动的国际化扩张欲望非常强烈,因为仅仅只有国内市场已无法满足发展的需要。一些国内活动的主办方想通过国际化运作模式,提升活动在全球范围的知名度和影响力。例如,上海国际艺术节、上海国际电影节等经过多年的实践和努力,已经与世界上许多国家和地区的著名艺术节、著名文化团体和机构建立了良好的合作关系,国际间的业务往来越来越密切,吸引了众多国外参与者。

二、运作模式市场化

从根本上来说,活动是一种经济现象。在活动项目的运作上,应当遵循市场经济的基本规律和原则。然而,由于政府对许多活动的举办实施政治影响,经济意识不足,公众参与程度低,同时在活动的开幕式和闭幕式上耗资过大,导致政府财政压力过大,华而不实,活动绩效不显著。由此可见,政府过多干预给活动失败留下了潜在的隐患。

因此,顺应市场经济发展的需求、实行市场化运作已是活动产业发展的必然趋势。许多活动经过大胆探索和实践,正逐渐打破完全由政府投资的运作模式。活动的市场化动作必须遵循市场规律,引进市场机制,引入"成本与利润""投入与产出"的理念,由专门的服务或策划公司承办,政府只起着协调、支持的作用。同时,吸引企业、社团和媒体参与,形成"以活动养活动"的良性循环模式。

 扩展阅读9-1　国外节庆活动的运作模式

由于我国市场经济体制尚不完善,且正处于转型阶段,而且国内节庆产业起步较晚,同时缺乏有效的理论指导,目前国内节庆活动的运作模式与国外的节庆活动运作还存在很大差距。根据社区、政府、市场和企业之间的关系,可以将国际上的节庆活动运作模式归纳为市场(企业)主导型运作模式、社区(非营利性组织)主导型运作模式和公共(政府部门)主导型运作模式三种。尽管上述节庆运作模式之间存在明显的差异,但仍有一些共同规律可循。概括而言,国外成功节庆活动的运作可以带给国内节庆组织者以下一些启发:

一、重视赞助商的作用

对于节庆组织者,寻求赞助是重要的资金来源之一。赞助商通过向节庆活动项目提供资金支持或者等同价值的物品和服务来提高自己产品的知名度和销售。就本质而言,赞助商主要通过自己的名称和标志在活动中的使用,使自己的形象与活动联系为一体,最终实现投资的回报。

二、有效定位政府职能

企业通常认为他们在举办公共和非营利性节庆活动方面处于劣势,因为他们得不到政府的资助,另一方面,他们又必须提供高质量的产品。而事实上,政府部门往往具有低效率特性,企业或者非营利部门则能以更低价格提供均等价值和质量的服务。Getz等学者(2007)通过对加拿大卡尔加里(Calgary)的案例研究发现,非营利组织能够有效替代政府部门为节庆活动举办提供一些相关服务。因此,除了制定节庆管理政策和为各类节庆活动提供公共服务外,城市政府应根据不同节庆的具体情况进行分类支持和指导,对有些节庆可以直接提供公共资助或者给予优惠税收政策,有的则可以完全放手让企业去运作,政府部门做好公共服务即可。

三、协调利益相关者之间的关系

城市层面的节庆管理机构一般由多种利益主体构成,既可以是一个单独设立的机构,也可以设立在一个已经存在的组织内部。对于城市节庆活动而言,多个利益相关者的参与和协调是其成功举办的关键。

在澳大利亚,节庆和旅游之间通过一个单独的公共部门或者两个甚至更多组织连接在一起(采用正式或非正式的合作形式),即由负责节庆营销的专业组织、政府部门以及相关合作伙伴共同来制定城市的节庆发展战略。以加拿大冬季灯节为例,其组织机构主要包括灯节理事会、咨询委员会、执行委员会、节庆经理和工作委员会等,全面负责整个节庆活动的协调、咨询、执行、组织和监督。其中,工作委员会分为营销、赞助、审计、商品、志愿者等各个小组,分别落实各项具体的活动。

四、重视顾客的节庆体验

Getz 等学者(2007)指出,节庆活动战略规划、管理和运作成功的关键是对所涉及的利益相关者进行辨别和分类。如果不考虑到利益相关者的需求以及参观者的需求,那么节庆管理和规划就不可能取得成功。相比国内节庆主办单位而言,国外节庆组织者更关心节庆活动的观众体验、资本运营与赞助商开发战略、节庆活动与社区的关系以及具体策划技术等问题。节庆活动举办的主要目标之一就是为观众创造独特而难忘的体验和经历,只有这样,节庆才能获得一种可持续的竞争优势。

(资料来源:王春雷,赵中华. 2009 中国节庆产业年度发展报告[M].天津:天津大学出版社,2010.)

三、活动内涵整体提升

活动内涵的整体提升是活动产业发展的另一大趋势,具体表现在三个方面:活动的主题更鲜明、更富有个性;活动形式的多样化以及活动兼顾专业化和大众化。

(一)活动主题鲜明

主题是贯穿整个活动的中心思想。一个活动的主题策划有亮点和创意,才能吸引更多的关注。从全国活动产业的整体情况来看,举办大型活动的数量日益增多,但和国外较成功的大型活动相比较,我国的绝大多数活动知名度低,走向国际化的大型活动比较少,如表 9-1 所示。

表 9-1   国外部分著名节庆活动简介及综合效益

活 动 名 称	简　　介	综 合 效 益
西班牙奔牛节	该节是由宗教圣菲尔明节衍变过来的，活动内容包括"奔牛""斗牛""烟花"等。首届活动 1591 年在西班牙潘普罗那城举办，以后活动每年安排在 7 月 6 日至 14 日举行	奔牛节每年为西班牙带来 77 亿比塞塔的旅馆业收入，而政府只须为节日出资 3 亿比塞塔
美国玫瑰花节	首届美国玫瑰花节是 1890 年 1 月 1 日在洛杉矶帕萨蒂市举行的，活动主要包括"花车巡游"和"大学生足球联赛"两大项目，迄今为止，该节已成功举办了 100 多届	每年仅"玫瑰联赛"就能给南加利福尼亚地区带来 115 亿美元的经济收益，其中仅"玫瑰联赛"一项每年就可为美国"PAC-10 锦标赛"和"BigTen"出资 2500 万美元并为 21 所协商大学的运动员提供奖助学金，还每年为地方政府提供 90 万美元的活动举办和筹划经费
日本御堂筋节	该节 1983 年首次举行，活动安排在每年 10 月的第二个星期日，主要包括"花车列队游行"，活动组委会由主办者和市政府共同组成	活动每年可为日本带来 50 亿日元的直接经济效应和 100 亿日元的间接经济效应
巴西狂欢节	狂欢节最早起源于中世纪，巴西狂欢节是巴西最大的民间文化展示活动之一，活动以桑巴舞表演为主，20 世纪初开始在巴西盛行起来	据统计，2004 年，里约州狂欢节期间的总收入约为 217 亿美元，而投资不过 733 万美元

（资料来源：辜应康，楼嘉军，唐秀丽. 节事旅游市场化运作研究[J]. 北京第二外国语学院学报，2005（3），108-113.）

　　同时，由于自然条件、地理环境、历史文化等诸多方面的共通性，也导致了许多活动在主题上发生撞车现象。通常，这些特色不突出、主题不鲜明的活动无法轻易地被公众辨识和长时间地记忆。例如，以"茶文化"为主题的节庆活动，就有上海国际茶文化节、北京国际茶文化节、中国重庆国际茶文化节、赣州茶文化节、中国安溪茶文化节、蒙顶山茶文化节、思茅地区茶文化旅游节、湖北国际茶文化节等大大小小几十个活动。题材上的相似让活动脱颖而出难上加难。

　　如今，各大活动的举办机构都意识到了这个问题，通过引进先进理念、高水平的创意人才和加大创意策划力度等方式，并利用完整的活动形象识别体系，来为活动树立鲜明的主题形象。

（二）活动形式多样化

　　由于可选择活动的数量增多，大众变得更"挑剔"了，不够丰富的活动内容、单一的活动形式已然无法提起公众的兴趣，更谈不上受到公众的追捧。

因此,活动主办方除策划更具新意、内容更为丰富和生动的活动外,还需积极借助现有的主题和活动序列,对当前资源进行集中组合、对活动形式进行动态调整、对产品内涵进行深度挖掘,并通过对视听等各方面的感官体验系统进行改造,在人们心中树立和强化鲜明的活动形象,全面展示和激活活动资源的内在魅力和时尚品位,使活动更富有活力和生机,活动内容更贴近观众需求,从而在观众心中产生品牌情感维系和忠诚度。

扩展阅读9-2 深圳世界之窗国际啤酒节的活动策划

深圳世界之窗国际啤酒节是世界之窗最具特色的品牌活动,也是深圳市旅游局重点推介的节庆活动。它集合了啤酒展销、摇滚音乐表演、餐饮等众多元素,是啤酒文化、主题公园文化和东西方文化融合的大型综合性活动。

自1996年起,深圳世界之窗国际啤酒节至今已举办了十多届。7月8日至8月20日,举办了为期近两个月的第11届啤酒节,延承"手拉手,朋友之情浓于酒"的主题,此次啤酒节以"啤酒狂欢节,摇滚音乐节"为主打,不仅邀请了国内外一流的啤酒厂商参展,还邀请了国内著名的摇滚乐队和流行音乐组合,提升活动的时尚元素。

世界之窗国际啤酒节共分6个主题区,恺撒宫——狂欢区、罗马假日广场——娱乐区、雕塑园——清吧区、品牌展示区、埃菲尔铁塔——游戏区和美食广场——特色酒吧区,六大主题区各有不同主题,满足不同游客的需要。

本届啤酒节演出方面以时尚流行摇滚音乐为主,穿插竞技互动游戏,在活动周期内,以恺撒宫——"夏日炫风"、滑冰场——"浪漫冰舞"、环球舞台——"千古风流"三大区域演出为主题贯穿整个啤酒节活动。此外,活动主办方还邀请了国际知名舞蹈艺术团倾情加盟,摇滚新锐演绎啤酒节的狂欢盛世。啤酒大王豪饮赛、社区卡拉OK大赛、摄影大赛为啤酒节助兴,飞镖、投篮、欢乐足球等风情游戏挑动快乐的神经;还推出了啤酒美食广场,邀请调酒师现场调酒等多个展现啤酒文化的新项目。

（资料来源：http://baike.baidu.com/view/3885300.htm? fromId=2624591.）

(三)兼顾专业化和大众化

活动属于项目范畴,其运作过程就是一个项目管理过程。越来越多的活动主办机构在活动举办过程中通过运用项目管理的方法和手段来提高活动运作的专业性。专业化的管理手段渗透到活动项目策划、筹资、宣传和现场管理等各个方面,例如,在活动举办前进行可行性研究,用以识别公众或游客的需求等。

活动的大众化是活动内涵提升的另一趋势。大众化不仅仅指让更多的公众了解活动,还需要更多的公众亲身参与到活动中去。20世纪后半叶,诸多西方学者通过多种调查方法对不同样本进行调研,最终得出结论:公众往往对亲身参与过的特别是有着极强互动性的活动留有更为深刻的印象。国外的知名大型主题乐园,如迪士尼、环球影视乐园等,正是抓住了这一点,通过一些高科技设备和工作人员的激情演绎,让游客有身临其境的感觉,每年让数以千万计的游客流连忘返。

四、产业链的整合和完善

众所周知,大型活动往往对举办地的经济和设计、广告、旅游、物流、零售、交通、通信、宾馆、餐饮等相关产业有着巨大的拉动效益。另一方面,活动产业的发展也离不开相关产业的支持。所以,有效加强与相关产业的合作、加速产业链的整合和完善是活动产业发展的另一大趋势。

在发达国家,活动产业已经形成了很成熟的产业链。例如,在德国,法兰克福国际图书展、汽车博览会等都是具有全球影响力的,这些展览会甚至成了产业发展的风向标。每次大型国际展览,其配套服务都是紧随其后的,如展品运输、展台设计与搭建、票务、媒体推广、食宿、交通等。但在我国,活动产业链还处在快速发展的初级阶段,配套产业的各个环节还在亟待成熟的学习与摸索之中,如自身的品牌建设、冠名合作、个性化服务等都需要一个长期的完善过程。

此外,大型活动往往集旅游、商品购物和文化休闲等于一体,是一项参与性强并能体现人与人交往的社会文化活动。它具有影响大、参与群众多的优势,因为能够在短时间内将人们聚集在特定环境中,使人们在心情舒畅之中释放较之平日更强的购买力。例如,纪念品开发就是活动产业正在完善的产业链的一个部分。为了发挥活动的整合资源作用和经济拉动作用,活动组织者应紧扣活动主题,开发富有特色的活动相关纪念品,推出能留给参与者美好回忆的纪念品,如吉祥物、标志物、会标以及所在地的微缩模型等。

五、高科技的运用

科技上的创新推动了活动产业的迅猛发展,各种高科技手段的合理使用应得活动运营成本降低、对客服务更加便捷。正如美国著名的会议和事件技术专家 Corbin Ball 先生所言,"在节事管理中运用新技术就好比改进汽车引擎技术,从表面上看汽车仍和原来一样,但内部却有了新的特征,从而运行得更为高效了"。

以展览行业为例,随着展览市场的进一步细分和客户关系管理等新理念的提出,展览项目管理必须有高新技术的支持,以前那种传统的办展模式很快就会被淘汰。概括而言,技术在展览业中的作用主要表现在 6 个方面:进行数据管理与沟通;开展数据搜集与分析;判断行业和市场发展趋势;实现更广泛的接触;采用智能化设备;进行现场跟踪。以数据管理与沟通为例,毋庸置疑,软件的发展将会加快展览会管理的自动化进程。更新、更高级的软件产品使得展会组织者拥有单独或者相互链接的数据库成为可能,这些数据库能够把所有的场馆、专业观众、参展商和演讲者信息有机整合起来。另外一个好处就是,使得展览公司不同部门之间的沟通变得更为迅速有效。

第二节　活动管理人员面临的新挑战

成功举办一次活动的关键在于策划和运营人员是否拥有良好的项目管理能力和沟通技巧,并在变革中不断创新。活动产业是一个快速发展的产业,作为一门科学,它需要专业的队伍和极高的行业水平。近几年来,随着社会经济的迅猛发展,各种新情况、新现象和新问题层出不穷,对活动从业人员提出了更高的要求和更多的挑战。除了需要掌握更多的新专业知识之外,活动管理人员还面临着诸多挑战。

一、专业知识

对于一名专业的活动管理人员来说,首先得掌握以下知识:活动产业的专业知识及相关行业法规等;经济学和管理学方面的知识,如经济学、会计学、财务学、营销学等;技术方面的知识,如现代高科技及高科技产品的发展及其应用等;艺术方面的知识,如活动现场设计及环境布置等。只有如此,活动专业人员才能具有广泛的市场适应性,能够胜任多种类型活动的策划与服务工作。

二、创意能力

好的创意和主题对活动策划的成功有着至关重要的影响。纵观国内外知名活动的成功经验,无外乎"常办常新"。而这些源源不断的"新"又来自活动策划与运营人员的独特创意能力,以及不断的借鉴和学习。

独特的创意能力是活动管理对专业人才尤其是策划人才的内在要求。我国的文化活动普遍特色不明、运作不力,这与我们缺乏专业化、高水平的策划人才有直接关系。就拿目前异常红火的大型电视节目来说,如《中国达人秀》《舞林大会》《中国好声音》《顶级厨师》等,无一不是支付给了国外版权方高昂的费用,照搬了国外的电视活动品牌。可见,拥有开放性的思维方式和勇于创新的精神正是活动人才所急需的。因此,做个有创意、有新意的人是对活动从业人员的重要挑战。

三、沟通能力

沟通能力指的是一个人与他人有效地进行沟通信息的能力,娴熟的沟通协调能力也是对活动从业人员的另一挑战。

任何一次活动都是一个繁杂的项目,并且通常处于复杂的社会背景下。因此,在活动执行过程中,时刻充斥着各类沟通,包括与政府、场馆、供应商、承包商、客户、参与者、媒体等不同利益主体之间的沟通。沟通方式有书面沟通、口头沟通、电话沟通和网络沟通(如即时聊天软件)等多种。因此,对于活动从业人员来说,要做好一次沟通,必须具有娴熟的交际沟通和协调能力。

能讲一门地道、流畅的外语已是现代人的基本素质之一。除了沟通技巧,涉外活动的工作人员还需要具备良好的外语表达能力。在涉外活动的执行过程中,外语的表达能力显得极为重要,在与国外机构工作人员的沟通中或在阅读外文资料时,都需要外语知识。如今,随着我国国际化的程度加大,涉外活动比例逐年升高,可以说,外语已成为了活动从业人员的必备技能之一。

四、项目组织管理能力

组织管理能力是一个人的知识、素质等基础条件的外在综合表现。活动项目往往涉及面广、所牵涉的利益相关主体多,绝大多数工作都需要多人的协作才能完成。所以,从某种角度讲,活动管理团队的每一个人都是活动组织管理者,承担着一定的组织管理任务。从企业在培训员工时对提升管理水平和组织能力的迫切要求来看,活动产业对专业人才的组织管理能力是相当重视的。

任何一个活动企业或一次活动都存在管理和组织的问题,而这些企业或活动的管理又必须以从业者具备的严密组织管理能力为保障。从活动项目的前期调研开始到具体筹备工作,再到活动营销工作、现场管理,直到最后的评估总结阶段(具体见表 9-2),无一不需要项目组织和管理能力。所以,具有较强的项目组织和管理能力并熟悉项目运作是对活动管理人员的又一挑战。

表 9-2   活动项目工作分解表

活动项目启动阶段	活动项目规划阶段	活动项目执行阶段	活动项目结束阶段
1. 活动项目调研特别是市场调研 2. 活动项目构思 (1) 确定活动项目主题 (2) 构思相关项目的内容 (3) 实施项目可行性研究 3. 活动项目立项 国内外相关立项规定	1. 制订活动项目计划 (1) 明确活动项目目标 (2) 确定活动项目范围 (3) 估算活动项目时间 (4) 编制项目分解计划 2. 实施项目分解计划	1. 活动项目控制 (1) 任务监控 (2) 成本控制 2. 活动项目调整 (1) 人员调整 (2) 预算调整 (3) 目标调整	1. 活动结束总结 2. 活动效益评估 3. 活动信息反馈

五、对新技术的运用能力

随着科技的突飞猛进,各种新技术层出不穷,无线射频识别(radio frequency identification,RFID)、虚拟仿真等技术已经在会展业发达国家得到广泛的运用,许多大型国际活动的组织者也在积极利用相关新技术来改进管理决策、安全管理、对客服务等工作。当然,对于活动管理而言,高新科技也是把双刃剑,在给活动运营带来便利的同时可能也会带来安全隐患等负面影响。

因此,活动管理人员应该时刻关注国际上的一些新技术,特别是这些技术在会展与节事活动管理领域的运用情况,并将其合理运用在自己的项目中。这要求活动管理人员具有很强的接受和运用新事物的能力。

第三节　新的市场机遇

作为一个集交通、酒店、餐饮、购物、旅游文化交流、区域形象推介、商品交易和投资项目洽谈为一体的高效益、无污染的产业,活动产业的重要性不言而喻。持续增加的活动需求、政府的大力支持以及不断优化的外在环境都给活动产业的发展带来了新的市场机遇。毋庸置疑,活动产业是一个名副其实的朝阳产业。

一、对活动的需求不断增加

稳定的社会环境及持续的经济增长使得无论是活动组织者还是活动参与者对活动的需求都大幅上升,这将为活动产业发展创造无数新的机遇。

从活动组织者的角度来看,活动产业的发展不仅可以拉动城市建设、完善城市功能并能扩大影响、提高知名度、促进就业,而且在丰富居民文化生活、提高市民文化素质方面效果十分显著。正因其所产生的经济和社会效益,大型活动被诸多城市所青睐。因此,各地对主办活动特别是高规格、大规模的活动热情高涨。

对于企业来说,由于市场竞争激烈,为了让更多消费者和潜在消费者了解产品信息,维护企业、产品与消费者之间的良好关系,企业参加展览、会议和举办公关活动的需求也在逐步增加。另一方面,经过有经验的专业活动公司和工作人员的包装,活动效果良好,也会在一定程度上促使企业需求的进一步增加。

从消费者层面来分析,随着收入的稳步增长,我国国民对休闲的需求逐步多样,休闲消费呈现新高,休闲成为人们不可剥夺的权利以及生活中不可或缺的重要组成部分。另外,随着带薪假期和公众假期的推行,我国居民的闲暇时间也有所增加,积极参与各类活动也成为公众的一种休闲方式。2011 年,我国居民休闲消费规模大致在 28 568 亿元,相当于社会消费品零售总额的 15.53%,相当于 GDP 的 6.05%。诸多研究表明,因为拥有更多的空闲时间,大众较以前更愿意参与各类文化娱乐活动,如大型体育赛事、各类文化表演及大型主题活动等。

二、活动外在环境的不断改善

一个不断优化和开放的外在环境有利于活动产业的加速发展。这里的外在环境主要包括制度环境和举办地环境两方面。

　　创造有利于活动产业快速发展的制度环境,是我国扶持活动公司和产业的主要方式。近年来,一系列惠及会展与活动产业发展的政策纷纷在一些城市出台,政府在税收、人员调派、通关便利等多方面给予了大力支持。

　　另外,活动的规模和数量在很大程度上取决于举办地的基础设施和旅游接待能力,强大的配套接待能力、便捷的交通条件、不断完善的城市功能及服务能力也是举办一届成功节事活动的必备条件。由于举办时间相对集中,又能吸引大量的参与者和游客,大型活动的举办对城市的基础设施和酒店等旅游服务设施提出了较高的要求。

　　以 2008 年北京奥运会为例,自北京获得 2008 年奥运会举办权开始,政府先后投入了 2 800 亿元人民币,重点建设了 142 个项目,包括兴建体育设施、星级酒店、完善通信系统建设、扩建机场、建设高速公路、增开地铁线路、增加出租车数量等。这些措施有效地促进了北京接待和运送活动客流能力的提升。此外,北京城内及周边的景点进行进一步完善,整修景点设施、加建无障碍设施等,为游客带来了更美的景观和便利。2008 年伊始,为了迎接大量的入境游客,北京又招募了近 600 户普通北京老百姓家为"奥运人家"负责奥运会期间部分境外旅游者的住宿和游乐,以减缓酒店住宿压力,并集中对各类服务行业工作人员进行简单英语会话和手语培训。

　　现今,随着我国城市化脚步的加快,各城市的基础设施都在进一步得到完善,国内许多大中城市特别是北京、上海、广州等一线城市都拥有较好的商务环境和接待能力,这为我国活动产业发展提供了良好的机遇。

三、新媒体的产生

　　互联网和移动技术的迅猛发展特别是新媒体的产生将在很大程度上对活动产业产生积极的影响。美国专家预测,到 2014 年,移动友好型网站的使用量将超过目前普遍使用的桌面网站。新兴媒体为活动主办方提供了新的营销方式以及更广阔的公众交流平台,也为加深活动影响力、提高活动知名度创造了新的机遇。

　　新兴媒体特别是丰富多彩的社交媒体(social media)的出现既迎合了活动产业发展的需求,又满足现代人对信息交流的直接和快速需求。所以,两者的结合是一种必然。就会议产业来说,2012 年,美国的会议策划人如果没有在会议的各环节中纳入"微博"或其他新媒体技术,就会被认为是落伍了。

　　移动互联网技术的深入发展和智能手机的快速普及使得移动技术在大型活动上的普及成为可能,定制的移动客户端(accelerated parallel processing,APP)就是移动技术在活动产业广泛运用的代表之一,它可以很大程度地提高活动参与者的体验及活动主办方的工作效率。移动客户端的主要功能有发布实时活动信息,活动资讯查询,提供方便的手机在线购票,实施意见反馈等。图 9-1 是上海电影节的移动客户端。

　　在各类新媒体技术中,"微博"以其简短、随意、轻松、自由等特点,迅速成为大量信息

上海电影节（第十五届上海国际电影节官方指定客户端）

支持设备：
版本：2.0
类别：娱乐
大小：5.0 MB
更新时间：2012-06-07
开发商：Shanghai Gewara Business Info Consulting Co.,ltd
固件要求：与 iPhone、iPod touch、iPad 兼容。需要 iOS 4.0 或更高版本

如何使用回步推安装

主要功能：

- 十日谈——从观众及媒体的角度记录本届电影节期间的奇闻轶事；
- 影展资讯——收录所有影展影片信息，支持影片热度、类别、影院和搜索自由查找；观影日程——添加观影场次至观影日程，在该场次开放售票后第一时间和开场前收到购票观影提醒；
- 手机选座购票——支持所有影展场次手机选座购票，支持支付宝、信用卡、银联手机在线等支付；选择影片、场次、座位，成功付款后即可收到取票短信，快递取票或现场取票。

图 9-1　上海国际电影节官方指定客户端及其主要功能

的发布平台及互动平台，是新兴媒体的另一个典型代表。我国微博用户数量已由 2010 年底的 6 311 万猛增至 2012 年 6 月的 2.74 亿，使用率增长近 300%，中国网民使用微博的比例已经过半。众多国内品牌活动的主办者都纷纷注册了官方微博，如图 9-2 所示。

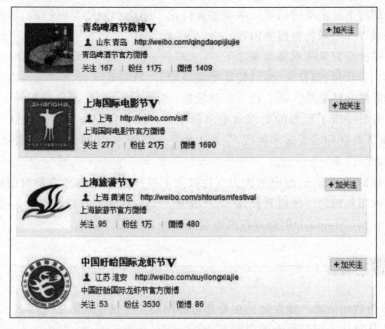

图 9-2　国内部分知名节庆活动的官方微博

首先,微博提供了一个与目标群体互动性较高的平台,使其能够快速了解所需信息并进行对话交流。同时,微博内容短小精练,传达渠道除了相互关注的好友(粉丝)直接浏览之外,还可以通过好友的转发向更多的人群传达,是一种快速传达简短信息的方式。这样的推广不仅节约了时间,也能够让信息第一时间被更多的人认可,时效性非常高,有利于品牌形象的推广。

其次,微博丰富的功能性更能实现与活动参与者的互动,克服时空障碍,让活动的影响力得到延伸。例如,通过提问、回复、留言、转发、私信等功能,活动主题及中心思想在一定程度上可以得到广泛的预热、同步宣传,直至活动后的反馈。此外,微博与活动的有效结合还比较好地解决了很多活动现场人数受限的问题。通过微博,受众可以从现场参与者扩大到微博上所有对活动信息感兴趣的人,从而打破了时空的限制。假设某一活动的现场活动出席人数为 1 万人,而其官方微博粉丝量可能会达到 20 万,直接受众的人数瞬间有了 20 倍的提升。

因此,作为当下互联网媒介新时代的重要标志,微博对活动产业的影响与引导作用不可忽视。

本 章小结

在学术研究和专业教育领域,活动管理(event management)作为一门独立学科的地位正逐渐受到越来越多人的认可。本章主要讨论了活动产业的发展趋势、活动管理人员面临的新挑战以及市场新机遇等内容。

在现有的社会背景和相关政策之下,在未来的一段时间内,我国活动产业将呈现出国际化、市场化、多元化、整合化、高科技化等发展趋势,特别是实行活动的市场化运作已是活动产业发展的必然要求。随着社会经济发展,各种新情况、新现象和新问题层出不穷,对活动从业人员提出了更高的要求和更多的挑战。除了需要掌握更多的新专业知识之外,活动管理人员还面临着诸多挑战,主要表现在创意能力、项目组织管理能力、对新技术的运用等方面。

持续增加的活动需求、政府的大力支持以及不断优化的外在环境都给活动产业的发展带来了新的市场机遇。毋庸置疑,活动产业是一个名副其实的朝阳产业。同样,活动管理专家(event professional)的职业蓝图也是令人兴奋的。

复 习思考题

1. 试分析我国活动产业发展的主要趋势并阐明产生这些趋势的原因。
2. 如何从整体上提升活动的内涵?

3. 请阐述我国活动管理人员面临的主要挑战。

4. 活动项目工作分解(WBS)的基本框架是怎样的?

5. 试分析活动市场有哪些新机遇。

6. 微博等新技术在活动产业中的运用前景如何?请举例说明。

引 申案例

超级碗,无与伦比的金碗[①]

根据赛前的官方预测,2011年第45届超级碗(Super Bowl)的全球观众超过10亿美元,广告收入达到2.63亿美元,举办城市新奥尔良将获得4.25亿美元的经济收益,二手市场上门票的平均价格炒到3 100美元,商品收入预计为1.5亿美元,将给拉斯维加斯赌场带来1亿美元的合法赌资,全国的非法赌资预计超过10亿。展现超级碗的关注度和盈利能力的还有广告收入,今年又创下历史新高,每30秒370万~380万美元,平均每秒70万美元,最后时刻的广告要价更高,30秒则需要400万美元。

这些天文数字让超级碗变成了一只发出耀眼金光的金碗,根据权威财经杂志《福布斯》2011年公布的数据,超级碗的价值为4.2亿美元,居所有体育赛事的首位。而在同一份数据中,世界杯仅为1.4亿美元,即便是奥运会也仅仅是2.3亿美元。超级碗的巨大成功是以NFL的繁荣为依托的。NFL的球队均价、现场观众、总决赛收视率都明显领先NBA。去年7月,《福布斯》公布50大最有价值的体育俱乐部排名,曼联和皇马占据前两名,但NFL的整体实力傲视所有其他项目,32只NFL球队全部入选,并且在前10名中占据4席。同样是福布斯公布的运动收入排行榜,前20人中有6位NFL球员,是所有项目或联赛中最多的,其中,佩顿·曼宁收入4240万美元,压过梅西,排名第10。

NFL的长盛不衰,可以归纳出一些直接和间接因素:

一、巨额转播收入

2011年12月,NFL宣布与4家电视台续签了转播合同,期限为2014—2021年,这8年的总价值是396亿美元。绿色包装工队前任副主席、现在为娱乐体育节目电视网(Entertainment and Sports Programming Network,ESPN)担任NFL经济顾问的安德

---

① 超级碗的正式名称为美式橄榄球(National Football League,NFL)冠军总决赛,超级碗是其英文Super Bowl的意译。超级碗是NFL赛季的收官之战,也就是年度总决赛,对阵双方为国家联合会冠军与美联联合会冠军,一般在每年一月份的最后一个星期天或是二月份的第一个星期天举行。那一天称为超级碗星期天(Super Bowl Sunday)。超级碗的冠军队将获得文斯·兰巴迪杯,冠军队的名字和决赛比分将被刻在奖杯上。该奖杯是以著名教练文斯·兰巴迪(Vince Lombardi Trophy)命名的,这位教练曾带领"绿湾包装工"球队获得第一届和第二届的"超级碗"冠军,1969年9月3日因病逝世。

鲁·布兰特认为,目前转播费已经占到了各队总收入的一半。

二、重视上座率

从前 NFL 联盟规定,如果赛前 48 小时(极少数情况下是 24 小时)主场球票还没卖光,那么所在地方电视台将不能直播该场比赛。去年,为了让旗下各队有更大自由度来提高上座率,联盟计划调整跟电视转播有关的规定,球队老板们通过了一项对"blackout"规则的修改议案,具体内容是从本赛季起,即使比赛上座率低于 85%,地方电视台也可以照常进行直播。在新的规定下,每支球队都可以用 85%(或者其他更高的比例)作为本队比赛的上座率标准线。

三、改善观众体验

为了让赛场氛围比学校赛事更狂热,NFL 愿意放开对现场观众制造噪声的限制。从去年起,主场观众们可以随心所欲地携带扩音器等设备入场,在关键时刻用噪音给客队"制造麻烦"。

联盟还取得了球队老板们的许可,在某些球员身上安装麦克风,让球迷们可以通过智能手机应用来听到球员们在场上的对话内容,不过这项服务只提供给那些拥有转播权的运营商。NFL 命令旗下的球队在球场内提供名为 NFL Red Zone 的转播信号,这让观众们可以通过非常接近球场的镜头观看比赛,这项服务也可以应用在智能手机上。格鲁布曼说,"你必须让比赛变得更为开放,让观众掌握更多的即时信息,让观众更投入地参与进来"。

四、引入高科技

联盟还计划在每个球场设置无线网络,开发智能手机应用,其中一项能让球迷们听到赛场上球员通过耳机进行的对话。在 NFL,全联盟范围内推广体育场内无线网络的谈判已经在进行中,至少 4 支球队今年会在自己的球场内安装无线网络。在球场内铺设信息接收器,安装无线网络的主意可以让观众们在球场内也能享受个性化的服务,他们可以看到比赛场上的即时精彩回放,也可以同时关注其他同时进行的比赛。小马队的首席运营官彼得·沃德表示,今年球队会为球迷开发一款新的智能手机应用,"你的智能手机就是你在球场看台上的专用慢动作回放屏"。

五、场馆建设

"2010 年投入使用的纽约大都会人寿球场造价高达 15 亿美元,其中,超过 1 亿美元是花在高科技产品上。投资商和赞助商在这座可容纳 82 500 人的球场中,放置了超过 2 200 台高清电视机,确保现场所有观众在任何角度都能观看到场地中比赛的真实情况。除此之外,在通信巨擘 Verizon 公司的主导下,体育场中安放了多达 30 余架顶级运动摄像机和数台 3D 摄像机,使得纽约地区的 3D 电视用户今后每年都可坐在家中尽情享受观看至少 16 场 3D 橄榄球比赛的乐趣"。

　　几乎所有传奇球队,所有的成功都可以非常容易地总结出一条条成功经验,归纳出若干或明或暗的影响因素,但要复制这种成功太难了,因为他们都是特定时代背景和历史脉络的产物,草蛇灰线,伏脉千里,与所在人文环境地理密不可分,"你中有我、我中有你"。超级碗和 NFL 的巨大成功,离不开美国人对这项运动根深蒂固的狂热喜爱,这是难以复制,也难以移植的。

案例分析题:
1. 超级碗获得巨大成功的主要原因有哪些?
2. 超级碗在商业运作上的成功给我国活动产业发展带来什么样的启示?

参 考 文 献

[1] Boorstin D. Image：A Guide to Pseudo—Events in America［M］. New York：Harper and Row，1961(Reprinted in 1992).

[2] Beloviene A，Kinderis R，Williamson P，Ivanov T，Ortin C A. Event Management Handbook［EB/OL］. 2008.

[3] http：//eventi. vfu. bg/files/Event_management_handbook. pdf.

[4] Catherwood D W，Van Kirk R L. The Complete Guide to Special Event Management. New York：John Wiley & Sons,1992.

[5] EventScotl, Colleagues. Events Management：A Practical Guide. Edinburgh：Event Scotland,2006.

[6] Fisher J. G. How to Run a Sucessful Conference. 3rd edition. Kogan Page. 2000.

[7] Getz D et al.. Festival Stakeholder Roles：Concepts and Case Studies. Event Management，2007，10(2/3)：103-122.

[8] Getz D. Event Management & Event Tourism［M］. New York：Cognizant Communication Corporation,1997.

[9] Goldblatt J J. Special Events：The Art and Science of Celebration. John Wiley & Sons Inc. ,1990.

[10] Haxton P. Community Participation in the Mega-Event Hosting Process：the case of the Olympic Games. PhD thesis. UTS. 1999.

[11] Silvers J，Bowdin G，O'Toole W，Nelson K. Towards an international event management body of knowledge (EMBOK). Event Management，2006,9(4)：185-198.

[12] Tarlow P. Event Risk Management and Safety. John Wiley & Sons,2002.

[13] Watt D C. Event Management in Leisure & Tourism. New York：Addison Wesley Longman,1998.

[14] Yu L，Wang C L，Seo J H. Mega Event and Destination Brand：2010 Shanghai Expo. International Journal of Event and Festival Management,2012,3(1),46-65.

[15] Zealand Standard for Risk Management (AS/NZS 4360：2004).

[16] 彼得·塔洛著. 会展与节事的风险和安全管理［M］. 李巧兰译. 北京：电子工业出版社,2004.

[17] 崔景茂. 新编公共关系教程［M］. 北京：北京大学出版社,2005.

[18] 戴光全,保继刚. 西方事件及事件旅游的概念、内容、方法与启发(上)［J］. 旅游学刊,2003,18(5)：26-34.

[19] 丁辉,朱伟等编著. 大型群众性活动安全风险管理［M］. 北京：化学工业出版社,2011.

[20] 菲利普·科特勒,加里·阿姆斯特朗. 营销学导论［M］. 俞立军译. 北京：华夏出版社,1999.

[21] 高凌霁. 文化产业投融资模式研究［D］. 中南大学硕士学位论文,2010.

[22] 辜应康,楼嘉军,唐秀丽. 节事旅游市场化运作研究［J］. 北京第二外国语学院学报,2005(3)：108-113.

[23] 姜智彬. 以城市品牌为导向的特大活动管理研究［D］. 同济大学博士学位论文,2007.

[24] ［英］杰弗里·亚历山大. 明确表达的一致性：媒体活动的仪式和修辞(第七章). 戴聪腾译.

见：迪尔凯姆社会学（文化研究）[M].沈阳：辽宁教育出版社,2001.

[25] [美]杰弗瑞·戈比著.你生命中的休闲[M].康筝译.昆明：云南人民出版社,2000.

[26] 李冰.借势中国好声音 加多宝完成品牌完美转身[N].中国经营报,2012.

[27] 刘金山.大型节庆活动管理创新研究[D].青岛大学硕士论文,2005.

[28] 刘清早.体育赛事运作管理流程[M].北京：人民体育出版社,2006.

[29] 刘有千著.会议营销与服务[M].北京：中国劳动社会保障出版社,2007.

[30] 余斌.会展及大型公众活动的融资[J].中国会展,2003(20).

[31] 王春雷.国外重大活动经济影响研究[J].旅游学刊,2008(4)：88-96.

[32] 王春雷.国外重大事件影响研究述评[J].旅游科学,2007(2)：52-60.

[33] 王春雷.重大事件公众参与的有效管理模型研究——基于2010年上海世博会居民调查的结果[J].旅游学刊,2009(3)：90-96.

[34] 王春雷,陈萍.特殊事件的影响：研究进展与一个新的分析框架[J].北京第二外国语学院学报,2012,(11)：1-8.

[35] 王春雷,陈震.展览项目管理：从调研到评估[M].北京：中国旅游出版社,2012.

[36] 王春雷,赵中华.2009中国节庆产业年度发展报告[M].天津：天津大学出版社,2010.

[37] 王方.市场营销策划[M].北京：中国人民大学出版社,2006.

[38] 王尚君.我国城市大型活动产业化发展战略研究[D].上海师范大学硕士论文,2007.

[39] 王伟,浮石著.活动创造价值——活动运营实操手册[M].长沙：湖南科学技术出版社,2009.

[40] 王伟,浮石著.活动的力量[M].长沙：湖南科学技术出版社,2012.

[41] 王振华.当前企业战略管理模型的辨识与改进[EB/OL].中国管理传播网,2005-4-14.

[42] 徐乐军.新编秘书实务教程[M].广州：广东高等教育出版社,2007.

[43] 约翰·艾伦（Allen,J.）等著.大型活动项目管理[M].王增东,杨磊译.北京：机械工业出版社,2002.

[44] 郑建瑜.大型活动策划与管理[M].重庆：重庆大学出版社,2007.